Die Kunst und Wissenschaft des Glücklichseins

Arthur C. Brooks
Oprah Winfrey

Die Kunst und Wissenschaft des Glücklichseins

Leben Sie das Leben, das Sie sich wünschen

Arthur C. Brooks
Oprah Winfrey

Bibliografische Information der Deutschen Nationalbibliothek:
Die Deutsche Nationalbibliothek verzeichnet diese Publikation in der Deutschen Nationalbibliografie. Detaillierte bibliografische Daten sind im Internet über http://dnb.d-nb.de abrufbar.

Für Fragen und Anregungen:
info@m-vg.de

Wichtiger Hinweis
Ausschließlich zum Zweck der besseren Lesbarkeit wurde auf eine genderspezifische Schreibweise sowie eine Mehrfachbezeichnung verzichtet. Alle personenbezogenen Bezeichnungen sind somit geschlechtsneutral zu verstehen.

2. Auflage 2024

Übersetzung: Alfons Winkelmann
Redaktion: Matthias Höhne
Korrektorat: Silvia Kinkel
Umschlaggestaltung: in Anlehnung an das Cover der Originalausgabe Sabrina Pronold, München
Umschlagabbildung: istock/Ivqi peng
Satz: ZeroSoft, Timisoara
Druck: GGP Media GmbH
Printed in Germany

ISBN Print 978-3-95972-760-0
ISBN E-Book (PDF) 978-3-98609-468-2
ISBN E-Book (EPUB, Mobi) 978-3-98609-479-9

Weitere Informationen zum Verlag finden Sie unter

www.finanzbuchverlag.de

Beachten Sie auch unsere weiteren Verlage unter www.m-vg.de.

Wir widmen dieses Buch Ihnen auf Ihrer Reise durchs Leben. Mögen Sie Jahr um Jahr glücklicher werden und anderen größeres Glück bringen.

Inhalt

Eine Vorbemerkung von Oprah Winfrey

Eines der vielen Dinge, die ich aus zwanzig Jahren *Oprah Winfrey Show* mitgenommen habe, war ein unverstellter Blick auf Unglück. Jeder Art, und ich meine wirklich jedweder Art. Unter meinen Gästen waren Menschen, die aufgrund von Tragödien oder Verrat oder tiefer Enttäuschung restlos am Boden zerstört waren. Wütende Menschen und Leute, die einen Groll hegten. Menschen voller Reue und Schuldgefühlen, voller Scham und Angst. Menschen, die alles in ihrer Macht Stehende taten, um ihr Unglücksgefühl zu betäuben, jedoch trotzdem an jedem neuen Tag unglücklich erwachten.

Ich war gleichfalls Zeugin von überschwänglichen Glücksgefühlen. Von Menschen, die Liebe und Freundschaft fanden. Menschen, die ihre Talente und Fähigkeiten dazu nutzten, Gutes zu tun. Menschen, die die Belohnungen der Selbstlosigkeit und des Gebens ernteten, darunter sogar jemand, der einem Fremden, dem er gerade erst begegnet war, eine Niere gespendet hatte. Menschen mit einer spirituellen Seite, die ihr Leben reicher und bedeutungsvoller gemacht hat. Menschen, denen eine zweite Chance gegeben wurde.

Was das Publikum betrifft, so riefen die unglücklichen Gäste gewöhnlich Mitgefühl hervor; die glücklichen hingegen Bewunderung (und vielleicht einen leichten Anflug von wehmütigem Neid). Und dann gab es eine dritte Kategorie von Gästen, bei denen das Publikum nicht so recht wusste, *was* es mit ihnen anfangen sollte, die die Zuschauer jedoch wahrhaftig inspirierten: Menschen, die jeden Grund gehabt hätten, unglücklich zu sein, und die es dennoch nicht waren. Diejenigen, die überall die helle Seite des Lebens fanden, für die das Glas immer halb voll war. Die »Mattie Stepaneks«, wie ich sie jetzt für mich persönlich nenne – Mattie Stepanek war der Junge mit einer seltenen und tödlichen Form von Muskeldystrophie, die progressive Muskeldystrophie genannt wird, dem es trotzdem gelang, Frieden mit allen Dingen zu schließen, und der sich von keinem Sturm auf Dauer umwerfen ließ. Er schrieb wunderschöne Gedichte, war weise über sein Alter hinaus und zudem der erste Gast, mit dem ich jemals nach der Show Freundschaft schloss. Ich habe ihn meinen Engel genannt.

Wie konnte ein Junge mit einer tödlichen Krankheit so glücklich sein wie Mattie? Gleiches galt für eine Mutter, die erfüllt von Frieden und wahrhaftiger Freude war und Ziele hatte, selbst während sie sich auf den Tod vorbereitete und Hunderte von Tonbandaufnahmen für ihre damals sechsjährige Tochter einsprach, auf denen es darum ging, wie man leben sollte. Und die Frau aus Zimbabwe, die im Alter von elf Jahren verheiratet worden war und täglich geschlagen wurde und die dennoch, statt sich der Verzweiflung zu ergeben, hoffnungsvoll blieb, sich insgeheim Ziele setzte und sie schließlich erreichte – sogar einen Hochschulabschluss.

Wie konnten diese Menschen morgens auch nur aus dem Bett kommen, geschweige denn solche Lichtgestalten sein? Wie ist ihnen das gelungen? Sind sie so geboren worden? Gab es ein Geheimnis oder ein Entwicklungsmuster, von dem die übrige Welt Kenntnis erlangen sollte? Denn wenn es so etwas *gab,* dann würde die Welt ganz bestimmt davon erfahren wollen. Wenn während der fünfundzwanzig Jahre meiner Show fast alle im Publikum eines gemeinsam hatten, dann war es der Wunsch, glücklich zu sein. Wenn ich mich nach der Show mit dem Publikum unterhalte, frage ich fast immer, was sich die Leute im Leben am meisten wünschen. Glücklich zu sein, war die Antwort. Einfach glücklich zu sein. Nichts anderes als: glücklich zu sein.

Nur dass die Menschen auf die Frage hin, was »glücklich sein« bedeutet, plötzlich unsicher wurden. Sie drucksten herum und erwiderten schließlich: »Soundso viel Kilo verlieren« oder »Genügend Geld haben, um meine Rechnungen zu begleichen« oder »Meine Kinder – ich möchte einfach, dass meine Kinder glücklich sind«. Also haben sie *Ziele* oder *Wünsche*, aber sie konnten nicht ausdrücken, wie das Glücklichsein aussah. Selten hatte jemand wirklich eine Antwort.

Dieses Buch hat die Antwort, weil Arthur Brooks die Antwort studiert, erforscht und gelebt hat.

Ich erfuhr zum ersten Mal von Arthur über seine Kolumne in *The Atlantic:* »How to Build a Life« (»Wie man sich ein Leben aufbaut«). Ich las sie während der Pandemie, und sie wurde rasch zu etwas, worauf ich mich jede Woche freute, denn darin ging es um alles, was mir stets am wichtigsten war: ein Leben mit Sinn und Bedeutung zu leben. Dann las ich sein Buch *From Strength to Strength* (deutsch: *Der beste Rat für ein gutes Leben*), eine bemerkenswerte Anleitung, wie Sie mit zunehmendem Alter glücklicher werden können. Dieser Mann sprach mir aus der Seele.

Ich musste mit ihm reden, ganz klar. Und als ich es tat, begriff ich sofort, dass ich mich stets auf ihn beziehen müsste, sollte ich nach wie vor die *Oprah Winfrey Show* moderieren – er hätte etwas Relevantes und Erhellendes zu fast jedem Thema beizutragen, das wir diskutierten. Arthur verströmt eine Art von Zuversicht und Gewissheit hinsichtlich der Bedeutung des Glücklichseins, die sowohl tröstlich als auch elektrisierend ist. Er ist imstande, über ein und dasselbe Thema ausführlich und sehr spezifisch zu reden. Ich habe jahrelang darüber gesprochen, wie man in sein bestes Selbst hineinwachsen kann, wie man ein besserer Mensch werden kann. Also wusste ich von Anfang an, dass ich am Ende irgendwie mit ihm zusammenarbeiten würde. Das führte gewissermaßen zu diesem Buch.

Eine Vorbemerkung von Arthur C. Brooks

Du bist bestimmt von Natur aus ein sehr glücklicher Mensch.« Das höre ich ständig. Schließlich erscheint es naheliegend: Ich leite Seminare über das Glücklichsein an der Harvard University. Ich verfasse regelmäßig eine Glückskolumne für *The Atlantic*. Ich halte auf der ganzen Welt Vorträge über die Wissenschaft vom Glücklichsein. Also gehen die Menschen davon aus, dass ich eine natürliche Begabung fürs Glücklichsein habe, wie ein professioneller Basketballspieler ein von Natur aus begabter Sportler sein muss. Ich bin ein Glückskind, nicht wahr?

Aber Glücklichsein ist nicht wie Basketball. Man wird nicht zum Spezialisten fürs Glücklichsein, weil man mit einem natürlichen Wohlbefinden gesegnet ist. Im Gegenteil. Von Natur aus glückliche Menschen studieren so gut wie nie das Glücklichsein, weil es für sie nicht nach etwas aussieht, was studiert werden muss. Sie denken nicht einmal viel darüber nach. Es wäre wie das Studium der Luft.

Die Wahrheit lautet, dass ich über das Glücklichsein genau deswegen schreibe, spreche und lehre, weil es mir von Natur aus schwerfällt, und ich möchte mehr davon. Mein Ausgangswert des Wohlbefindens – der Wert, bei dem ich bliebe, wenn ich es nicht jeden Tag studieren und daran arbeiten würde – liegt beträchtlich unter dem Durchschnitt. Es ist nicht so, als hätte ich gewaltige Traumata oder ungewöhnlich viel Leid erlebt. Niemand sollte mich bedauern. Es liegt einfach nur in der Familie: Mein Großvater war schwermütig; mein Vater war ängstlich; mir selbst überlassen, bin ich schwermütig und ängstlich. Fragen Sie nur meine Frau Ester, mit der ich seit zweiunddreißig Jahren verheiratet bin. (Sie nickt, während sie dies liest.) Also ist meine Arbeit als Sozialwissenschaftler keine Forschung – sie ist *Ich*-Erkundung.

Wenn Sie auf dieses Buch stoßen, weil Sie nicht so glücklich sind, wie Sie sein möchten – ob Sie nun an etwas Speziellem leiden oder »auf dem Papier« ein gutes Leben haben, sich jedoch stets dabei ertappen, dass Sie zu kämpfen haben –, dann sind Sie ein Mensch, mit dem ich mich leicht identifizieren kann. Wir sind Seelenverwandte.

Als ich vor fünfundzwanzig Jahren als Doktorand damit angefangen habe, das Glücklichsein zu studieren, wusste ich nicht, ob akademisches Wissen hilfreich wäre. Ich befürchtete, dass Glücklichsein nichts wäre, was man bedeutend verändern könnte. Vielleicht ist es wie Astronomie, dachte ich. Man kann viel über die Sterne erfahren, aber man kann sie nicht verändern. Und tatsächlich half mir mein Wissen eine lange Zeit nicht sehr viel weiter. Ich wusste eine Menge, aber das Wissen war in keiner Weise praxistauglich. Es waren einfach nur Beobachtungen, wer nun die glücklichsten Menschen waren – und die unglücklichsten.

Vor einem Jahrzehnt, während einer besonders dunklen und stürmischen Zeit in meinem Leben, stellte Ester eine Frage, die mein Denken veränderte: »Warum nutzt du diese ganze komplizierte Forschung nicht, um herauszufinden, ob es Möglichkeiten gibt, wie du dein eigenes Verhalten ändern kannst?« Offensichtlich, stimmt's? Aus irgendeinem Grund war es für mich überhaupt nicht offensichtlich, aber ich wollte es versuchen. Ich verbrachte mehr Zeit damit, das Niveau meines Wohlbefindens zu beobachten, um Muster zu erkennen. Ich studierte die Natur meines Leidens und den Nutzen, den ich daraus zog. Ich konzipierte eine Reihe von Experimenten, die auf diesen Daten basierten, und probierte Dinge wie das Aufstellen einer Dankbarkeitsliste aus, betete mehr und war bestrebt, wenn ich traurig und wütend war (was ziemlich häufig vorkam), mich genau entgegengesetzt zu meinen Neigungen zu verhalten.

Und ich sah die Ergebnisse. In der Tat funktionierte es so gut, dass ich in meiner freien Zeit – ich war Leiter einer großen Non-Profit-Organisation – anfing, in der *New York Times* über das Glücklichsein und die Anwendung dieser Ergebnisse im Alltagsleben zu schreiben, um sie mit anderen zu teilen. Menschen wandten sich an mich und sagten, dass die Wissenschaft des Glücklichseins – übersetzt in praktische Ratschläge – auch ihnen helfen würde. Und ich stellte fest, dass es das Wissen in meinem Kopf festigte, wenn ich Ideen auf diese Weise lehrte, und dass es sogar mich glücklicher machte.

Offensichtlich wollte ich mehr. Also wechselte ich meinen Job. Im Alter von fünfundfünfzig Jahren gab ich meine Stelle als Geschäftsführer auf und plante, über die Wissenschaft vom Glücklichsein zu schreiben, darüber zu sprechen und sie zu lehren. Ich fing damit an, dass ich eine schlichte persönliche Unternehmensphilosophie für mich aufstellte:

> Ich widme meine Arbeit dem Versuch, Menschen aufzurichten und in Banden der Liebe und des Glücklichseins zusammenzubringen, und zwar durch den Einsatz von Wissenschaft und Konzepten.

Ich nahm eine Professur an der Harvard University an, wo ich ein Seminar über die Wissenschaft des Glücklichseins anbot, für das es rasch mehr Interessenten als Plätze gab. Dann verfasste ich in *The Atlantic* regelmäßig eine Kolumne über das Thema, die eine Leserschaft von Hunderttausenden pro Woche hatte. Ich untersuchte jede Woche ein neues Glücksthema auf Basis meines Hintergrunds als quantitativer Forscher, der die neuesten Ergebnisse der Psychologie, Neurowissenschaft, Ökonomie und Philosophie las. Dann setzte ich das, was ich gelernt hatte, in Experimente für mein Alltagsleben um. Wenn es funktionierte, lehrte ich meine Studenten, was ich gelernt hatte, und veröffentlichte es für ein breites Publikum.

Während die Jahre dahingingen, sah ich immer mehr Fortschritte in meinem Leben. Ich beobachtete, wie mein Gehirn negative Gefühle verarbeitete, und lernte, wie ich mit diesen Gefühlen umgehen konnte, ohne sie loswerden zu wollen. Allmählich erkannte ich Beziehungen als ein Zusammenspiel von Herz und Gehirn statt als ein unergründliches Mysterium. Nach und nach verhielt ich mich wie die glücklichsten Menschen, die ich in den Daten sah und die ich aus meinem Alltagsleben kannte (darunter einige sehr besondere, die Sie in der folgenden Einführung kennenlernen werden). Gleichzeitig hörte ich von all den Menschen auf der ganzen Welt – einige waren mir bisher völlig unbekannt gewesen, andere sehr berühmt –, die mit mir lernten, dass sie ihr eigenes Glücklichsein steigern konnten, wenn sie die Mühe aufbrachten, ihr Wissen zu vergrößern und anzuwenden.

In den Jahren, seitdem ich diese Veränderung in meinem Leben vorgenommen habe, hat sich mein eigenes Wohlbefinden *erheblich* gesteigert. Den Leuten fällt auf, und sie sagen es auch, dass ich mehr lächele, und ich erwecke den Eindruck, als habe ich mehr Spaß an meiner Arbeit. Meine Beziehungen sind besser als je zuvor. Und ich habe solche Verbesserungen bei meinen Studenten, bei Führungskräften aus der Wirtschaft und ganz gewöhnlichen Menschen gesehen, die die Prinzipien erlernen. Viele von ihnen haben Angst und Verlust weit über das Maß hinaus erlebt, das mir widerfahren ist, und Freude sogar inmitten ihres Leids gefunden.

Ich habe immer noch jede Menge schlechter Tage, und ich habe noch einen langen Weg zu gehen, aber heute kann ich mich mit meinen schlechten Tagen arrangieren, und ich weiß, wie ich durch sie wachsen kann. Ich weiß, dass raue Zeiten kommen werden, aber ich fürchte mich nicht davor. Und ich bin zuversichtlich, dass es in meiner Zukunft viele Fortschritte geben wird.

Manchmal denke ich an mich selbst als Fünfunddreißig- oder Fünfundvierzigjährigen zurück, als ich kaum einmal fröhlich war und mit einem Gefühl von Resignation auf meine Zukunft blickte. Wenn mein neunundfünfzigjähriges Ich in jene Zeit zurückkehren und sagen würde: »Du wirst lernen, glücklicher zu sein, und andere die Geheimnisse lehren«, würde ich wahrscheinlich antworten, dass mein zukünftiges Ich verrückt geworden sei. Aber es ist wahr geworden (der Teil mit dem Glücklichersein – nicht der Teil mit dem Verrücktwerden).

Und jetzt habe ich das Privileg, mich bei meiner Arbeit mit einer Person zusammenzutun, die ich bewundert habe, seitdem ich ein junger Mann war – die selbst Millionen Menschen auf der ganzen Welt in Banden der Liebe und des Glücks aufgerichtet hat: Oprah Winfrey. Bei unserer ersten Begegnung begriffen wir sehr schnell, dass wir eine Mission teilten, obwohl wir sie auf verschiedene Weise angingen – ich an der Universität und Oprah in den Massenmedien.

Unsere Mission in diesem Buch besteht darin, die beiden Stränge unserer Arbeit zu verknüpfen, die erstaunliche Wissenschaft vom Glücklichsein für Menschen in allen Lebenslagen zu öffnen, damit sie diese nutzen können, um ein besseres Leben zu führen und andere aufzurichten. Einfach ausgedrückt möchten wir Ihnen bei der Erkenntnis helfen, dass Sie den Wechselfällen des Lebens nicht hilflos gegenüberstehen, sondern dass Sie mit einem größeren Verständnis dessen, wie Ihr Geist und Ihr Gehirn funktionieren, das Leben aufbauen können, das Sie sich wünschen – indem Sie im Innern mit Ihren Gefühlen anfangen und sich dann nach außen hin zu Ihrer Familie, Ihren Freundschaften, Ihrer Arbeit und Ihrem spirituellen Leben wenden.

Es hat bei uns funktioniert, und es kann auch bei Ihnen funktionieren.

Einführung

Albinas Geheimnis

Von Arthur Brooks: Albina Quevedo, meine Schwiegermutter, die ich wie meine eigene Mutter geliebt habe, lag in der kleinen Wohnung in Barcelona in ihrem Bett, in dem sie die vergangenen siebzig Jahre geschlafen hatte. Das dürftige Dekor hatte sich nie verändert: An einer Wand ein Bild ihrer Heimat, der Kanarischen Inseln; ein schlichtes Kruzifix an einer anderen. Dies war, was sie beinahe vierundzwanzig Stunden am Tag vor Augen hatte, seitdem ein Sturz vor zwei Jahren ihr dauerhafte Schmerzen einbrachte und sie außerstande war, aufzustehen oder selbstständig zu gehen. Mit dreiundneunzig wusste sie, dass ihre letzten Monate bevorstanden.

Ihr Körper war schwach, aber ihr Verstand war noch immer scharf und ihr Gedächtnis lebendig. Sie sprach über vergangene Jahrzehnte, über Zeiten, in denen sie jugendlich, gesund, frisch vermählt war und ihre geliebte Familie gegründet hatte. Sie erinnerte sich an Feste und Tage am Strand mit engen Freunden, die längst verstorben waren. Sie lachte, wenn sie sich an diese guten Zeiten erinnerte.

»Ein solcher Unterschied zu meinem jetzigen Leben«, sagte sie. Sie drehte den Kopf auf dem Kissen und sah lange zum Fenster hinaus, verloren in Gedanken. Dann wandte sie sich wieder mir zu und sagte: »Ich bin so viel glücklicher, als ich damals war.«

Sie sah mein überraschtes Gesicht und erklärte: »Ich weiß, das klingt merkwürdig, weil mein jetziges Leben öde erscheint, aber es ist die

Wahrheit«. Sie lächelte. »Während ich alt wurde, habe ich das Geheimnis erlernt, glücklich zu werden.«

Jetzt war ich ganz Ohr.

Während ich an ihrer Bettkante saß, erzählte Albina von den Prüfungen ihres Lebens. Als kleines Mädchen, in den Dreißigerjahren des letzten Jahrhunderts, hatte sie den brutalen Spanischen Bürgerkrieg überlebt, einen Teil davon in Verstecken. Sie hatte oft gehungert und Tod und Leid überall um sich her gesehen. Ihr Vater wurde verhaftet und verbrachte Jahre im Gefängnis, weil er als Feldarzt auf der Verliererseite dieses Konflikts gedient hatte. Trotzdem hatte sie ihre Kindheit stets als eine glückliche gesehen, weil ihre Eltern sie liebten und weil sie einander liebten, und diese Liebe war die Erinnerung, die am deutlichsten überdauerte. Und apropos Liebe: Der Mann in der Gefängniszelle neben ihrem Vater stellte sie ihrem zukünftigen Gatten vor.

So weit, so gut. Aber da begannen die Probleme für Albina. Nach ein paar guten Jahren und der Geburt dreier Kinder erwies sich ihr Ehemann als nicht gerade überragend. Er verließ sie, ohne die Kinder zu unterstützen, und stürzte sie in die Armut. Ihre Traurigkeit, verlassen worden zu sein, wurde zusätzlich durch den Druck belastet, drei Kinder allein großziehen zu müssen, wobei sie sich manchmal fragte, ob sie über die Runden kommen würden.

Mehrere Jahre lang war sie niedergeschlagen und fühlte sich erbärmlich. Sie kam zu dem Schluss, dass ein glücklicheres Leben so lange unerreichbar bliebe, wie die Welt so schlimm mit ihr umspringen würde. Fast jeden Tag blickte sie aus dem Fenster ihrer kleinen Wohnung und weinte.

Wer konnte es ihr verübeln? Ihre Armut und Einsamkeit, die sie so unglücklich machten, waren nicht ihre Schuld – sie waren ihr auferlegt worden, und sie sah keine Möglichkeit, etwas daran zu ändern. Solange ihre Lebensumstände sich nicht änderten, würde sie unglücklich sein, und ein besseres Leben schien unmöglich.

Eines Tages, da war Albina fünfundvierzig Jahre alt, änderte sich etwas für sie. Aus Gründen, die ihren Freunden und ihrer Familie nicht klar waren, schien sich ihre Perspektive aufs Leben zu verschieben. Es war nicht so, dass sie auf einmal weniger einsam oder dass sie auf rätselhafte Weise zu Geld gekommen war, aber aus irgendeinem Grund hörte sie auf, darauf zu warten, dass die Welt sich veränderte, und nahm ihr Leben in die eigene Hand.

Die offensichtlichste Änderung, die sie vornahm, war die, sich an der Hochschule einzuschreiben, um Lehrerin zu werden. Es war nicht einfach. Tag und Nacht neben Studenten zu lernen, die halb so alt waren wie sie, während sie gleichzeitig eine Familie versorgen musste, war absolut erschöpfend, aber es war ein Erfolg, der ihr Leben veränderte. Nach drei Jahren beendete sie ihr Studium als Jahrgangsbeste.

Sie trat jetzt eine neue Stelle an, die sie liebte, und unterrichtete in einer ökonomisch abgehängten Nachbarschaft, wo sie armen Kindern und Familien diente. Sie übernahm wahrlich das Ruder ihres Lebens, konnte ihre eigenen Kinder versorgen, mit ihrem eigenen Geld, und Freunde finden, die sie schätzte und die bis ans Ende ihrer Tage an ihrer Seite blieben – und bei ihrer Beerdigung weinten.

Vor über einem Jahrzehnt wollte Albinas missratener Gatte zurückkehren; sie waren niemals formell geschieden worden. Sie überlegte es sich und nahm ihn wieder auf – nicht, weil sie es musste, sondern weil sie es wollte. Ihr Ehemann fand Albina nach seiner vierzehnjährigen Abwesenheit völlig verändert vor: Sie war stark und, nun ja, glücklicher. Sie trennten sich nie mehr, und in ihren späteren Jahren war er ebenfalls ein anderer Mensch, der sich liebevoll um sie sorgte. Er war drei Jahre zuvor verstorben.

»Wir waren vierundfünfzig Jahre glücklich verheiratet«, sagte sie. Dann verdeutlichte sie es mit einem Lächeln: »Genau genommen sind es achtundsechzig Jahre Ehe, abzüglich der vierzehn unglücklichen.«

Jetzt war sie hier mit ihren dreiundneunzig Jahren, und ihre Lebensumstände schränkten sie erneut ein, aber ihre Lebensfreude war unvermindert – und nahm sogar zu. Ich war nicht der Einzige, der es bemerkte; alle staunten darüber, wie sie mit zunehmendem Alter glücklicher wurde.

Worin lag ihr Geheimnis, das ihr mit fünfundvierzig Jahren die Umkehr zu einem besseren Leben ermöglichte – und sie die nächsten fast fünf Jahrzehnte immer glücklicher werden ließ?

Das Geheimnis

Einige mögen die Geschichte von Albina vielleicht mit den Worten abtun, dass sie einer der wenigen Menschen mit einer natürlichen Gabe war, noch aus dem Schlimmsten etwas Gutes zu machen. Aber ihre Sicht aufs Leben war nicht angeboren; sie war erlernt und gehegt und gepflegt. Sie war nicht bloß »von Natur aus glücklich«. Im Gegenteil, ihren eigenen Worten zufolge war sie vor ihrer großen Veränderung eine lange Zeit ziemlich unglücklich.

Oder man könnte sagen, dass sie bloß wirklich gut darin war, »so zu tun als ob« – die schlimmen Dinge im Leben auszublenden. Aber das stimmt auch nicht. Sie hat nie geleugnet, dass schlimme Dinge vorgefallen waren, oder so getan, als würde sie jetzt nicht leiden. Sie wusste sehr genau, dass das Altwerden schwer sein würde; dass der Verlust von Freunden und Verwandten traurig sein würde; dass Kranksein furchterregend und schmerzhaft sein würde. Sie wurde nicht deswegen glücklicher, weil sie diese Gegebenheiten ausblendete.

Etwas geschah, was Albina veränderte und sie befreite. Genau genommen drei Dinge.

Erstens: Eines Tages, als sie Mitte vierzig war, kam ihr ein Gedanke. Sie hatte immer geglaubt, dass sich die äußere Welt verändern müsste, damit man glücklicher werden kann. Schließlich rührten sämtliche ihrer Probleme von äußeren Umständen her – von Pech und dem Verhalten anderer. Das war in gewisser Hinsicht tröstlich, aber ließ sie in einer Art Schwebezustand zurück.

Vielleicht wäre es möglich, dachte sie, selbst wenn sie ihre Lebensumstände nicht ändern konnte, ihre eigene *Reaktion* auf diese Umstände zu ändern. Sie konnte nicht entscheiden, wie die Welt sie behandeln würde, aber sie hatte vielleicht etwas dahingehend zu sagen, wie sie sich dabei fühlen würde. Vielleicht musste sie nicht darauf warten, dass die Schwierigkeiten oder das Leiden in ihrem Leben weniger würden, um das Heft des Handelns in die Hand zu nehmen.

Sie suchte nach Entscheidungen in ihrem Leben, wo ihr einstmals nur etwas aufgezwungen wurde. Die verzweifelte Hoffnungslosigkeit des Gefühls, der Gnade ihres entfremdeten Ehemanns, der Ökonomie, den Bedürfnissen ihrer Kinder ausgeliefert zu sein, begann zu schwinden. Nicht ihre Lebensumstände beherrschten mehr, wie sie hinsichtlich des Lebens fühlte – sondern sie selbst.

Bis zu diesem Punkt, sagte Albina, hatte sie sich gefühlt, als ob sie auf einer furchtbaren Stelle in einer schrecklichen Firma festsitze. Jetzt war sie aufgewacht und hatte begriffen, dass sie die ganze Zeit über der Geschäftsführer gewesen war. Das bedeutete nicht, dass sie mit den Fingern schnippen und alles vollkommen machen konnte – auch Geschäftsführer leiden in schlimmen Zeiten –, aber es bedeutete, dass sie viel Macht über ihr eigenes Leben hatte, und es konnte im Laufe der Zeit alles mögliche Gute daraus erwachsen.

Zweitens nahm Albina aufgrund dieser Erkenntnis das Heft des Handelns in die Hand. Sie schaltete um vom Wunsch, andere sollten anders sein, zur Arbeit an dem einen Menschen, den sie kontrollieren konnte: sich selbst. Sie spürte negative Emotionen, genau wie alle anderen auch, aber sie machte sich daran, eine bewusstere Wahl zu treffen, wie sie darauf reagierte. Die Entscheidungen, die sie traf – nicht ihre ursprünglichen Gefühle –, führten sie zum Versuch, weniger produktive Emotionen in positive umzuwandeln, wie Dankbarkeit, Hoffnung, Mitgefühl und Humor. Sie arbeitete auch daran, sich mehr auf die Welt rings umher zu konzentrieren und weniger auf ihre eigenen Probleme. Nichts von alledem war leicht, aber sie wurde durch Übung besser darin, und es fühlte sich immer natürlicher an, während die Wochen und Monate vergingen.

Drittens: Dass Albina sich selbst in den Griff bekommen hatte, machte sie schließlich frei, sich auf die Säulen zu konzentrieren, auf denen sie ein viel besseres Leben errichten konnte: ihre Familie, ihre Freundschaften, ihre Arbeit und ihr Glauben. Aufgrund dessen wurde sie nicht länger von den beständigen Krisen des Lebens abgelenkt. Nicht länger von ihren Gefühlen beherrscht, ging sie bewusst eine Beziehung zu ihrem Ehemann ein, die die Vergangenheit nicht leugnete, aber die funktionierte. Sie knüpfte ein liebevolles Band zu ihren Kindern. Sie hegte und pflegte persönliche Freundschaften. Sie fand eine

Stelle, die ihr das Gefühl verlieh, etwas beitragen zu können, und die ihr Erfolg einbrachte. Sie ging ihren eigenen spirituellen Weg. Und sie lehrte andere, ebenfalls auf diese Weise zu leben.

In diesen drei Schritten errichtete Albina das Leben, das sie führen wollte.

Die Straße voraus

Wenn Sie sich in Albinas Misere hineinversetzen können oder wenn Sie das Bedürfnis verspüren, Ihr Glücklichsein aus anderen Gründen zu steigern, sind Sie nicht allein. Die USA befinden sich in einer Rezession des Glücklichseins. Allein während des letzten Jahrzehnts stieg der Prozentsatz an Amerikanern, die sagen, dass sie nicht »allzu glücklich« seien, von 10 Prozent auf 24 Prozent.[1] Der Prozentsatz an Amerikanern, die an Depression leiden, wächst dramatisch, insbesondere unter jungen Erwachsenen.[2] Unterdessen ist der Prozentsatz derjenigen, die sagen, dass sie »sehr glücklich« sind, von 36 auf 19 Prozent gefallen.[3] Dieses Muster lässt sich über den gesamten Globus hinweg erkennen, und der Trend existierte schon, bevor die Covid-19-Pandemie losging.[4] Über die Ursache für diesen Rückgang in einem so großen Maßstab ist man sich uneins – die Schuld wird der Technologie gegeben oder einer polarisierten Kultur, einer Kulturänderung oder der Ökonomie oder sogar der Politik –, aber wir alle wissen, dass er stattfindet.

Die meisten von uns haben nicht den Ehrgeiz, die ganze Welt aus dieser Rezession herauszuholen; wir geben uns damit zufrieden, uns selbst zu helfen. Aber wie, wenn unsere Probleme von außen kommen? Wenn wir wütend sind oder traurig oder einsam, brauchen wir Menschen, die uns besser behandeln; wir sind abhängig von unseren Finanzen, um uns zu verbessern; wir brauchen eine Portion Glück, um uns zu ändern. Bis dahin warten wir und sind unglücklich und können uns bloß von unserem Gefühl des Unbehagens ablenken.

Dieses Buch möchte Ihnen zeigen, wie Sie aus diesem Muster ausbrechen können, so wie Albina es getan hat. Auch Sie können der Chef

Ihres eigenen Lebens werden, nicht nur ein Beobachter. Sie können lernen, sich auszusuchen, wie Sie auf negative Umstände reagieren, und Gefühle auswählen, die Sie glücklicher werden lassen, selbst wenn Sie einen schlechten Tag hatten. Sie müssen Ihre Energie nicht auf triviale Ablenkungen verwenden, sondern können sie auf die grundlegenden Säulen des Glücklichseins richten, was zu einem dauerhaften Gefühl von Zufriedenheit und Sinnhaftigkeit führt.

Sie werden lernen, wie Sie Ihr Leben auf neue Art und Weise in den Griff bekommen. Anders als andere Bücher, die Sie vielleicht gelesen haben (die haben wir auch gelesen), wird Sie dieses jedoch nicht ermahnen, sich selbst am Schopf aus dem Sumpf zu ziehen. Dies ist kein Buch über Willenskraft – es geht um Wissen und darum, wie es sich anwenden lässt. Wenn Sie etwas an Ihrem Auto nicht verstehen, würden Sie das Problem nicht mit äußerster Willensanstrengung lösen – Sie würden in der Gebrauchsanleitung nachschlagen. Ähnlich ist es, wenn etwas mit Ihrem Glücklichsein nicht stimmt. Dann benötigen Sie vor allem klare, wissenschaftlich basierte Informationen darüber, wie Ihr Glücklichsein funktioniert, und dann Anweisungen, wie Sie diese Informationen in Ihrem Leben einsetzen können. Das bietet dieses Buch.

Dies ist gleichfalls kein Werk darüber, wie sich Schmerz minimieren oder ausschalten lässt – weder Ihr Schmerz noch der eines anderen. Das Leben kann hart sein – für einige Menschen viel härter als für andere, und zwar ohne eigene Schuld. Wenn Sie Schmerz verspüren, wird dieses Buch Ihnen nicht sagen, wie Sie ihn aushalten oder verschwinden lassen können. Es wird Ihnen vielmehr zeigen, wie Sie sich dafür entscheiden können, mit ihm umzugehen, aus ihm zu lernen und durch ihn zu wachsen.

Schließlich ist dieses Buch keine schnelle Reparaturanleitung für Ihr Leben. Dass Albina glücklicher wurde, erforderte Mühe und Geduld, und bei Ihnen wird es auch so sein. Dieses Buch zu lesen, ist bloß der Ausgangspunkt. Die erforderlichen Fähigkeiten zu praktizieren, erfordert letztlich Übung und Zeit. Ein wenig Fortschritt stellt sich sogleich ein, und die Menschen um Sie herum werden höchstwahrscheinlich positive Veränderungen bemerken (und Sie um Rat bitten).

Andere Lektionen werden Monate oder Jahre erfordern, bevor der Prozess, sich selbst in den Griff zu bekommen und Fortschritte zu machen, ein spaßiges Abenteuer wird. Glücklicher werden wird zu einer neuen Lebensweise.

Das Leben zu errichten, das Sie führen wollen, erfordert Zeit und Mühe. Ein Hinauszögern bedeutet abwarten aus keinem vernünftigen Grund, bedeutet Zeit vergeuden, in der Sie glücklicher sein und auch andere glücklicher machen könnten. Albina war nicht gewillt, dies zu tun – sie war nicht gewillt, das Leben zu verfehlen, das sie führen wollte, während sie darauf wartete, dass sich das Universum änderte.

Wenn Sie das Warten ebenfalls leid sind, dann lassen Sie uns anfangen!

Errichten Sie das Leben, das Sie führen wollen

Eins

Glücklichsein ist nicht das Ziel und Unglück nicht der Feind

Der Professor grinste von einem Ohr zum anderen, als er sich an einem Septemberabend des Jahres 2007 an das Publikum im überfüllten Hörsaal der Carnegie Mello University in Pittsburgh wandte. Es war seine letzte Vorlesung dort, und er sprudelte vor Freude über, als er auf sein Lebenswerk zurückschaute, darauf, Gutes in anderen gefunden, Hindernisse überwunden und mit Leidenschaft gelebt zu haben. Er war so voller Energie und Tatkraft, dass er sich kaum beherrschen konnte. An einem Punkt ließ er sich zu Boden fallen und vollführte eine Reihe von Liegestützen mit nur einem Arm.[1]

Der Professor war Randy Pausch, ein bekannter Computerwissenschaftler und beliebt bei seinen Studenten und Kollegen an der Carnegie Mellon. Sie könnten vielleicht glauben, dass seine Freude über seine letzte Vorlesung daher rührte, dass er sich in die Karibik zurückziehen oder – noch wahrscheinlicher (er war gerade erst siebenundvierzig) – einen neuen Traumjob irgendwo anders antreten würde. Nichts davon entsprach jedoch der Wahrheit.

Es war seine letzte Vorlesung, weil Professor Pausch Bauchspeicheldrüsenkrebs im Endstadium hatte und ihm nur noch wenige Monate zu leben blieben.

Die Menschen, die gekommen waren, um ihn zu hören, wussten nicht genau, was sie zu erwarten hatten. Eine tragische Reflexion über die Kürze des Lebens? Eine Liste dessen, was er hätte tun sollen?

Sicherlich wurden an jenem Abend jede Menge Tränen im Auditorium vergossen, aber nicht von Randy. »Wenn ich nicht so deprimiert oder mürrisch erscheine, wie ich sein sollte«, witzelte er, »dann tut es mir leid, Sie zu enttäuschen.« Seine Vorlesung war eine Feier des Lebens, voller Liebe und Freude, die er mit Freunden, Mitarbeitern, seiner Frau und seinen drei kleinen Kindern teilen wollte.

Es ließ sich einfach nicht leugnen, dass Randy ein durch und durch glücklicher Mann war. Selbst seine schreckliche Diagnose konnte diese offenkundige Wahrheit an diesem Septemberabend nicht unterdrücken. Über die nächsten paar Monate hinweg genoss er, soweit es sein Gesundheitszustand zuließ, das Leben in vollen Zügen, inspirierte andere über die nationalen Medien (darunter Oprahs Show) und postete auf seiner persönlichen Website die Details seines Gesundheitszustands und seiner Behandlung ebenso wie familiäre Meilensteine und viele Augenblicke persönlicher Freude.

Am 25. Juli 2008 starb Randy Pausch, umgeben von seiner Familie und seinen Freunden.

In seinen letzten Monaten hatte Randy etwas getan, was die meisten von uns für undenkbar halten würden: Er hatte das, was von Natur aus der härteste, düsterste Teil seines Lebens sein sollte, damit verbracht, glücklicher zu werden. Wie hat er das angestellt?

Zwei Mythen über das Glücklichsein

Am Wunsch, glücklich zu sein, ist nichts Absonderliches. »Es gibt niemanden, der nicht glücklich sein will«[2], verkündete der Theologe und Philosoph Augustinus rundheraus im Jahr 426 nach Christus, ohne dass damals oder heute dafür ein Beweis notwendig gewesen wäre. Suchen Sie uns jemanden, der erklärt: »Mir ist das Glück gleichgültig«, und wir werden Ihnen jemanden zeigen, der entweder an einer Wahnstörung leidet oder nicht die Wahrheit sagt.

Was meinen Menschen damit, wenn sie sagen, sie »möchten glücklich sein«? Gewöhnlich zwei Dinge: Erstens sagen sie, dass sie gewisse

Gefühle erlangen (und bewahren) möchten – Frohsinn, Fröhlichkeit oder etwas Ähnliches. Zweitens sagen sie, dass es ein Hindernis gibt, um dieses Gefühl zu erlangen. Den Worten »Ich möchte glücklich sein« folgt fast immer ein »aber …«.

Nehmen Sie Claudia, eine Bürokauffrau aus New York. Sie ist fünfunddreißig Jahre alt und lebt seit fünf Jahren mit ihrem Freund zusammen. Sie lieben einander, aber er ist nicht bereit, eine dauerhafte Bindung einzugehen. Claudia hat das Gefühl, nicht für die Zukunft planen zu können – wo sie leben wird, ob sie Kinder haben wird, wie sich ihre Karriere entwickeln wird. Das frustriert sie und lässt sie im Ungewissen, macht sie traurig und wütend. Sie möchte glücklich sein, glaubt jedoch nicht, dass sie es sein kann, bevor ihr Freund sich entschieden hat.

Oder nehmen Sie Ryan. Er glaubte, dass er während seiner Collegezeit lebenslange Freundschaften schließen und seine Karriereziele festlegen würde. Stattdessen hatte er beim Abschluss seiner Ausbildung wesentlich weniger Vorstellungen von seinem künftigen Leben als zum Zeitpunkt seines Studienbeginns. Jetzt, im Alter von fünfundzwanzig Jahren, hat er Tausende Dollar Schulden, springt von Job zu Job und ist völlig orientierungslos. Er hofft, dass er glücklicher werden wird, wenn sich die rechte Gelegenheit bietet und seine Zukunft klar erscheinen lässt.

Margaret ist fünfzig. Vor zehn Jahren glaubte sie, sich über alles klar geworden zu sein – sie arbeitete in Teilzeit, ihre Kinder waren auf der Highschool, und sie war in ihrer Gemeinde aktiv. Aber seitdem ihre Kinder das Nest verlassen haben, fühlt sie sich rastlos und unzufrieden mit allem. Sie sucht im Netz nach Häusern, weil sie glaubt, dass ein Umzug helfen könnte. Sie glaubt, eine große Veränderung würde sie glücklicher machen, aber sie weiß nicht, worin die notwendige Veränderung besteht.

Schließlich ist da noch Ted. Seit seiner Pensionierung hat er keine richtigen Freunde. Er hat alle Kontakte aus dem Job verloren. Er ist seit Jahren geschieden, und seine erwachsenen Kinder sind auf ihre eigenen Familien fokussiert. Manchmal liest er, aber meistens sitzt er vor dem Fernseher, um die Zeit totzuschlagen. Er glaubt, er wäre glücklich, wenn es mehr Menschen in seinem Leben gäbe, aber er findet sie anscheinend nicht.

Claudia, Ryan, Margaret und Ted sind normale Menschen mit normalen Problemen – daran ist nichts Seltsames oder Skandalöses. (In Wirklichkeit sind sie aus Menschen zusammengesetzt, denen wir begegnet sind und mit denen wir viele Male gearbeitet haben.) Jeder hat mit den gewöhnlichen Problemen zu tun, denen wir alle uns im Leben gegenübersehen können, sogar ohne irgendwelche großen Fehltritte zu begehen oder törichte Risiken in Kauf zu nehmen. Und ihre Überzeugungen mit Blick auf das Glücklichsein und das Leben sind normal – jedoch ein Irrtum.

Claudia, Ryan, Margaret und Ted leben alle in einem Zustand des »Ich möchte glücklich sein, aber …«. Wenn Sie das auf einen Nenner bringen wollen, so werden Sie erkennen, dass dieser Zustand auf zwei Überzeugungen beruht:

1. Ich kann glücklich sein …
2. … aber meine Lebensumstände halten mich im Unglück fest.

Die Wahrheit lautet, dass beide Behauptungen, so überzeugend sie klingen, falsch sind. Sie können nicht glücklich sein – obwohl Sie *glücklicher* sein können. Und Ihre Lebensumstände und Ihre Quelle des Unglücks *müssen* Sie nicht unumgänglich daran hindern.

Folgendes meinen wir, wenn wir sagen, Sie können nicht glücklich sein: Die Suche nach dem Glück ist wie die Suche nach Eldorado, der sagenhaften südamerikanischen Stadt des Goldes, die niemand je fand. Wenn wir nach dem Glück suchen, können wir vielleicht einen Blick darauf erhaschen, wie es sich anfühlen mag, aber es ist nicht von Dauer. Die Leute reden darüber, und einige behaupten, es zu besitzen, aber die Menschen, von denen es in der Gesellschaft heißt, sie sollten völlig glücklich sein – die Reichen, die Schönen, die Berühmten, die Mächtigen –, tauchen augenscheinlich häufig mit ihren Bankrotten, ihren persönlichen Skandalen und Familienproblemen in den Nachrichten auf. Einige Menschen sind glücklicher als andere, aber niemand kann beständig glücklich sein.

Falls das Geheimnis des vollständigen Glücklichseins existieren würde, hätten wir alle es inzwischen aufgedeckt. Es wäre das große Geschäft, würde im Internet verkauft, an jeder Schule gelehrt und wahrscheinlich von der Regierung zur Verfügung gestellt. Aber es existiert nicht. Das erscheint unheimlich, nicht wahr? Das eine, was wir alle haben wollen, seitdem der *Homo sapiens* vor dreihunderttausend Jahren in Afrika auftauchte, ist für so gut wie jeden immer trügerisch geblieben. Wir haben herausgefunden, wie man Feuer macht, das Rad erfunden, die Mondlandefähre und TikTok-Videos, aber mit all jener menschlichen Genialität haben wir nicht die Kunst und Wissenschaft gemeistert, die eine Sache zu bekommen und zu bewahren, die wir *wirklich* wollen.

Das liegt daran, dass Glücklichsein kein Ziel ist. Glücklichsein ist eine *Richtung*. Wir werden völliges Glück nicht auf dieser Seite des Himmels finden, aber egal, wo sich jeder von uns im Leben befindet, wir alle können *glücklicher* sein. Und dann noch glücklicher und dann noch etwas glücklicher.

Die Tatsache, dass völliges Glücklichsein in diesem Leben unmöglich ist, könnte wie eine enttäuschende Nachricht erscheinen, aber das ist sie nicht. Es ist eigentlich die beste aller Nachrichten. Sie bedeutet, dass wir alle endlich aufhören können, nach der verschollenen Stadt zu suchen, die nicht existiert, und zwar ein für alle Mal. Wir können aufhören, uns zu fragen, was mit uns nicht stimmt, weil wir sie nicht finden oder behalten können.

Wir können auch aufhören zu glauben, dass unsere individuellen Probleme die Gründe dafür sind, dass wir das Glück nicht erlangen können. Keine positiven Lebensumstände können uns den gesegneten Zustand verschaffen, den wir suchen. Aber es können auch keine negativen Lebensumstände dafür sorgen, dass es unmöglich wird, glücklicher zu werden. Dies ist eine Tatsache: Sie können glücklicher werden, selbst wenn Sie Probleme haben. In einigen Fällen können Sie sogar glücklicher werden, *weil* Sie Probleme haben.

Diese beiden missverstandenen Glaubenssätze – und nicht, was uns das Leben entgegenschleudert – sind der wahre Grund, warum so viele

Menschen feststecken und sich elend fühlen. Sie möchten etwas, was nicht existiert, und sie glauben, dass jeglicher Fortschritt erst dann möglich ist, wenn alle Barrieren im Leben beiseitegeräumt sind. Und diese Irrtümer fangen mit einer inkorrekten Antwort auf eine sehr unschuldig klingende Frage an: *Was bedeutet Glücklichsein?*

Was bedeutet Glücklichsein?

Stellen Sie sich vor, Sie bitten jemanden, ein Auto zu definieren. Die Person denkt über Ihre Frage nach und gibt dann zur Antwort: »Ein Auto ist … nun ja, es ist das Gefühl, das ich bekomme, wenn ich in einem Sessel sitze, aber es ist ein Sessel, in dem ich sitze, wenn ich einkaufen will.« Sie würden annehmen, die Person weiß wirklich nicht, was ein Auto ist. Und Sie würden ihr gewiss nicht die Schlüssel für *Ihr* Auto geben.

Dann bitten Sie die Person, ein Boot zu definieren. Sie denkt eine Minute nach und erwidert: »Es ist kein Auto.«

Dies ist ein absurdes Szenario. Und dennoch, so seltsam es klingt, sind es diese Arten von Definitionen, die wir gewöhnlich erhalten, wenn wir jemanden bitten, Glücklichsein und Unglücklichsein zu definieren. Versuchen Sie es selbst. Sie werden etwas zu hören bekommen wie: »Glücklichsein bedeutet … nun ja, ich schätze, es ist ein Gefühl … wie wenn ich mit Menschen zusammen bin, die ich liebe, oder wenn ich etwas tue, was mich erfreut.« Und Unglücklichsein? »Es ist die Abwesenheit des Glücklichseins.«

Der hauptsächliche Grund, weswegen Menschen nicht glücklicher werden, ist der, dass sie nicht einmal wissen, was sie steigern wollen. Und der Grund, aus dem sie das Gefühl haben, in ihrem Unglücklichsein festzustecken, ist der, dass sie nicht definieren, was es ist. Wenn dies Ihr Dilemma ist, sollten Sie deswegen kein allzu schlechtes Gefühl haben. Die meisten Menschen mühen sich mit diesen Definitionen ab. Sie sprechen über Gefühle oder verwenden öde Metaphern wie »Sonnenschein in meiner Seele«, wie eine alte Hymne der Presbyter Glücklichsein beschrieb.[3]

Selbst die alten Philosophen bemühten sich um eine übereinstimmende Definition des Glücklichseins. Nehmen Sie zum Beispiel den Streit zwischen Epikur und Epiktet.

Epikur (341 bis 270 vor Christus) leitete eine Denkschule, die nach ihm selbst benannt ist – Epikureismus – und die argumentierte, dass für ein glückliches Leben zwei Dinge erforderlich seien: Ataraxie (Freiheit von geistiger Verwirrung) und Aponia (Abwesenheit von körperlichem Schmerz). Seine Philosophie lässt sich vielleicht charakterisieren als: »Wenn es furchterregend oder schmerzhaft ist, meide es.« Epikureer betrachteten Unbehagen generell als negativ und sahen daher in der Beseitigung von Bedrohungen und Problemen den Schlüssel zu einem glücklicheren Leben. Nicht etwa, dass sie faul oder unmotiviert waren. Vielmehr betrachteten sie andauernde Furcht oder andauernden Schmerz nicht als unbedingt nötig oder wohltuend, und sie konzentrierten sich stattdessen darauf, das Leben zu genießen.

Epiktet lebte etwa dreihundert Jahre später als Epikur und war einer der prominentesten Stoiker. Er glaubte, das Glücklichsein käme, wenn man den Sinn des Lebens fände, das eigene Schicksal akzeptierte und sich moralisch verhielte, ungeachtet der persönlichen Kosten – und er hielt nicht viel von Epikurs Glauben daran, sich wohlzufühlen. Seine Philosophie könnte zusammengefasst werden als: »Erwirb ein Rückgrat und tu deine Pflicht.« Menschen, die den Stoikern folgten, betrachteten Glücklichsein als etwas, das durch ziemlich viel Opferbereitschaft verdient wurde. Nicht überraschend waren Stoiker generell hart arbeitende Menschen, die für die Zukunft lebten und gewillt waren, ohne viele Klagen beträchtliche persönliche Kosten in Kauf zu nehmen, um ihren Sinn des Lebens zu erreichen (wie sie ihn sahen). Sie sahen den Schlüssel zum Glück darin, Schmerz und Angst zu akzeptieren, beides nicht aktiv zu vermeiden.

Heutzutage sind die Menschen immer noch zwischen Epikureern und Stoikern geteilt – sie suchen nach dem Glück entweder dadurch, dass sie sich gut fühlen oder dass sie ihre Pflicht erfüllen. Und die Zahl der Definitionen vervielfacht sich von diesem Ausgangspunkt nur, insbesondere, wenn wir uns in der ganzen Welt umsehen. Betrachten

Sie zum Beispiel die verschiedenen Schulen, die sich zwischen westlichen und östlichen Kulturen finden lassen.[4] Im Westen wird Glücklichsein gewöhnlich in Worten der Aufregung und des Erreichens definiert. Währenddessen wird in Asien Glücklichsein am häufigsten definiert durch Worte von Ruhe und Zufriedenheit.

Definitionen des Glücklichseins hängen sogar vom Ausdruck dafür ab. In germanischen Sprachen wie Englisch oder Deutsch hat *Happiness* beziehungsweise *Glück(lichsein)* seine Wurzeln in Wörtern, die sich auf das Schicksal oder ein positives Schicksal beziehen.[5] In der Tat kommt das englische *happiness* vom altnorwegischen *happ,* was »Glück« – etwa im Sinne von »glücklicher Zufall« – bedeutet.[*] [6] Unterdessen stammt der Ausdruck in Sprachen, die auf dem Lateinischen basieren, von *felicitas,* was sich im alten Rom nicht bloß auf Glück, sondern auch auf Wachstum, Fruchtbarkeit und Reichtum bezog.[7] Andere Sprachen haben spezielle Ausdrücke nur für das Subjekt. Dänen beschreiben Glücklichsein oftmals in Ausdrücken wie *hygge,* was so etwas wie Gemütlichkeit und behagliche Geselligkeit bedeutet.[8]

Wenn Glück(lichsein) wirklich so subjektiv wäre – oder, noch schlimmer, eine Sache von Gefühlen in jedem gegebenen Augenblick –, gäbe es keine Möglichkeit, es zu studieren. Es wäre wie der Versuch, einen Pudding an die Wand zu nageln. Dieses Buch wäre zwei Worte lang: *Viel Glück!*

Zum Glück können wir das heutzutage wesentlich besser. Es stimmt, dass verschiedene Kulturen Glücklichsein etwas unterschiedlich definieren, weswegen die Vergleiche, was Glücklichsein in verschiedenen Ländern ausmacht, die Sie immer in den Medien sehen, nicht sonderlich nützlich oder überzeugend sind. Es stimmt auch, dass Gefühle mit dem Glücklichsein assoziiert sind. Ihre Emotionen beeinflussen, wie glücklich Sie sind, und wie glücklich Sie sind, beeinflusst alle Ihre Emotionen.

---

* Anm. d. Red.: die genaue Herkunft des deutschen Begriffs »Glück« ist ungeklärt, jedoch bedeutete die mittelhochdeutsche Form »gelücke« ebenfalls »Schicksal(smacht)« oder »Zufall«

Was jedoch nicht bedeutet, dass es unter allen Menschen keine Konstanten gibt oder dass Glücklichsein ausschließlich ein Gefühl *ist*.

Eine gute Methode, um Glücklichsein zu definieren, besteht darin, es mithilfe seiner Bestandteile auszudrücken. Wenn Sie Ihr Weihnachtsessen definieren müssten, könnten Sie das dadurch tun, dass Sie die Bestandteile auflisten – Gans, Rotkohl, Kartoffeln und so weiter. Oder Sie könnten die Zutaten auflisten, wenn Sie ein guter Koch sind. Oder Sie könnten, wenn Sie ein Nährstoff-Freak sind, sagen, die Mahlzeit – tatsächlich sämtliche Nahrung – besteht aus drei Makronährstoffen: Kohlenhydraten, Proteinen und Fett. Um eine gute und gesunde Mahlzeit zuzubereiten, benötigen Sie alle drei in einem ausgewogenen Verhältnis.

Die Mahlzeit verbreitet ebenfalls einen köstlichen Duft, der das Haus erfüllt. Dennoch würden Sie nicht sagen, dass dieser Duft die Mahlzeit ist. Vielmehr ist der Duft ein *Hinweis* auf die Mahlzeit. Und ganz ähnlich sind Glücksgefühle kein Glücklichsein; sie sind ein Hinweis aufs Glücklichsein. Das Glücklichsein selbst ist das wahre Phänomen, und wie bei der Mahlzeit kann es als eine Kombination von drei »Makronährstoffen« definiert werden, die Sie für die Ausgewogenheit und Fülle Ihres Lebens benötigen.

Diese Makronährstoffe des Glücklichseins sind Genuss, Befriedigung und Sinn.

Der erste ist *Genuss*. Das hört sich vielleicht nach Vergnügen oder Lust an – »sich gut fühlen«. Das stimmt jedoch nicht. Lust ist animalisch; Genuss ist völlig menschlich. Lust entspringt Teilen des Gehirns, die dafür gedacht sind, uns für gewisse Aktivitäten zu belohnen, wie essen und Sex, die uns in früheren Zeiten halfen, am Leben zu bleiben und unsere Gene weiterreichen zu können. (Heutzutage werden die Dinge, die Lust hervorrufen – angefangen von Substanzen bis hin zum Verhalten –, oft unpassend eingesetzt und missbraucht, was zu allen möglichen Problemen führt.)

Genuss nimmt einen Drang nach Lust und fügt zwei wichtige Dinge hinzu: Teilnahme und Bewusstheit. So kann zum Beispiel das Weihnachtsessen Lust erzeugen, wenn es gut schmeckt und Ihren Bauch füllt; aber es ist ein Genuss, wenn Sie es mit Angehörigen zu sich nehmen und gemeinsam eine schöne Erinnerung teilen, was die eher bewussten Teile Ihres Gehirns beschäftigt. Lust ist einfacher als Genuss, aber es ist ein Fehler, sich mit ihr zu begnügen, denn sie ist flüchtig und alleinstehend. Jegliche Sucht bringt Lust mit sich, keinen Genuss.

Um glücklich zu sein, sollten Sie sich niemals mit Lust begnügen, sondern sie vielmehr zu einem Genuss machen. Natürlich bringt das gewisse Kosten mit sich. Genuss erfordert eine Investition von Zeit und Mühe. Er bedeutet den Verzicht auf einen leichten, mühelosen Nervenkitzel. Er bedeutet oftmals, Nein zu Begierden und Versuchungen zu sagen. Manchmal ist es schwer, Genuss zu erreichen.

Der zweite Makronährstoff des Glücks ist *Befriedigung*. Sie ist dieser Nervenkitzel, wenn Sie ein Ziel erreichen, für das Sie gearbeitet haben. Es ist dieses Gefühl, das Sie haben, wenn Sie eine Eins in der Schule oder eine Beförderung bei Ihrer Arbeitsstelle erhalten haben; wenn Sie schließlich ein Haus bauen oder heiraten. So fühlen Sie sich, wenn Sie etwas Schwieriges tun – vielleicht sogar Schmerzhaftes –, das den Sinn Ihres Lebens erfüllt, wie Sie ihn sehen.

Befriedigung ist wunderbar, aber sie entsteht nicht ohne Arbeit und Opfer. Wenn Sie nicht für etwas leiden – zumindest ein wenig –, befriedigt es überhaupt nicht. Wenn Sie die ganze Woche für eine Prüfung lernen und eine gute Note erhalten, verschafft Ihnen das viel Befriedigung. Aber wenn Sie schummeln, um dieselbe Note zu bekommen, und dazu noch etwas Falsches tun, verschafft Ihnen das wahrscheinlich keinerlei Befriedigung. Dies ist einer der Gründe, warum Abkürzungen im Leben eine so schlechte Strategie darstellen – sie zerstören Ihre Fähigkeit, sich befriedigt zu fühlen.

Während Befriedigung eine große Menge an Genuss mit sich bringen kann, ist sie ebenfalls äußerst schwierig zu fassen: Sie glauben, das Erreichen eines Ziels wird Ihnen dauerhafte Befriedigung verschaffen, aber sie ist natürlich nur vorübergehend. Wir alle kennen den Megahit der Rolling Stones von 1965 *(I Can't Get No) Satisfaction*. Eigentlich stimmt das nicht: Sie *können* Befriedigung erhalten; Sie können sie bloß nicht *beibehalten*. Es ist unglaublich frustrierend – sogar schmerzhaft –, dass wir uns wie verrückt anstrengen, und sobald wir diesen wahnsinnigen Genuss erhalten, wird er uns schon wieder entrissen. Deswegen, wie Mick Jagger singt, versuchen wir's und versuchen wir's und versuchen wir's, sie beizubehalten – ein Verhalten, das Psychologen die hedonistische Tretmühle nennen, in der wir uns rasch an gute Dinge anpassen und laufen, laufen, laufen müssen, um weiterhin Befriedigung zu verspüren.[9] Dies trifft besonders bei weltlichen Dingen zu wie Geld, Macht, Lust und Prestige (oder Ruhm).

Der dritte Makronährstoff ist der wichtigste: *Sinn.* Wir können es eine Weile lang ohne Genuss aushalten und sogar ohne viel Befriedigung. Ohne Sinn sind wir jedoch völlig verloren, weil wir nicht mit den unausweichlichen Rätseln und Dilemmata des Lebens umgehen können. Wenn wir ein Gefühl von Bedeutung und Sinn haben, können wir uns dem Leben mit Hoffnung und innerem Frieden stellen.

Und dennoch finden Menschen mit einem starken Gefühl der Bedeutung dieses oft in ihrem Leiden. Dies ist das Argument des Psychiaters und Holocaust-Überlebenden Viktor Frankl, dem wir im nächsten Kapitel begegnen werden. In seinen klassischen Memoiren *Man's Search for Meaning* (deutsch: *… trotzdem Ja zum Leben sagen*) schreibt er: »In der Art, wie ein Mensch sein unabwendbares Schicksal auf sich nimmt, mit diesem Schicksal all das Leiden, das es ihm auferlegt, darin eröffnet sich auch noch in den schwierigsten Situationen und noch bis zur letzten Minute des Lebens eine Fülle von Möglichkeiten, das Leben sinnvoll zu gestalten.«[10] Die übliche Strategie, der Versuch, das Leiden aus dem Leben zu entfernen, um glücklicher zu werden, ist vergeblich und irreführend; wir müssen stattdessen nach dem Warum des Lebens suchen, um den Schmerz in eine Gelegenheit zum Wachsen zu verwandeln.

Die Rolle des Unglücklichseins

Glücklichsein ist eine Kombination aus Genuss, Befriedigung und Sinn. Glücklicher werden bedeutet, mehr von diesen Elementen zu bekommen, und zwar auf ausgewogene Weise – nicht alles von einem und nichts von einem anderen. Aber wenn Sie genau lesen, wird Ihnen etwas Komisches bei allen dreien aufgefallen sein: *In allen ist ein gewisses Maß an Unglücklichsein enthalten.* Genuss erfordert Arbeit und Verzicht auf Lust; Befriedigung erfordert Opfer und dauert nicht an; Sinn zieht fast immer Leiden nach sich. Mit anderen Worten: Glücklicher zu werden erfordert, dass wir in unserem Leben ebenso Unglück akzeptieren, und Unglück zu verstehen, ist kein Hindernis auf dem Weg zu unserem Glück.

Wenn Sie der Ansicht sind, dies höre sich kontraintuitiv an, stehen Sie nicht allein da. Bis weit ins zwanzigste Jahrhundert hinein wurde Unglücklichsein allgemein als die Abwesenheit von Glück betrachtet, ebenso wie bei Licht und Dunkelheit. Positive und negative Gefühle wurden von Psychologen als in einem Kontinuum existierend gesehen. Wenn Sie sich zum Beispiel nach einem Verlust oder Trauma im Laufe der Zeit »weniger schlecht« gefühlt haben, bedeutete dies einfach, dass Sie sich auch »besser« gefühlt haben.[11]

Wenn Sie glücklicher werden wollten, mussten sie weniger unglücklich werden. Wenn Ihr Glücklichsein nachließ, dann steigerte sich Ihr Unglücklichsein.

In Wahrheit können jedoch Gefühle, die mit Glücklich- und Unglücklichsein verbunden sind, nebeneinander existieren. Die moderne psychologische Forschung hat gezeigt, dass positive und negative Emotionen tatsächlich voneinander trennbar sind und uns den Schluss erlauben, dass Glücklichsein *nicht* die Abwesenheit von Unglücklichsein bedeutet.[12] (Vergessen Sie nicht: Glücklichsein und Gefühle sind nicht dasselbe, aber sie gehen zusammen wie eine Mahlzeit und der Duft einer Mahlzeit.) Positive und negative Emotionen können jeweils in Abwesenheit der anderen gefühlt werden, gleichzeitig oder in rascher Aufeinanderfolge. Einige Neurowissenschaftler glauben, dass glückliche und unglückliche Gefühle im großen Ausmaß mit Aktivitäten in verschiedenen Hemisphären des Gehirns miteinander korrespondieren, und sie stellen fest, dass negative Emotionen mit Aktivität auf der linken Gesichtsseite zusammenhängen, positive mit Aktivität auf der rechten.[13]

Die Menschen schätzen ihre Gefühle allgemein als Mischung ein. »Ich fühle mich gut« bedeutet: Glücklichsein > Unglücklichsein. Auf

Anweisung hin trennen sie jedoch ihre positiven und negativen Emotionen ziemlich genau. So fanden Forscher in einem Experiment zum Beispiel heraus, dass Menschen ihre Emotionen etwa 90 Prozent der Zeit identifizieren konnten.[14] Sie klassifizierten ihre Gefühle als rein positiv in etwa 41 Prozent der Zeit und rein negativ in etwa 16 Prozent der Zeit. Der Rest (33 Prozent) war eine Mischung aus positiv und negativ. Alles in allem nehmen Menschen durchschnittlich in der Hälfte der Gesamtzeit einige negative Gefühle wahr, während sie positive Gefühl in etwa drei Viertel der Gesamtzeit wahrnehmen.

In einem Experiment wurden Probanden gebeten, ihren gesamten Tag durchzugehen und darüber nachzudenken, wie viel an positivem oder negativem »Affekt« – soll heißen: Gefühl – sie von jeder Aktivität erhielten, anstatt die beiden Emotionen zu mischen.[15] Im Allgemeinen hatten Probanden mehr positive als negative Gefühle, aber dies hing sehr stark von der Aktivität ab. Einige Aktivitäten (wie Kontaktpflege) hatten wirklich hohe Werte bei den positiven Gefühlen und niedrige bei den negativen. Andere (wie sich um die Kinder kümmern oder arbeiten) waren mehr eine Mischung. Die Aktivitäten mit den meisten negativen Gefühlen und wenigsten positiven waren die Fahrt zur Arbeit und zurück und Zeit mit dem Chef zu verbringen. (Dann ist es offensichtlich und eindeutig das Beste, nicht mit Ihrem Chef zur Arbeit zu fahren.)

Das alles bedeutet, dass Sie ein starkes Glücksgefühl *und* ein starkes Unglücksgefühl gleichzeitig haben können, oder umgekehrt. Das eine hängt nicht vom anderen ab. Es klingt hier vielleicht nach Haarspalterei, aber es ist eigentlich ein wesentlicher Punkt. Wenn Sie glauben, Sie müssten Ihre Gefühle des Unglücklichseins auslöschen, bevor Sie anfangen können, glücklicher zu sein, dann lassen Sie sich unnötigerweise von den absolut normalen negativen Gefühlen des Alltagslebens zurückhalten, und Sie werden so nicht verstehen, was Sie zu der Person macht, die Sie sind.

Ihre einzigartige Mischung aus Glücklichsein und Unglücklichsein

Wir alle haben unsere eigene natürliche Mischung aus Glücklichsein und Unglücklichsein, die von unseren Lebensumständen und unserem Charakter abhängt, und unsere Aufgabe ist es, die Mischung, die uns gegeben ist, auf die bestmögliche Weise zu nutzen. Die erste Aufgabe dabei ist zu lernen, wo wir tatsächlich stehen.

Eine Möglichkeit, Hinweise auf Ihre naturgegebene Glück-Unglück-Mischung zu erhalten, ist die, Ihr Niveau an positiven und negativen Affekten – Stimmungen – zu messen und sie mit denen anderer zu vergleichen, und zwar anhand des »Positive and Negative Affect Schedule« oder PANAS (auf Deutsch: GESIS-Panel). PANAS misst die Intensität und Häufigkeit positiver und negativer Affekte und wurde 1988 von drei Psychologen an der Southern Methodist University und der University of Minnesota entwickelt.[16] PANAS zeigt an, ob Sie dazu neigen, höhere oder niedrigere positive und negative emotionale Zustände zu erleben als der Durchschnitt.

Um den englischsprachigen Test durchzuführen, suchen Sie sich eine Zeit, zu der Sie sich im Alltagsleben relativ neutral fühlen – sagen wir unmittelbar nach dem Mittagessen. Wählen Sie keine Zeit, zu der Sie ungewöhnlich viel Stress haben oder glücklicher sind als normal. Im Test werden Sie gefragt, wie stark Sie eine Reihe von Emotionen spüren. Antworten Sie, wie es allgemein oder im Durchschnitt ist – nicht genau in diesem Augenblick.

Für jede Emotion haben Sie fünf mögliche Antworten:

1 = gar nicht
2 = ein bisschen
3 = einigermaßen
4 = erheblich
5 = äußerst

Ordnen Sie diese Werte den folgenden zwanzig Emotionen zu:

1. Interessiert
2. Bekümmert
3. Freudig erregt
4. Verärgert
5. Stark
6. Schuldig
7. Erschrocken
8. Feindselig
9. Begeistert
10. Stolz
11. Gereizt
12. Wach
13. Beschämt
14. Angeregt
15. Nervös
16. Entschlossen
17. Aufmerksam
18. Durcheinander
19. Aktiv
20. Ängstlich

Berechnen Sie jetzt Ihre positiven Affekte, indem Sie ihre Werte für die Fragen 1, 3, 5, 9, 10, 12, 14, 16, 17 und 19 zusammenzählen. Berechnen Sie Ihre negativen Affekte, indem Sie Ihre Werte für die Fragen 2, 4, 6, 7, 8, 11, 13, 15, 18 und 20 zusammenzählen.

Wenn Sie nicht gerade der höchst ungewöhnliche Mensch sind, der genau im Durchschnitt sowohl der positiven Werte (etwa fünfunddreißig) als auch der negativen Werte (etwa achtzehn) liegt, werden Sie in einen der vier Quadranten fallen, wie sie Abbildung 1 auf der nächsten Seite zeigt.[17] Wenn Sie einen überdurchschnittlichen positiven Affekt und einen überdurchschnittlichen negativen Affekt haben, sind Sie einer der »verrückten Wissenschaftler« (»Mad Scientists«), die sich ständig über irgendetwas aufregen. Wenn Sie unterdurchschnittlich positiv und unterdurchschnittlich negativ sind, dann sind Sie ein nüchterner und cooler »Richter« (»Judge«). »Cheerleader« sind überdurchschnittlich positiv und unterdurchschnittlich negativ – sie feiern das Gute in allem und halten sich nicht großartig mit dem Schlechten auf. »Poeten« (»Poets«), die unterdurchschnittlich positiv und überdurchschnittlich negativ sind, haben Probleme, die guten Dinge zu genießen, und wissen stets, wenn eine Bedrohung lauert.

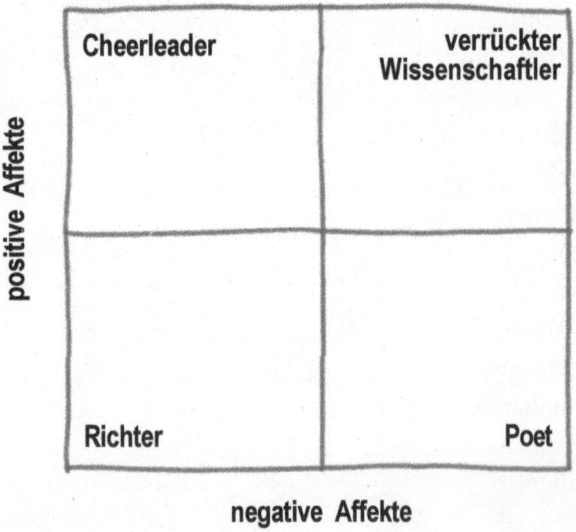

Cheerleader
verrückter Wissenschaftler
Richter
Poet
positive Affekte
negative Affekte

Abb. 1: Die vier Typen von Menschen, basierend auf positiven und negativen Affekten

Ja, ja, wir wissen: Sie wünschen sich, im Quadranten der Cheerleader zu sein. Aber wir können nicht alle Cheerleader sein, und die Welt benötigt die anderen Profile ebenso. Wenn Sie einen Moment überlegen, so wird Ihnen wahrscheinlich klar werden, dass es ein Albtraum wäre, wenn alle nur die strahlende Seite von allem sehen würden, weil wir dann dieselben Fehler immer und immer wieder begehen würden. Poeten sind wertvoll aufgrund ihrer Perspektive und Kreativität. (Und jeder sieht gut in einem schwarzen Rollkragenpulli aus.) Und Richter hindern uns daran, uns mit impulsiven Ideen in die Luft zu jagen.

Sie haben im Leben eine einzigartige Rolle zu spielen. Ihr Profil ist ein Geschenk. Aber welches Profil Sie auch haben, Sie haben Raum, das Glücklichsein in Ihrem Leben zu steigern. Dazu müssen Sie Ihre naturgegebene Glücksmischung verstehen, sich selbst in den Griff bekommen und dann Ihre Stärken ausspielen. Sagen wir zum Beispiel, Sie seien ein verrückter Wissenschaftler. Sie werden dazu neigen, sehr heftig, im Guten wie im Schlechten, auf die Dinge in Ihrem Leben zu reagieren. Das macht Sie vielleicht zu einer Stimmungskanone, aber es kann für Ihre Angehörigen und Mitarbeiter ganz schön anstrengend sein. Sie müssen das wissen und daran arbeiten, Ihre starken Emotionen und Reaktionen in den Griff zu bekommen.

Vielleicht sind Sie ein Richter. Sie sind die Ruhe selbst und perfekt für Tätigkeiten wie Chirurg oder Spion geeignet (oder für alles, wobei es von Vorteil ist, den Kopf nicht zu verlieren – zum Beispiel Teenager großziehen). Aber Freunden oder Angehörigen könnten Sie vielleicht manchmal etwas zu wenig begeisterungsfähig erscheinen. Dieses Wissen kann nützlich sein, sodass Sie daran arbeiten können, um der anderen willen etwas mehr Leidenschaft aufzubringen als von Natur aus vorhanden.

Oder Sie sind vielleicht ein Poet. Wenn alle sagen, alles ist großartig, sagen Sie: »Nicht so rasch.« Das ist wichtig, weil es buchstäblich oder im übertragenen Sinne Leben retten kann – Poeten sehen Probleme, bevor es andere tun. Aber das kann Sie zum Pessimisten machen, mit dem der Umgang von Zeit zu Zeit schwerfällt, und Sie können zur Melancholie neigen. Sie müssen lernen, wie Sie Ihre Einschätzungen in etwas hellerem Licht erscheinen lassen und nicht zum Unheilsverkünder werden.

Selbst ein Cheerleader muss sich selbst in den Griff bekommen. Jeder möchte liebend gern ein Cheerleader sein, aber behalten Sie im Hinterkopf, dass Sie wahrscheinlich schlechte Nachrichten meiden werden und dass es Ihnen schwerfällt, sie zu überbringen. Das ist nicht immer etwas Gutes! Sie werden daran arbeiten müssen, sodass Sie Menschen die Wahrheit sagen können, die Dinge im rechten Licht sehen und nicht behaupten, dass alles gut gehen wird, wenn das einfach nicht zutrifft.

Ihr PANAS-Profil zu erfahren – Ihre naturgegebene Mischung aus glücklichen und unglücklichen Gefühlen –, kann Ihnen dabei helfen, glücklicher zu werden, weil es darauf hinweist, wie Sie Ihre Neigungen in den Griff bekommen können. Wenn Sie jedoch die beiden Seiten voneinander trennen, weist es auch klar darauf hin, dass Ihr Glücklichsein *nicht* von Ihrem Unglücklichsein abhängt. Der PANAS-Test kann mental aufbauen, weil sich durch seine Anwendung viele Menschen zum ersten Mal selbst verstehen und erkennen, dass an ihnen nichts Merkwürdiges oder Falsches ist. Einige Menschen glauben zum Beispiel viele Jahre lang, dass sie mangelhaft sind, weil sie mehr negative Gefühle erleben als andere in ihrem Umfeld und weil es ihnen schwerfällt, so viel Begeisterung aufzubringen wie andere. Sie erkennen, dass sie einfach Poeten sind. *Und die Welt braucht Poeten.*

Schlechte Gefühle schätzen lernen

Wie sollten Sie über das Unglücklichsein denken? Zuallererst sollten Sie dankbar dafür sein. Das menschliche Gehirn reserviert besonders viel Platz für die Verarbeitung negativer Emotionen.[18] Und Gott sei Dank ist das so: Negative Emotionen helfen uns nicht bloß dabei, Genuss zu erlangen, Befriedigung und Sinn; sie halten uns zugleich am Leben. Bedrohungen werden uns wahrscheinlicher verletzen als uns helfen, weswegen Sie vermutlich niemals einen Münzwurf akzeptieren würden, um entweder Ihre Ersparnisse zu verdoppeln oder völlig bankrott zu gehen. Tatsächlich würden Sie, wenn Sie für irgendein finanzielles Polster gearbeitet haben, wahrscheinlich nicht einmal ein Neun-zu-eins-Risiko für diese Wette annehmen, weil die Eins-zu-zehn-Chance, alles zu verlieren, eine zu schreckliche Aussicht ist, um ihr ins Gesicht zu sehen.

Daher sind wir besser geeignet, unglückliche Gefühl zu verarbeiten, als glückliche, sodass uns nichts geschehen kann und wir wachsam Gefahren gegenüber sind. Dies wird »negativity bias« oder auf Deutsch »Negativitätseffekt« genannt.[19] Negative Emotionen helfen uns auch dabei, wertvolle Lektionen zu lernen, sodass wir Fehler nicht immer und immer wieder begehen. Das hat die verstorbene Psychotherapeutin Emmy Gut festgestellt: Sie zeigte in ihrer Forschungsarbeit auf, dass negative Gefühle dabei helfen können, auf Probleme in der Umwelt zu reagieren, was uns dazu bringt, ihr entsprechend Aufmerksamkeit zu widmen und Lösungen zu entwickeln.[20] Mit anderen Worten, wenn wir traurig oder wütend wegen etwas sind, können wir die Sache wahrscheinlicher wieder richten. Und das bringt uns natürlich auf lange Sicht dazu, glücklicher zu sein.

Denken Sie zum Beispiel an *Reue*. Niemand genießt Reue im Leben. Einige behaupten, dass sie überhaupt keine Reue verspüren (sogar bis hin zu dem Punkt, sich »NO REGRETS«, also »nichts bereuen« auf ihren Körper tätowieren zu lassen), damit sie glücklicher sein können. Es stimmt, wenn Reue nicht analysiert wird und Sie sie nicht in den Griff bekommen, kann sie Gift für Ihr Wohlbefinden sein. Obsessive Reue ist Bestandteil von Depression und Angst, insbesondere unter Grüblern: Die Menschen, die irgendetwas exzessiv immer und immer wieder bereuen, schneiden eine tiefe Kerbe in ihr Alltagsleben.[21] Zu große Reue kann sogar Ihre Hormone und Ihr Immunsystem beeinflussen.[22]

Aber ins andere Extrem zu verfallen, ist noch schlimmer. Ihre Reuegefühle wegzuwischen, bringt Sie nicht auf einen Weg zur Freiheit; es bringt Sie dazu, dieselben Fehler immer und immer wieder zu begehen. Wahre Freiheit erfordert, dass wir der Reue ihren angemessenen Platz in unserem Leben zuweisen und von ihr lernen, ohne uns von ihr niederdrücken zu lassen.

So unbequem sie auch ist, so ist Reue doch eine erstaunliche Meisterleistung. Sie erfordert, dass Sie zu einem vergangenen Szenario zurückkehren, sich vorstellen, dass Sie anders gehandelt hätten, um es zu ändern, und mit diesem neuen Szenario im Kopf in einer anderen Gegenwart eintreffen – und dann diese fiktionale Gegenwart mit derjenigen vergleichen, die Sie in der Wirklichkeit erleben. Wenn sich zum Beispiel heute Ihre Beziehung zu Ihrem Partner verschlechtert hat, so könnte Ihre Reue Sie ins vergangene Jahr zurückbringen. Sie erinnern sich an Ihre eigene Kleinlichkeit und Gereiztheit, und dann stellen Sie sich vor, Sie hätten in entscheidenden Momenten mehr Geduld gezeigt und wären freundlich gewesen anstatt verletzend. Dann spulen Sie rasch zum heutigen Tag vor und sehen eine Beziehung, die blüht und nicht stagniert.

Wegen dieses Prozesses führt Reue, auch wenn sie unangenehm bleibt, zu einem Lerneffekt. Wie Daniel Pink, Autor eines ganzen Buches über die Reue, sagt: »Wenn wir angemessen mit unserer Reue umgehen, so kann sie unsere Entscheidungen schärfen und unser Verhalten bessern.«[23] Statt sich wegen des Gespenstes Ihrer fehlgeschlagenen Beziehung elend zu fühlen, indem Sie sich einfach wünschen, das Ergebnis wäre ein anderes gewesen, können Sie ehrlich zu sich selbst sein, was falsch lief, und dieses Wissen nutzen, um in Zukunft bessere Beziehungen zu genießen.

Ein weiterer Bereich, bei dem uns Unglücklichsein hilft, ist Kreativität. Künstler sind dafür bekannt, ein wenig düster veranlagt zu sein und ihre Inspiration auf der Schattenseite zu finden – das niedrig-positive, hoch-negative Profil wird nicht umsonst Poet genannt. Keine Überraschung, dass es ein berühmter Dichter war, John Keats, der schrieb: »Warum siehst du nicht, wie notwendig eine Welt voller Pein und Mühe ist, um die Intelligenz zu schulen und eine Seele hervorzubringen?«[24]

Wissenschaftler haben herausgefunden, dass Keats recht hatte. Eine Studie hat sogar den Effekt des Unglücklichseins auf die Produktivität von Künstlern gemessen, und zwar (unter anderem) mit Blick auf den Komponisten Ludwig van Beethoven, der nach seinen Rückschlägen in Sachen Gesundheit (er verlor zunehmend sein Gehör) und Familie (er war der Vormund seines Neffen Karl, zu dem er eine erbärmliche Beziehung hatte) äußerst produktiv war.[25] Die Forschung fand heraus, dass bei großen Komponisten wie Beethoven eine 37-prozentige Steigerung an Traurigkeit im Durchschnitt zu einer zusätzlichen größeren Komposition führte.

Der Grund hierfür ist darin zu suchen, dass sich Menschen, wenn sie traurig sind, auf die unangenehmen Seiten ihres Lebens konzentrieren. Das führt zur Stimulation eines Gehirnteils, der ventrolateraler präfrontaler Cortex genannt wird und uns erlaubt, uns gleichfalls auf andere komplexe Probleme intensiv zu konzentrieren – wie das Verfassen eines Geschäftsplans oder eines Buches oder einer Sinfonie – oder eine Lösung für ein kompliziertes Lebensproblem zu finden.[26]

Einige Psychologen sind der Ansicht, das beste Ziel, was man erreichen sollte, ist, gerade genügend unglücklich zu sein, um einer Gruppe anzugehören, die wir vielleicht als »zweitglücklichste« bezeichnen können. 2007 bat eine Gruppe von Forschern Collegestudenten, ihr Wohlbefinden auf einer Skala von »unglücklich« bis »sehr glücklich« einzuschätzen.[27] Wie eine Vielzahl von allgemeinen Wohlbefindens-Tests sollte dieser so etwas messen wie »Glück minus Unglück«. Die Forscher verglichen die Ergebnisse mit dem Notendurchschnitt der Teilnehmer und mit sozialen Indikatoren (Anzahl enger Freunde, für Dates aufgewendete Zeit). Obwohl die »sehr glücklichen« Teilnehmer das beste Sozialleben hatten, waren sie schlechter im Studium als jene, die bloß »glücklich« waren.

Daraufhin untersuchten die Forscher einen Datensatz aus einer anderen Studie, die die »Fröhlichkeit« von Erstsemestern bewertete, und verfolgten deren Einkommensentwicklung fast zwei Jahrzehnte später. Sie entdeckten, dass die Fröhlichsten des Jahres 1976 im Jahr 1995 nicht diejenigen mit dem höchsten Einkommen waren; dieses Merkmal ging erneut an die Gruppe mit dem zweithöchsten Wert, die ihre Fröhlichkeit als »über dem Durchschnitt« einschätzte, jedoch nicht in den höchsten 10 Prozent.

Schön, mögen Sie sagen, die glücklichsten Menschen verdienen nicht am meisten – mag ja durchaus sein. Aber andere Untersuchungen deuten darauf hin, dass dies wegen mangelnder Vorsicht so ist; da uns negative Emotionen dabei helfen, Bedrohungen einzuschätzen, ist die Annahme vernünftig, dass zu viel gute Gefühle uns dazu verleiten können, diese Bedrohungen außer Acht zu lassen. Und tatsächlich wurde ein Zusammenhang hergestellt zwischen den höchsten Niveaus an rein positiven Emotionen und gefährlichem Verhalten wie Alkohol- und Drogenmissbrauch und Essstörungen.[28] Gute Gefühle jetzt, schlechte Gefühle später.

Fazit: Ohne das Unglücklichsein würden Sie nicht überleben oder auf gute Ideen kommen. Selbst wenn Sie Ihr Unglücklichsein loswerden *könnten,* wäre es ein riesiger Fehler. Das Geheimnis des besten Lebens besteht darin, Ihr Unglücklichsein zu *akzeptieren* (damit Sie lernen und wachsen können) und die daraus resultierenden Gefühle in den Griff zu bekommen.

Seien Sie dankbar für die Bienen, nicht nur für den Honig

Um unser Leben klar zu erkennen, nicht in unseren Problemen verstrickt zu bleiben und die Möglichkeiten in unserer Zukunft zu sehen, müssen wir Glücklichsein und Unglücklichsein anders betrachten als die meisten Menschen: Glücklichsein ist nicht das Ziel und Unglück nicht der Feind. (Natürlich sprechen wir hier nicht von medizinischen Problemen wie Dysphorie und Depression. Dies sind echte Krankheiten, die Pflege und Behandlung erfordern. Vielmehr meinen wir das Leid und die Sorge, denen sich jeder im Leben gegenübersieht.)

Nichts hiervon soll eine Aufforderung sein, gute Gefühle zu meiden, oder andeuten, dass wir töricht sind, wenn wir weniger unglücklich sein wollen. Im Gegenteil, der Wunsch nach größerem Genuss und weniger Traurigkeit ist natürlich und normal. Allerdings ist es die kostspieligste und kontraproduktivste Lebensstrategie, die Suche nach positiven Gefühlen – und den Kampf, um negative zu verbannen – zum höchsten oder einzigen Ziel zu machen. Absolutes Glück ist unmöglich zu erreichen (zumindest in diesem sterblichen Chaos), und die Jagd danach kann gefährlich und für unseren Erfolg zerstörerisch sein. Noch wichtiger ist, dass so einem Ansatz viele Elemente eines guten Lebens zum Opfer fallen würden.

Vielleicht fragen Sie sich, ob wir vorschlagen, dass Sie nach dem Leiden *suchen.* Dazu besteht keine Notwendigkeit; das Leiden wird Sie finden – und alle anderen auch. Der Punkt ist der, dass jeder von uns nach einem reichen Leben streben kann, in dem wir nicht nur köstlichen Honig genießen, sondern auch die Bienen schätzen lernen, die dafür verantwortlich sind. Dies ist mehr als eine veränderte Sichtweise.

Es ist eine neue Lebensweise voller Gelegenheiten, die Sie nie zuvor gesehen haben. Wenn Sie das Leben furchtlos in die Arme schließen, können Sie Ihre Gefühle in den Griff bekommen. Und sobald Sie dies tun, werden Sie frei sein und die Säulen errichten können, die Ihnen den Weg eröffnen, für den Rest Ihres Lebens glücklicher zu werden.

Das Glücklichsein und Unglücklichsein zu verstehen, ist nötig, weswegen wir mit diesem Thema angefangen haben. Aber dies ist bloß der erste Schritt bei der Errichtung eines besseren Lebens. Der zweite Schritt besteht darin, unsere positiven und negativen Emotionen in den Griff zu bekommen, damit wir stärker und schlauer werden und weniger Zeit damit verbringen, uns von denjenigen Teilen des Lebens ablenken zu lassen, die wir nicht genießen. Darum geht es in den nächsten drei Kapiteln.

Emotionales Selbstmanagement

Eine Vorbemerkung von Oprah Winfrey

Ich habe einige meiner glücklichsten Augenblicke damit verbracht, unter einem Baum zu sitzen und ein gutes Buch zu lesen. Oder angekuschelt an meine Hunde vor einem knisternden Feuer zu dösen. Oder an einem kühlen, regnerischen Tag in meiner Küche herumzuwuseln und die Zutaten für einen herzhaften Eintopf zusammenzusuchen. Ein Teil des guten Gefühls ist ein tiefes und mächtiges Gefühl, alles zu haben, was ich gerade benötige. Und das ist die größte Lektion dieses Buches. Wenn Sie sich glücklicher machen wollen, haben Sie bereits alles, was Sie dazu benötigen, in sich, und zwar in jedem Augenblick, in *diesem* Augenblick, heute.

Der letzte Satz beinhaltet zwei Lektionen, die wir bereits gelernt haben: Erstens geht es darum, glücklich*er* zu sein – ein relativer, im Kontext zu sehender, fließender Zustand, nicht irgendein perfektes Ideal im Nirwana. Und zweitens ist »glücklicher« kein Zustand des Seins, sondern ein Zustand des Tuns – keine Sache, auf die man wartet und auf die man hofft, sondern eine erreichbare Veränderung, auf die man aktiv hinarbeitet.

Das ist eines der Dinge, die ich an Arthur als Lehrer bewundere: Er ist so gut darin, seine Begriffe zu definieren. Ein Grund, weshalb ich mir sicher bin, dass Sie dieses Buch äußerst hilfreich finden werden, ist der, dass es Ihnen eine Sprache gibt, mit der Sie über das Glücklichsein reden können – und, noch wichtiger, darüber nachdenken können. Eine Sprache zu besitzen, verwandelt das, was für die meisten von uns ein abstraktes und vages Konzept ist, in etwas Konkreteres – etwas, das wir verstehen, aus verschiedenen Blickwinkeln betrachten können, mit dem wir experimentieren, herumspielen können. Sie werden ein paar wissenschaftlich angehauchte Ausdrücke kennenlernen (hallo, *Verhaltenshemmung)*. Sie werden im speziellen Kontext des Glücklichseins einige sehr vertraute Wörter erneut kennenlernen *(Optimismus* versus *Hoffnung, Empathie* versus *Mitleid)*. Sie werden in mehrere Arthur-ismen eingeführt – Konzepte, die wunderbar nützlich sind, weil sie wunderbar haften bleiben, wie *emotionales Koffein* und *nutzlose Freunde.*

Aber die beiden wertvollsten Dinge, die Sie erfahren werden – die Worte, die Sie sich an Ihren Kühlschrank heften oder einrahmen und irgendwo an die Wand hängen sollten, wo Sie sie fünf- oder zehnmal am Tag sehen –, sind diese: »Ihre Emotionen sind Signale an Ihr bewusstes Gehirn, dass etwas vor sich geht, was Ihre Aufmerksamkeit und eine Handlung erfordert – nicht mehr als das. Ihr bewusstes Gehirn, wenn Sie es nutzen wollen, muss entscheiden, wie Sie darauf reagieren.« Noch einmal, zur Sicherheit: *Ihre Emotionen sind nur Signale. Und Sie müssen entscheiden, wie Sie darauf reagieren.* Die Emotion ist das Tippen auf die Schulter, der kleine Ellbogenstoß in die Seite. Was Sie damit anstellen, bleibt völlig Ihnen überlassen.

Sie sehen, was das bedeutet, nicht wahr? Immer wenn Sie sich von Ihren Emotionen überwältigt gefühlt haben, wenn es sich angefühlte, als wären Sie ein Gefangener dieser Emotionen; wenn es so schien, als ob die Emotionen den Bus lenken würden, und das Beste, was Sie tun konnten, war, sich anzuschnallen – so müssen Sie nicht mehr leben. Es gibt Strategien, die Sie nutzen können, um das Lenkrad wieder zu übernehmen. Wie Arthur erklären wird, bedeutet das nicht, dass Sie nie wieder mit Wut oder Furcht, Eifersucht, Trauer oder Enttäuschung umzugehen hätten, aber genau das ist der Punkt: Sie *können damit umgehen.* Sie spüren das Gefühl, dann übernehmen Sie das Steuer. *Sie müssen entscheiden, wie Sie reagieren.*

Eine der schwierigsten Zeiten in meinem Leben war 1998, als ich buchstäblich vor Gericht stand. Sie haben vielleicht schon davon gehört: Ich wurde von texanischen Rindfleischproduzenten verklagt, weil ich etwas über Hamburger gesagt hatte. Um das Ganze in die richtige Perspektive zu rücken: Es ging nicht um mein Leben. Wenn das Urteil nicht in meinem Sinne ausgefallen wäre, hätte ich nicht ins Gefängnis gehen müssen. Dennoch ist es eine schwierige und anstrengende Erfahrung, vor Gericht zu stehen. Es war schwierig und stressig, und es ist nie ein gutes Gefühl, wenn man zu Unrecht beschuldigt wird.*

Und dennoch würde ich im Nachhinein sagen, dass ich während jener sechs Wochen, die ich 1998 in Amarillo verbracht habe, Grund hatte, glücklich zu sein. Womit ich *meine* Version vom Glücklichsein meine, was Zufriedenheit ist. Dem Persönlichkeitstest nach, den Arthur im vorangegangenen Kapitel vorgestellt hat, bin ich ein Richter – im Allgemeinen habe ich keine superhohen Höhen oder supertiefen Tiefen.

(Übrigens, falls Sie sich das gefragt haben: Arthur ist ein verrückter Wissenschaftler. Es stellte sich heraus, dass diese Kombination ein großartiges Team ergab, weil Richter und verrückte Wissenschaftler einander ergänzen.)

Auch unter schwierigen Umständen ein Gefühl der Zufriedenheit erreichen zu können, ist eine wunderbare Sache. Es ist, als ob Sie ein Konto hätten: Ja, auf der Sollseite könnte etwas Schwieriges oder Schlimmes oder Unangenehmes stehen, aber es gibt auch die Habenseite. In Amarillo hatte meine Habenseite freundliche Menschen aufzuweisen, die mir jeden Morgen am Eingang zum Gerichtsgebäude alles Gute wünschten. Und ich hatte ein Bed-and-Breakfast, das mir gut gefiel. Es war sauber. Ich hatte ein bequemes Bett. Ich konnte jeden Abend ein warmes Bad nehmen. Im Kühlschrank lag Pie. (Mir bedeutet Pie sehr viel. Kein Witz.) Ich konnte meine geliebten Cockerspaniel Sophie und Solomon dort lassen. Und ich konnte weiterhin arbeiten und die *Oprah*-Show jeden Tag nach siebzehn Uhr aufnehmen, wenn die Gerichtsverhandlung vorüber war.

---

* Anm. d. Ü.: Oprah Winfrey war von Mitgliedern der Texas Cattle Industry auf Schadensersatz verklagt worden, weil sie 1996 in ihrer Show – es ging u. a. um Rinderwahnsinn, der damals gerade aktuell war – erklärt hatte, niemals mehr einen Rindfleischburger zu essen, woraufhin angeblich die Fleischpreise einbrachen.

Trotz der Verhältnisse hatte ich in diesem Bed-and-Breakfast alles, was ich brauchte, einschließlich der Sache, die ich vielleicht am meisten benötigte: Dankbarkeit. Es ist eine Emotion, die ich jedem wärmstens empfehle, der sich in einer Prüfung wiederfindet – jeder Prüfung, die das Leben bereithält –, und es ist eine, über die Arthur im folgenden Abschnitt sprechen wird. Während Sie lesen, biete ich Ihnen in aller Bescheidenheit zwei Oprah-ismen an, die Sie im Hinterkopf behalten sollten: *Fühlen Sie das Gefühl und übernehmen Sie dann das Steuer.* Und: *glücklicher sein.*

Zwei

Die Macht der Metakognition

Viktor Frankl, dem wir im vorangegangenen Kapitel bereits begegnet sind, durchlebte Notlagen, die sich die meisten von uns nicht einmal vorstellen können. Als jüdischer Psychiater aus Österreich wurde er zusammen mit seinen Verwandten verhaftet und in Konzentrationslager der Nazis deportiert, wo er fast vier Jahre verbrachte, bis zum Ende des Krieges.[1] Von allen Familienmitgliedern, die verhaftet worden waren, war er der einzige Überlebende; sein Vater, seine Mutter, seine Frau und sein Bruder sind allesamt umgekommen. Er selbst ist dem Tod viele Male nur knapp entronnen, und er hat absolute Brutalität erfahren.

Nach der Befreiung durch die Alliierten und seiner Entlassung kehrte Frankl in seine Heimat Wien zurück. 1946 veröffentlichte er als Reflexion seiner Erfahrungen seine Erinnerungen an das Leben im Konzentrationslager. Sie wurden zum globalen Bestseller und eine Chronik der Hoffnung inmitten des Leides. Sie inspirierten Generationen von Menschen in der ganzen Welt mit ihrer schlichten Botschaft, dass das Leben selbst unter den schlimmsten Bedingungen mit Schönheit gelebt werden kann.

Frankls Botschaft war jedoch nicht, dass das Leben automatisch gut sein wird, was es offensichtlich nicht ist. Auch nicht, dass wir mit irgendeinem speziellen Trick des Geistes dem Schmerz entgehen können. Er gab zu, dass jedes Leben auch Leid einschließt – einige mehr als andere. Weiterhin wusste er als Psychiater, dass wir auf Leid mit negativen Emotionen reagieren, was natürlich ist. Aber ein schreckliches Leben ist nicht unser Schicksal, denn wir haben eine Wahl, wie wir auf unsere Emotionen reagieren. Mit Frankls Worten: »[…] man [kann] dem Menschen […] alles nehmen […], nur nicht: die letzte menschliche Freiheit, sich zu den gegebenen Verhältnissen so oder so einzustellen.«

Mit anderen Worten: Sie können sich Ihre Gefühle nicht aussuchen, aber Sie können Ihre Reaktionen auf Ihre Gefühle selbst wählen. Was er sagt, ist, dass Sie Trauer und Wut *verspüren*, wenn jemand Sie im Stich lässt, aber Sie können sich aussuchen, ob sie am Ende verbittert sein werden, und so beeinflussen, wie rasch Sie sich erholen werden. Wenn jemand, den Sie lieben, krank wird, dann *werden* Sie um ihn Angst haben, aber Sie können *sich aussuchen,* wie Sie diese Angst ausdrücken und wie sehr sie Ihr Leben beeinflusst.

Gefühle sind im Unternehmen Ihres Lebens wie das Wetter für eine Baufirma. Wenn es regnet oder schneit oder ungewöhnlich heiß ist, beeinflusst dies die Fähigkeit, Arbeit zu erledigen. Aber die richtige Reaktion besteht nicht im Versuch, das Wetter zu ändern (was unmöglich wäre), oder im Wunsch, das Wetter wäre anders (was nicht weiterhilft). Sie besteht darin, Pläne für schlechtes Wetter in der Hinterhand zu haben, bereit zu sein und Projekte auf eine Weise zu handhaben, die den Umständen an einem gegebenen Tag angemessen ist.

Der Vorgang, mit diesem Wetter zurechtzukommen, wird Metakognition genannt. Metakognition (was genau genommen »Nachdenken über das Denken« bedeutet) ist der Akt, Ihre Emotionen bewusst zu erfahren, sie von Ihrem Verhalten zu trennen und sich nicht von ihnen kontrollieren zu lassen.[2]

Metakognition beginnt mit dem Verständnis dessen, was Emotionen sind und wie sie funktionieren. Von dort aus können Sie einige grundlegende Strategien erlernen, Emotionen hinsichtlich Ihrer Gegenwart und Ihrer Vergangenheit neu zu formen. Und mit etwas Übung werden Sie in der Lage sein, Ihr Verhalten nicht mehr von Ihren Gefühlen lenken zu lassen – *Ihr bewusstes Selbst* kann der Erwachsene sein, der das Sagen hat.

Ihr Gehirn – über Gefühle

Im vorangegangenen Kapitel haben wir erklärt, dass Glücklichsein und Unglücklichsein nicht dasselbe sind wie positive und negative Gefühle. Gefühle sind jedoch mit Glücklichsein und Unglücklichsein *verbunden* und etwas, das wir gezwungenermaßen und unmittelbar jeden Tag erfahren. Unkontrolliert können sie regelrecht durchdrehen und es schwer bis unmöglich machen, glücklicher zu werden. Überdenken Sie dies, indem Sie erneut die Metapher von der Speise gegenüber dem *Duft* der Speise anwenden. Die Speise selbst ist das Wichtigste, aber wenn der Duft nicht stimmt, ist die Mahlzeit verdorben. Während wir also bereits Emotionen angesprochen und Sie Ihr Affekte-Niveau anhand von PANAS gemessen haben, müssen wir hier tiefer in die Wissenschaft der Emotionen einsteigen.

Das grundlegendste Verständnis von Emotionen beginnt mit dem, was der Neurowissenschaftler Paul D. MacLean in den 1970er-Jahren das dreieinige Gehirn nannte.[3] Wenn Sie früher schon davon gehört haben, liegt es wahrscheinlich daran, dass der berühmte Astrophysiker Carl Sagan die Idee in seinen Büchern und seiner populären Fernsehshow *Cosmos* in den 1980er-Jahren bekannt gemacht hat. Es ist die Theorie, dass sich das menschliche Gehirn in drei unterschiedlichen Stufen über Millionen von Jahren hinweg entwickelte.

MacLean zufolge ist der älteste Teil der Gehirnstamm, manchmal das Reptiliengehirn genannt, weil es Dinge tut, die sogar Echsen tun können, wie instinktives Verhalten und motorische Funktionen zu regulieren. Der zweite Teil ist das limbische System oder paläomammalische Gehirn, dessen Entwicklung neuer ist und das grundlegende Stimuli in Gefühle übersetzt, die wir spüren; zudem zeigt es uns an, was um uns herum geschieht und wie wir daher reagieren sollten. Schließlich gibt es den Neocortex, den MacLean für den neuesten Teil hielt – das menschlichste oder neumammalische Gehirn. Dies ist der Teil, der die Entscheidungsfindung, Wahrnehmung, Einschätzung und Sprache beherrscht.

Viele neuere Untersuchungen halten dagegen, dass dieses dreiteilige Modell inakkurat sei, weil nicht klar ist, wann welcher Teil sich entwickelt hat; zudem sind die Funktionen nicht sehr sauber voneinander getrennt.[4] Während zum Beispiel das limbische System vorrangig verantwortlich ist für Gefühle, von denen wir glauben, »sie würden uns geschehen«, ist der Neocortex nicht rein analytisch und nimmt auf komplizierte Weise an emotionalen Reaktionen auf unsere Umgebung teil.

Ohne allzu sehr auf die technischen wissenschaftlichen Kontroversen über Evolution und spezifische Gehirnfunktionen einzugehen, ist es dennoch nützlich, sich vorzustellen, dass Ihr Gehirn mit einer Reihe von drei Funktionen beschäftigt ist, um Sie am Leben zu erhalten und gedeihen zu lassen.

1. **Wahrnehmung.** Etwas geschieht in Ihrer Umgebung. Zum Beispiel rast ein Auto – das moderne Äquivalent eines riesigen Raubtiers – auf Sie zu, während Sie über eine Kreuzung gehen. Bevor Sie sich der ganzen Sache bewusst sind, wird das Bild von den Retinae der Augen (ein Teil des Gehirns außerhalb Ihres Schädels!) verarbeitet und die Information zum visuellen Cortex Ihres Gehirns geschickt, der im Occipitallappen lokalisiert ist, und zwar ganz hinten und unten an Ihrem Kopf.[5]
2. **Reaktion.** Ihre Amygdala – ein Teil des limbischen Systems tief in Ihrem Gehirn – empfängt ein Signal, dass Ihre Sicherheit bedroht ist, und dieses Signal wird in die primäre Emotion der *Angst* übersetzt. Dies geschieht innerhalb von etwa 0,074 Sekunden.[6] Daraufhin sendet die Amygdala ein Signal durch den Hypothalamus (ebenfalls Teil des limbischen Systems) zur Hirnanhangdrüse, einem erbsenförmigen Organ in der unteren Mitte Ihres Gehirns. Diese sagt den Nebennieren unten bei Ihren Nieren, sie sollen Stresshormone ausschütten, damit Ihr Herz klopft und Sie blitzschnell reagieren und aus dem Weg springen können. Dazu sagt Ihr periaquäduktales Grau, das gleichfalls eine Notiz von Ihrer Amygdala empfängt, Ihrem Körper, er soll sich in Bewegung setzen.[7]
3. **Entscheidung.** Inzwischen empfängt Ihr präfrontaler Cortex – die große Gewebemasse unmittelbar hinter Ihrer Stirn – ein Signal,

das ihm mitteilt, was geschieht. Ihr Gehirnstamm und Ihr limbisches System haben Ihnen bereits das Leben gerettet, aber jetzt müssen Sie bewusst entscheiden, wie Sie anschließend reagieren sollen. Weglachen? Die Faust emporrecken? Sie entscheiden mittels Ihres präfrontalen Cortex. Ein Wiedererkennen der Gefühle in Ihrem Körper, hervorgerufen durch die Stresshormone, kann diese Entscheidung ändern.

In diesem Fall hat die Emotion der Angst dabei geholfen, Ihnen das Leben zu retten. Vergessen Sie nicht, dass Unglücklichsein wichtig ist, weil es uns dabei hilft, zu lernen und uns zu verbessern. Gleichermaßen sind negative Emotionen entscheidend, weil sie uns sagen, wie wir auf die Welt reagieren sollen, damit wir überleben und gedeihen. Negative Emotionen schützen vor Bedrohungen wie Raubtieren; positive Emotionen belohnen uns für Dinge, die wir benötigen, wie gutes Essen. Wenn Neurowissenschaftler den Charakter Spock in *Star Trek* betrachten – ein Vulkanier, der menschenähnlich ist, der jedoch Emotionen weder ausdrückt noch darauf reagiert –, so lachen sie geringschätzig und sagen, dass er binnen einer Woche tot wäre.

Dies ist das grundlegendste Argument, dankbar für negative Gefühle zu sein. Wenn Sie das nächste Mal bereuen, negative Gefühle gehabt zu haben, und sich wünschen, sie nicht zu haben, denken Sie mal darüber nach. Sie machen keinen Spaß, aber das ist der springende Punkt. Ihre Aufmerksamkeit zu erregen und Sie zum Handeln zu veranlassen, das ist die Methode, wie sie Sie schützen.

Primäre und komplexe Emotionen

Sie haben zwei Typen von Emotionen: primäre (manchmal basale genannt) und sekundäre oder komplexe. Erstere können als sie selbst gefühlt werden oder in Kombination, und das macht Letztere aus. Neurowissenschaftler sind sich hinsichtlich der exakten Klassifikation der primären positiven Emotionen nicht einig – Neurowissenschaft ist ein relativ neues Feld, und Neurowissenschaftler sind sich nach wie vor noch in ziemlich vielen Dingen uneins. Aber es besteht eine recht breite Übereinkunft, dass die primären negativen Emotionen Trauer, Ärger, Ekel und Furcht sind.[8] Keine dieser Emotionen macht Spaß, aber sie alle haben eine Schutzfunktion. Furcht und Ärger helfen uns, mit Kampf- oder Fluchtreaktionen auf Bedrohungen zu reagieren. Ekel warnt uns vor Pathogenen, indem er uns davor warnt, in Kontakt mit einer bestimmten Sache zu kommen. Trauer sorgt dafür, dass wir vermeiden wollen, die Dinge und Menschen zu verlieren, die wir brauchen (was Kummer erklärt, die psychologische Qual, den Aufenthaltsort eines Angehörigen nicht ermitteln zu können).

Natürlich können diese Emotionen fehlangepasst sein. Die Furcht vor Zurückweisung durch andere zum Beispiel ist ein entwickelter Zug aus einer Zeit, in der dies bedeutete, aus dem Stamm ausgeschlossen zu werden, allein in die erstarrte Tundra hinauszuwandern und zu sterben; heutzutage können Sie dieses Gefühl haben, wenn jemand etwas Kritisches in den sozialen Medien über Sie sagt. Während Ekel ein Zug ist, der Ihnen hilft, verdorbene Nahrung zu riechen, bevor Sie sie essen, könnte Sie heutzutage ein Politiker dazu ermutigen, Ekel vor jemandem zu empfinden, der politisch nicht mit Ihnen einer Meinung ist. Deswegen müssen wir lernen, unsere Emotionen in den Griff zu bekommen, um ein besseres Leben zu führen.

Positive Emotionen umfassen gewöhnlich Freude, die Psychologen wie folgt definieren: »ein Gefühl extremer Fröhlichkeit, extremen Entzückens oder extremer Hochstimmung […] das aus einem Gefühl des Wohlergehens oder der Befriedigung entsteht«.[9] Sie ist höchst angenehm, jedoch flüchtig. Das unterscheidet sie sehr von der Art und Weise, wie viele religiöse Denker Freude definieren, die eine dauerhaftere innere Zufriedenheit aufgrund der Beziehung zu Gott ist. Christen definieren sie als eine »Frucht des Geistes«, ein Wohlbefinden, das unsere irdischen Lebensumstände transzendiert.

Für Neurowissenschaftler und Psychologen ist Freude eine Belohnung dafür, eine Zielstellung erreicht oder etwas bekommen zu haben, was Sie haben wollten – und daher streben Sie beständig weiter nach den Dingen im Leben, die Sie am Leben erhalten und die das Finden von Paarungsgenossen wahrscheinlich machen. Wie Sie sehen, ist diese positive Emotion den negativen ähnlich, aber sie zieht uns zu den Dingen hin, anstatt uns von ihnen wegzustoßen.

Eine weitere positive primäre Emotion, die einige Forscher mit auf diese Liste setzen, ist Interesse. Interesse ist angenehm. Menschen *hassen* langweilige Dinge und *lieben* interessante. Natürlich sind die Geschmäcker verschieden. Einigen Menschen finden Fußball interessant und Baseball langweilig. Einige Menschen bewundern wissenschaftliche Dokumentationen, und andere sind fasziniert von Kochshows. Trotz der individuellen Unterschiede besteht der übergreifende Grund für diese Emotion darin, dass sie Menschen dazu bringt, Fortschritte zu machen und zu gedeihen, indem sie Neues lernen. Auf diese Weise begünstigt die Evolution Menschen, die das Lernen lieben, und belohnt sie mit Lust.

Komplexe Emotionen umfassen Scham, Schuld und Geringschätzung – allesamt Cocktails aus den Primäremotionen. So ist zum Beispiel Geringschätzung die Überzeugung, dass jemand oder etwas völlig wertlos sei. Das ist eigentlich eine Mischung aus Ärger und Ekel. Sie können erkennen, wie sie Ihnen dabei hilft, etwas für Sie Schreckliches in der Gesellschaft zu meiden; aber Sie können sich auch vorstellen, dass es eine schlechte Idee sein kann, andere mit Geringschätzung wegen beispielsweise ihrer Religion zu behandeln – und dass es etwas ist, was Sie in den Griff bekommen müssen.

Metakognition: Ihre Emotionen in den Griff bekommen

Ihre Emotionen sind Signale an Ihr bewusstes Gehirn, dass etwas vor sich geht, was Ihre Aufmerksamkeit und Ihr Handeln erfordert – mehr sind sie nicht. Ihr bewusstes Gehirn, wenn Sie es nutzen wollen, muss entscheiden, wie Sie darauf reagieren. Stellen Sie sich Metakognition so vor, als würden Sie die Erfahrung einer Emotion vom limbischen

System des Gehirns in Ihren präfrontalen Cortex verschieben. Sie können das vergleichen mit dem Vorgang, Erdöl aus der Quelle (Ihr limbisches System) zu einer Ölraffinerie zu bringen (dem präfrontalen Cortex), wo es zu etwas verarbeitet werden kann, was Sie nutzbringend einsetzen können.

Wir alle kennen das Gefühl, um uns schlagen zu wollen, wenn wir wütend sind, und es hinterher zu bedauern; oder wir schreien aus Angst vor irgendetwas auf, ohne nachzudenken, und sind anschließend deshalb verlegen. Sie könnten sagen, dass Sie dadurch »authentisch« seien, aber es ist keinesfalls metakognitiv. Wenn Sie Ihrem kleinen Kind, das einen Anfall hat, sagen: »Benutze Worte!«, dann teilen Sie ihm mit, es soll metakognitiv vorgehen: Es soll seinen präfrontalen Cortex nutzen, statt bloß das limbische System. Gleichermaßen ist Metakognition das, was Ihnen zu tun beigebracht wurde, wenn Sie wütend sind: Bevor Sie etwas äußern, zählen Sie erst mal bis zehn. Das bedeutet im Grunde, Ihrem präfrontalen Cortex Zeit zu geben, Ihr limbisches System einzuholen, damit er entscheiden kann, wie er reagieren will. Sozialwissenschaftler nennen Menschen, die automatisch reagieren, ohne zu überlegen, »limbisch«, und jetzt kennen Sie den Grund dafür.

Übrigens kann der Ratschlag, bis zehn zu zählen, ein wenig präziser formuliert werden. Thomas Jefferson schrieb einmal: »Sind Sie wütend, zählen Sie bis zehn, bevor Sie sprechen; wenn Sie sehr wütend sind, dann bis hundert.«[10] Mit anderen Worten, je wütender Sie sind oder je niedriger Ihr allgemeines Niveau an Selbstbeherrschung ist, desto länger zählen Sie. Eine gute Faustregel, die von Psychologen entwickelt wurde, lautet, dreißig Sekunden abzuwarten, während Sie sich die Konsequenzen vorstellen, die sich ergeben, wenn Sie aussprechen, was Sie im Kopf haben.[11] Sagen wir, Sie erhalten auf der Arbeit eine beleidigende E-Mail von einem Kunden und möchten eine entrüstete Antwort zurückfeuern. Schreiben Sie noch nicht zurück. Zählen Sie stattdessen langsam bis dreißig, stellen Sie sich vor, dass Ihr Chef den E-Mail-Wechsel mitliest (was er vielleicht tut), dann stellen Sie sich vor, dass Sie den Betreffenden unmittelbar vor sich sehen, wenn er Ihre Erwiderung liest.

Ihre Antwort wird wesentlich besser sein, weil Ihr präfrontaler Cortex, nicht Ihr limbisches System auf die E-Mail reagiert hat.

Metakognition bedeutet nicht, dass Sie negative Gefühle meiden können. Sie bedeutet vielmehr, dass Sie sie verstehen und aus ihnen lernen und sicherstellen können, dass sie nicht zu abträglichen Handlungen führen. In diesem Fall werden sie nämlich eine Quelle des Elends in Ihrem Leben. Ein Augenblick der Furcht ist nicht unbedingt eine große Sache; er kann sogar etwas Interessantes sein – vergessen Sie nicht, schlechte Gefühle sind normal und in Ordnung. Die Furcht wird zum Problem, wenn sie Sie so weit bringt, dass Sie sich feindselig oder übermäßig zaghaft verhalten, was Sie und andere schmerzt, und das ohne guten Grund.

Wenden wir uns nun einigen Möglichkeiten zu, diese Ideen in unserem Leben anzuwenden.

Wenn Sie die Welt nicht ändern können, dann ändern Sie stattdessen, wie Sie sie erleben

Alle – sogar die Privilegiertesten unter uns – haben Lebensbedingungen, die sie gern ändern würden. Wie es der römische Philosoph Boethius aus dem frühen sechsten Jahrhundert ausdrückte: »Einer verfügt über immense Reichtümer, schämt sich jedoch seiner unedlen Geburt. Einer anderer ist hervorragend wegen seines Adels, wäre jedoch wegen der Peinlichkeit der Armut lieber unsichtbar. Ein Dritter, reich ausgestattet mit beidem, beklagt die Einsamkeit eines ehelosen Lebens.«[12]

Manchmal ist es möglich, die eigenen Lebensumstände zu ändern. Wenn Sie Ihre Arbeit hassen, können Sie sich gewöhnlich eine neue suchen. Wenn Sie in einer schlechten Beziehung leben, können Sie versuchen, sie zu verbessern, oder sie aufgeben. Aber manchmal ist das nicht praktikabel oder überhaupt möglich. Vielleicht hassen Sie das Wetter dort, wo Sie leben, aber Sie haben eine Familie und eine gute Stelle, also wäre es wenig sinnvoll, zu gehen. Vielleicht ist bei Ihnen eine chronische Krankheit diagnostiziert worden, für die es keine vielversprechenden Therapien gibt. Vielleicht hat Ihr Partner Sie gegen Ihren Willen verlassen und kann nicht zur Umkehr überredet werden. Vielleicht gibt es etwas, was Ihnen an Ihrem Körper nicht gefällt, was sich aber unmöglich ändern lässt. Vielleicht sitzen Sie sogar im Gefängnis.

Hier kommt die Rettung in Gestalt der Metakognition. Zwischen den Bedingungen um Sie herum und Ihrer Reaktion darauf liegt ein Raum zum Überlegen und Treffen von Entscheidungen. In diesem Raum haben Sie Freiheit. Sie können versuchen, die Welt neu zu gestalten, oder Sie können dadurch anfangen, dass Sie Ihre *Reaktion* auf diese Welt ändern.

Zu ändern, wie Sie Ihre negativen Emotionen erfahren, kann viel einfacher sein, als Ihre physische Wirklichkeit zu verändern, selbst wenn es unnatürlich erscheint. Auch zu den besten Zeiten können Ihre Emotionen scheinbar außerhalb Ihrer Kontrolle liegen, und das trifft sogar noch mehr während einer Krise zu – was genau die Zeit ist, zu der es den größten Nutzen bringt, sie in den Griff zu bekommen. Das ist die Schuld eines Teils der Biologie. Wie Sie vor einer Minute gelesen haben, aktivieren negative Emotionen wie Ärger und Furcht die Amygdala, was die Wachsamkeit hinsichtlich Bedrohungen erhöht und Ihre Fähigkeit steigert, Gefahren zu erkennen und zu meiden. Mit anderen Worten: Stress lässt Sie kämpfen, fliehen oder erstarren – nicht überlegen: »Was wäre eine vernünftige Reaktion in diesem Augenblick? Betrachten wir doch mal die Möglichkeiten.« Dies ist evolutionär sinnvoll: Vor einer halben Million Jahren hätte die Zeit, während Sie überlegen, wie Sie Ihre Emotionen in den Griff bekommen, einem Tiger eine gute Mahlzeit verschafft.

In der modernen Welt sind Stress und Angst jedoch gewöhnlich chronisch, nicht sporadisch.[13] Sie benötigen nicht mehr länger die Hilfe Ihrer Amygdala, um dem Tiger ohne Erlaubnis Ihres bewussten Gehirns davonzulaufen. Stattdessen nutzen Sie sie zum Umgang mit den nicht tödlichen Problemen, die Sie den ganzen Tag über bedrängen. Zum Beispiel stresst Sie Ihre Arbeit, oder Sie kommen mit Ihrem Lebensgefährten nicht zurecht. Selbst wenn Sie nicht vor Tigern davonlaufen müssen, können Sie sich in Ihrer Höhle nicht entspannen, weil Sie sich Sorgen um diese alltäglichen Dinge machen.

Daher ist es keine Überraschung, dass chronischer Stress im modernen Leben oft zu schlechten Anpassungsmechanismen führt,[14] unter anderem Missbrauch von Drogen und Alkohol, Grübelei über die Ursachen von Stress, Selbstverletzung und Selbstvorwürfe. Nicht nur, dass diese Reaktionen längerfristig keine Erleichterung bringen; sie können darüber hinaus Ihre Probleme weiter verschlimmern durch Sucht, Depression und gesteigerte Ängste. Was diese Anpassungstechniken versuchen, ist, die Außenwelt zu verändern – zumindest, wie Sie sie wahrnehmen. Menschen mit Alkoholproblemen sagen oft, dass durch ein paar Drinks die Ängste des Tages wie durch einen Schalter ausgestellt werden; Probleme sind (vorübergehend) weniger bedrohlich.

Metakognition bietet eine viel bessere, gesündere und dauerhaftere Lösung. Betrachten Sie die Emotionen, die Ihre Lebensumstände in Ihnen stimulieren. Beobachten Sie sie, als würden sie jemand anderem geschehen, und akzeptieren Sie die Emotionen. Schreiben Sie sie nieder, um sicherzustellen, dass sie völlig bewusst sind. Dann überlegen Sie, wie Sie Reaktionen auswählen können, die nicht auf Ihren negativen Emotionen, sondern vielmehr auf den Ergebnissen basieren, die Ihnen im Leben lieber sind.

Stellen wir uns zum Beispiel vor, Sie haben eine Stelle, die Sie wirklich herunterzieht. Sagen wir, Sie sind gelangweilt und gestresst, und Ihr Chef ist inkompetent. Sie kommen jeden Tag müde und frustriert nach Hause, und am Ende trinken Sie zu viel und sehen sich jede Menge blöde Sachen im Fernsehen an, um sich abzulenken. Versuchen Sie morgen eine neue Taktik. Nehmen Sie sich etwa jede Stunde ein paar Minuten, in denen Sie sich fragen: »Wie fühle ich mich?« Schreiben Sie es nieder. Tun Sie dies zwei Wochen lang, und Sie werden feststellen, dass Sie mehr das Gefühl haben, alles im Griff zu haben und wesentlich produktiver zu handeln. Sie werden auch in der Lage sein, zu erkennen, wie Sie Ihre äußere Umgebung besser in den Griff bekommen können. Sie fertigen vielleicht eine chronologische Übersicht an, um Ihren Lebenslauf auf den neuesten Stand zu bringen, und fragen ein paar Leute um Rat hinsichtlich des Stellenmarkts, und dann können Sie tatsächlich damit anfangen, nach etwas Neuem zu suchen. (Wir bieten ein paar weitere, ähnliche Lektionen am Ende des Kapitels an.)

Der römische Philosoph Boethius war, wie sich herausstellt, ein Meister hierin, und das unter Bedingungen, die viel schlimmer als Ihre oder meine waren. Seine ähnelten tatsächlich mehr oder weniger denen von Viktor Frankl. Er schrieb die oben zitierten Worte in einer Gefängniszelle nieder, während er 524 nach Christus auf seine Hinrichtung wartete; der Grund dafür: Er war einer Verschwörung gegen den Ostgotenkönig Theoderich beschuldigt worden – ein Verbrechen, dessen er wahrscheinlich nicht schuldig war, für das er am Ende jedoch hingerichtet wurde.[15] Boethius konnte seine unfairen Lebensumstände nicht ändern. Er konnte jedoch – und hat es getan – seine Haltung ihnen gegenüber ändern. »So wahr ist es, dass nichts erbärmlich ist, sondern das Denken es dazu macht«, schrieb er, »und andersherum ist jedes Los glücklich, wenn es aus Gleichmut geboren ist.«[16] Sich das zu Herzen zu nehmen und danach zu handeln, ist eines der größten Geheimnisse wachsenden Wohlbefindens, muss jedoch kein Geheimnis bleiben. Wenn Boethius Metakognition anwenden konnte, dann können wir das auch.

Wenn Ihnen Ihre Vergangenheit nicht gefällt, schreiben Sie sie neu

Sie können schlechte Gefühle in den Griff bekommen und entscheiden, wie Sie reagieren, wenn Sie es mit schlechten Lebensumständen zu tun haben. Aber was ist mit schlechten *Erinnerungen?* Die können wir nicht ändern, stimmt's? Falsch: Metakognition verleiht uns die Macht dazu.

»Zu Hause träum' ich, daß in […] Neapel mich die Schönheit berauschen und meine Verstimmung enden wird«, schreibt der amerikanische Philosoph Ralph Waldo Emerson in seinem Essay »Selbständigkeit« im Jahr 1841.[17] »Ich packe meine Koffer, nehme von meinen Freunden

Abschied und schiffe mich ein – und erwache in Neapel.« Klingt wunderbar! Aber dann fährt er fort: »Und an meinem Bette sitzt ernsthaft und wirklich – dasselbe traurige, unnachsichtliche Selbst, vor dem ich geflohen.« Sie können Ihrer Vergangenheit nicht entfliehen, weil sie mit Ihnen in die Zukunft reist, in Ihrem Kopf. Ihre Erinnerungen sind das Erste, was Sie in Neapel auspacken.

Sie können die Geschichte nicht ändern. Sie können jedoch Ihre *Perspektive* auf die Geschichte ändern. Das Nächstbeste nach einer Zeitmaschine ist, die Geschichte Ihrer Erinnerungen mithilfe von Metakognition neu zu schreiben und das Gepäck Ihrer Vergangenheit ein wenig leichter auf Ihren Schultern zu machen, während Sie durch die Gegenwart und Zukunft reisen.

Menschen sind von Natur aus Zeitreisende; tatsächlich haben Wissenschaftler herausgefunden, dass wir Erinnerungen an die Vergangenheit präzise bewahren, sodass wir uns die Zukunft vorstellen und sie voraussagen können.[18] Stellen Sie sich einen Strand in Spanien vor, den Sie gern besuchen würden, den Sie jedoch nie besucht haben; das Bild in Ihrem Kopf könnte verdächtig dem Strand, den Sie letztes Jahr besucht haben, ähneln. Dieses Meisterstück erklärt, warum wir als Spezies so erfolgreich sind: Vergangene Ereignisse geben uns eine Kristallkugel, mit deren Hilfe wir entscheiden können, was zu tun und was besser nicht zu tun ist.

Die moderne Neurowissenschaft zeigt, dass Sich-Erinnern mehr eine Rekonstruktion ist als ein Zurückholen. Jedes Mal, wenn wir die Vergangenheit heraufbeschwören, stückeln mehrere Teile des Gehirns (darunter der Gyrus angularis und der Hippocampus) verschiedene Teile aufbewahrter Informationen zu einer Erinnerung zusammen.[19] Dieser Prozess ist ein biologisches Wunder, jedoch anfällig dafür, sich mit der Zeit zu verändern, wie Forscher über die letzten paar Jahrzehnte auf verschiedenen Wegen gezeigt haben. So haben zum Beispiel kurz nach der Explosion des Spaceshuttles *Challenger* im Jahr 1986 Psychologen Universitätsstudenten gebeten, im Detail wiederzugeben, wie sie von dem Ereignis erfahren haben.[20] Dreißig Monate später stellten sie denselben Studenten dieselbe Frage. In 93 Prozent der Fälle waren die

Berichte widersprüchlich, obwohl sich die Befragten lebhaft an die Details erinnerten und hinsichtlich ihrer Erinnerungen zuversichtlich waren. Sie haben vielleicht etwas Ähnliches erlebt, als, sagen wir mal, Sie und Ihre Schwester unterschiedliche Erinnerungen an ein Weihnachtsfest mit besonders viel Streit hatten.

Der Grund, weswegen sich Ihre Erinnerung verändert, ist darin zu suchen, dass Sie Geschichten vergangener Ereignisse aus Fragmenten von Erinnerungen in Übereinstimmung mit Ihren gegenwärtigen Selbstnarrativen zusammenbauen.[21] Sie sehen sich vergangene Tage an, um herauszubekommen, wer Sie sind und warum Sie tun, was Sie gerade tun. Damit vergangene Informationen zu Ihren gegenwärtigen Lebensumständen, Freunden und Unternehmungen passen, paraphrasieren Sie unbewusst Ihre Geschichte.

Ihre verrutschten Erinnerungen sind nicht unbedingt inakkurat; vielmehr setzen sie sich aus Stücken von Erinnerungsteilen zusammen, und die genauen Details, an die Sie sich erinnern, wechseln jedes Mal, wenn Sie eine Erinnerung abstauben. Sie und Ihre Schwester erinnern sich vielleicht einfach an verschiedene Aspekte des besagten Weihnachtsessens, das Ihre unterschiedlichen gegenwärtigen Lebensumstände bestärkt: Sie sagt, der Tag wurde von Tante Marge ruiniert (und sie spricht zurzeit nicht mit Tante Marge); Sie (mögen Marge gegenwärtig sehr) sagen, es gab eine kleinere Meinungsverschiedenheit bei Tisch, aber es sei kein Schaden entstanden.

Die speziellen Details, die Sie aus vergangenen Ereignissen zurückholen, korrespondieren mit Ihrem gegenwärtigen emotionalen Zustand. So haben Forscher zum Beispiel Folgendes beobachtet: Wenn Sie Angst spüren, konstruieren Sie eher Erinnerungen, die sich auf die Ursachen von Bedrohungen konzentrieren, und Sie erinnern sich an die Vergangenheit als wesentlich erfüllter von speziellen schmerzhaften Dingen, als Sie es sonst tun würden.[22] Im Kontrast hierzu werden Ihre Erinnerungen, wenn Sie glücklich sind, wahrscheinlich breiter und allgemeiner sein. Keines der beiden Erinnerungssets ist falsch – sie sind bloß auf verschiedene Weise rekonstruiert, basierend auf gegenwärtigen Emotionen.

Die Tatsache, dass Ihre gegenwärtigen Lebensumstände und Gefühle beeinflussen, wie Sie Erinnerungen rekonstruieren, verleiht Ihnen viel Macht, Ihr Verständnis der Vergangenheit zu ändern. Und wenn Sie die Vergangenheit bewusst mehr positiv rekonstruieren, kann Ihnen das dabei helfen, Entscheidungen hinsichtlich der Zukunft zu treffen – sinnvolle Änderungen vorzunehmen, während Sie vermeiden, Ihre Gegenwart willkürlich in der Hoffnung auf ein besseres Leben zu verändern.

Wenn Sie das nächste Mal eine positive Veränderung in Ihrem Leben vornehmen wollen, beschränken Sie Ihre Vorstellungskraft nicht auf eine Veränderung der Umgebung oder der Menschen um Sie her. Fangen Sie mit dem Hintergrund Ihres Lebens an, also genau der Sache, die wahrscheinlich an allererster Stelle für Ihre innere Unruhe verantwortlich ist. Vielleicht möchten Sie aus der Stadt wegziehen, wo Sie die quälenden Monate des Corona-Lockdowns verbracht haben – weswegen Sie sich vielleicht isoliert und einsam oder verletzt von Ihren Beziehungen gefühlt haben. Bevor Sie zum Wohnungsmakler gehen, befragen Sie diese schmerzlichen Erinnerungen und lassen Sie nicht zu, dass sie einfach so herumschwirren. Denken Sie stattdessen an die schönen Momente, die Sie daheim hatten, die Freundlichkeit, die man Ihnen während jener unsicheren frühen Tage der Pandemie entgegengebracht hat, und die Lektionen, die Sie über sich selbst gelernt haben. Vielleicht *werden* Sie sich am Ende entscheiden, nach Neapel zu gehen. Ob Sie wegziehen oder bleiben, Ihre bewusst gesteuerte Vergangenheit wird einen guten Reisebegleiter abgeben.

Metakognition praktizieren

Metakognition erfordert Übung, insbesondere dann, wenn Sie noch nie zuvor daran gedacht haben. Es gibt vier praktische Methoden, damit anzufangen. Die erste: Wenn Sie intensive Emotionen erfahren, beobachten Sie einfach Ihre Gefühle.

Buddha lehrte seine Jünger, wer Emotionen in den Griff bekommen möchte, muss sie beobachten, als ob sie jemand anders erleben würde.[23] Auf diese Weise kann man sie bewusst verstehen und sie auf natürliche Art und Weise vorübergehen lassen, statt ihnen zu erlauben, sich in etwas Destruktives zu verwandeln. Versuchen Sie das selbst, wenn Sie zum Beispiel eine heftige Meinungsverschiedenheit mit Ihrem Partner oder Freund haben und wütend sind. Setzen Sie sich ruhig hin und denken Sie an die Gefühle, die Sie erfahren. Stellen Sie sich vor, wie sie sich physisch von Ihrem limbischen System in Ihren präfrontalen Cortex bewegen. Dort beobachten Sie die Wut, als würde sie jemand anders empfinden. Dann sagen Sie sich selbst: »Ich bin nicht diese Wut. Sie wird mich nicht beherrschen oder meine Entscheidung für mich treffen.« So werden Sie ruhiger bleiben und handlungsmächtiger werden.

Zweitens, was wir zuvor schon kurz angesprochen haben: Notieren Sie Ihre Emotionen. Vielleicht ist Ihnen aufgefallen, dass Sie sich sogleich besser fühlen, wenn Sie verärgert sind und diese Gefühle niederschreiben. Aufschreiben ist tatsächlich die beste Möglichkeit, Metakognition zu betreiben, weil es Sie dazu zwingt, unausgereifte Gefühle in spezifische Gedanken zu übersetzen, eine Handlung, die Ihren präfrontalen Cortex erfordert.[24] Daraus wiederum folgen emotionales Wissen und emotionale Regulierung, was ein Gefühl von Kontrolle herbeiführt. Neueste Forschungsergebnisse zeigen dies eindeutig. In einer Studie waren Collegestudenten, die ihre Gedanken strukturiert, selbstreflektiert aufzeichnen sollten, besser in der Lage, ihre Gefühle hinsichtlich ihrer Ausbildung zu verstehen und zu regulieren.[25]

Wenn Ihnen zum Beispiel der Kopf schwirrt wegen all der Dinge, die Sie zu tun haben, gibt es ohne Metakognition keine Möglichkeit, die Probleme in Ihrem Kopf zu organisieren. Ihr limbisches System ist dazu angelegt, Alarmzeichen zu senden, nicht, Listen zu erstellen. Fangen Sie an einem geschäftigen Tag mit Ihrem Kaffee an und stellen Sie in Ruhe eine Liste der Dinge auf, die Sie zu tun haben, und zwar in der Reihenfolge ihrer Bedeutung. Ihr präfrontaler Cortex hat jetzt das Sagen, und Sie werden viel mehr das Gefühl haben, alles unter Kontrolle zu haben. Sie werden ebenfalls die Geistesgegenwart haben, zu entscheiden, welche Dinge an diesem Tag zu erledigen sind, welche

Sie bis zum folgenden aufschieben können und welche Sie vielleicht sogar … niemals tun müssen.

Ein weiteres Beispiel. Sagen wir, Sie befinden sich in einer Beziehung, die entgegen Ihren Wünschen allmählich bröckelt. Lassen Sie sich nicht sofort auf eine Reaktion Ihres streitlustigen (limbischen) Systems ein! Nehmen Sie sich stattdessen ein paar Tage Zeit und schreiben Sie so genau wie möglich auf, was geschehen ist, ebenso Ihre Reaktion darauf. Notieren Sie verschiedene Möglichkeiten, wie Sie vielleicht konstruktiv reagieren können, basierend auf den verschiedenen möglichen Reaktionen des anderen Menschen. Sie werden entdecken, dass Sie ruhiger und besser imstande sind, mit der Situation umzugehen, selbst wenn sie allem Anschein nach nicht mehr zu kitten ist.

Drittens: Halten Sie positive Erinnerungen fest, nicht nur negative. Stimmung und Erinnerung existieren in einer Feedback-Schleife: Schlechte Erinnerungen führen zu schlechten Gefühlen, was Sie dazu führt, schlimme Erinnerungen zu rekonstruieren. Wenn Sie in einem höchst limbisch geprägten Zustand sind, kann Ihr Geist sagen, dass alles schrecklich ist und schrecklich bleiben wird, obwohl das gewiss falsch ist. Wenn Sie jedoch absichtlich glücklichere Erinnerungen heraufbeschwören, können Sie diese Schleife unterbrechen. Untersuchungen haben ergeben, dass die Aufforderung an Menschen, an glückliche Dinge zu denken, deren Stimmung heben kann.[26] Sie können ähnlich auf systematische Weise profitieren, wenn Sie ein Tagebuch mit glücklichen Erinnerungen führen und darin blättern, wenn Sie niedergeschlagen sind oder die Kontrolle verloren haben.

Viertens: Suchen Sie nach Bedeutung und Lernmöglichkeiten in den schweren Abschnitten des Lebens. In jedem Leben gibt es authentische schlechte Erinnerungen. Wir wollen nicht vorschlagen, dass Sie eine Vergangenheit rekonstruieren sollen, die diese auslöscht oder sie in rosigem Licht erscheinen lässt. In einigen Fällen wäre das unmöglich – die Erinnerungen sind einfach zu schmerzlich. Darüber hinaus können uns einige schreckliche Erinnerungen dazu bringen, zu lernen und Fortschritte zu machen, oder uns davor bewahren, Fehler erneut zu begehen.

Versuchen Sie, methodisch zu erkennen, wie solche schmerzlichen Erinnerungen Ihnen dabei helfen, zu lernen und zu wachsen. Wissenschaftler haben gezeigt, dass Menschen, wenn sie über schwierige Erfahrungen nachdenken, und zwar mit dem expliziten Ziel, Bedeutung zu finden und sich selbst zu verbessern, dazu neigen, bessere Ratschläge zu erteilen, bessere Entscheidungen zu treffen und Probleme effektiver zu lösen.[27]

Reservieren Sie in Ihrem Tagebuch einen Abschnitt für schmerzliche Erfahrungen, die Sie gleich anschließend eintragen. Lassen Sie zwei Zeilen Abstand zwischen jedem Eintrag. Nach einem Monat nehmen Sie sich das Tagebuch erneut vor: Schreiben Sie in die erste leere Zeile, was Sie in der Zwischenzeit aus dieser schlimmen Erfahrung gelernt haben. Nach sechs Monaten füllen Sie die zweite Zeile mit den positiven Dingen, die sich letztlich daraus ergeben haben. Sie werden erstaunt sein, wie diese Übung Ihre Perspektive auf Ihre Vergangenheit verändert.

Sagen wir zum Beispiel, Sie sind auf der Arbeit bei einer Beförderung übergangen worden. Verständlich, dass Sie enttäuscht und verletzt sind, und Sie möchten entweder bei Freunden »Luft ablassen« oder die Sache aus dem Kopf bekommen. Bevor Sie das eine oder das andere tun, notieren Sie »Wurde bei Beförderung übergangen« in Ihr Tagebuch, mit dem Datum. In einem Monat schlagen Sie die Seite wieder auf und schreiben etwas Konstruktives hin, was Sie gelernt haben, wie zum Beispiel: »Ich bin über die Enttäuschung nach nur fünf Tagen so gut wie hinweggekommen.« Dann, nach sechs Monaten, schlagen Sie die Seite erneut auf und schreiben etwas Vorteilhaftes hin wie: »Ich habe angefangen, mich nach einer neuen Stelle umzusehen, und eine gefunden, die mir besser gefällt.«

Suchen Sie sich jetzt also die Emotionen aus, die Sie haben wollen

Wenn es um unsere Emotionen geht, verfügen die meisten von uns über mehr Macht, als wir glauben. Wir müssen nicht von unseren Gefühlen beherrscht werden. Wir müssen nicht darauf hoffen, dass morgen ein glücklicherer Tag sein wird, sodass wir unser Leben genießen können, oder unsere negativen Gefühle fürchten, weil sie uns das Glücklichsein unmöglich machen. Wie uns unsere Emotionen berühren, kann ebenso in *unserer* Entscheidung liegen wie unsere Reaktion auf die Emotionen an sich.

Unsere Entscheidungsfindung muss nicht hier enden. Oft können wir uns eine Emotion selbst aussuchen – weil es mehr als eine vernünftige Weise gibt, auf die gegenwärtige Situation zu reagieren. Was natürlich nicht heißen soll, dass wir glücklich sein sollen, wenn jemand stirbt, den wir lieben – das wäre unangemessen. Vielmehr gibt es oft Zeiten, in denen zwei gefühlsmäßige Optionen bestehen, die den jeweiligen Umständen beide angemessen wären – wobei die eine besser als die andere für unser Glücklichsein (und das anderer) ist. Im nächsten Kapitel zeigen wir Ihnen, wie Sie die besseren Optionen erkennen und ergreifen können.

Drei

Eine bessere Emotion wählen

Höchstwahrscheinlich konsumieren Sie regelmäßig Koffein in der einen oder anderen Form. Das gilt für die meisten.[1] Koffein ist die bei Weitem meistgenommene Droge in unserer Gesellschaft.

Haben Sie sich jemals gefragt, wie es wirkt? Wenn Sie Koffein zu sich nehmen, tritt es rasch ins Gehirn über, wo es mit einer chemischen Verbindung in Wettstreit tritt, die Adenosin genannt wird. Adenosin ist ein Neuromodulator, der ein Signal von einem Teil Ihres Gehirns an einen anderen sendet. Ein Neuron schießt es ab, und dann nimmt es ein Rezeptor eines anderen Neurons auf, der an die Größe des Adenosinmoleküls haargenau angepasst ist, und bekommt die darin enthaltene Information, wie Sie sich fühlen sollen.[2]

Wenn das Adenosin an den Empfänger andockt, soll es dafür sorgen, dass Sie sich müde fühlen. Am Ende eines langen Tages produzieren Sie jede Menge Adenosin, daher wissen Sie, dass es Zeit fürs Bett ist, also die Zeit gekommen ist, sich zu entspannen. Wenn Sie nicht gut genug geschlafen haben (oder vielleicht sogar, obwohl Sie es taten), haben Sie am Morgen immer noch etwas davon, sodass Sie sich erschöpft fühlen. Hier kommt das Koffein ins Spiel. Dieses Molekül ist fast genau wie das Adenosin geformt, also passt es in die Rezeptoren für das Adenosin. Dann kann das Adenosin, wenn es aufkreuzt, um Sie schläfrig zu machen oder müde zu halten, nicht mehr andocken, weil dort bereits das Koffein sitzt. In Wahrheit macht das Koffein Sie nicht munter – es hindert Sie schlicht daran, schläfrig zu werden. Mit genügend Koffein gibt es fast kein Adenosin, das andocken kann, also verlieren Sie sämtliches Gefühl von Müdigkeit und fühlen sich hibbelig.

Die meisten Menschen nutzen Koffein, weil sie nicht damit zufrieden sind, wie sie sich von Natur aus fühlen, und sich bessere Ergebnisse hinsichtlich Stimmung und Arbeit wünschen. Diese werden erreichbar durch den Ersatz eines Moleküls durch ein anderes.

Koffein ist eine gute Metapher für das nächste Prinzip des emotionalen Selbstmanagements: Sie müssen oft nicht die Emotion akzeptieren, die Sie zunächst empfinden. Sie können sie stattdessen durch eine bessere ersetzen, die Sie haben wollen.

Ihre Gefühle in jedem gegebenen Moment werden erzeugt, um in Ihnen einen Effekt zu erzielen, den Ihr Gehirn für angemessen hält. Zum Beispiel schneidet Sie jemand im Verkehr, und Ihr Gehirn interpretiert dies als einen guten Grund, wütend zu werden. Es entzündet ihre Amygdala und macht Sie zum Kampf bereit – oder zumindest dazu, den anderen Fahrer zu beleidigen.

Jedoch möchten Sie vielleicht nicht auf solche Weise reagieren. Sie möchten sich Ihren Morgen nicht verderben lassen oder zulassen, dass Ihre Kinder mit ansehen, wie Sie die Beherrschung verlieren. Sie wissen, dass Sie sich später deswegen schämen werden.

Also möchten Sie dieses Gefühl herunterregulieren und anders handeln – was vielleicht etwas weniger natürlich ist, aber zu einem besseren Ergebnis führt. Im Fall des rüden Fahrers bedeutet das nicht, den anderen Fahrer anzuhalten und ihm oder ihr einen Kuss zu geben; vielmehr bedeutet es, die Sache einfach wegzustecken, anstatt wütend zu werden.

Nun erinnern Sie sich, dass es weder möglich noch wünschenswert ist, negative Emotionen einfach loszuwerden. Sie benötigen Ärger, Traurigkeit, Furcht und Ekel genauso, wie Sie Adenosin benötigen, damit Sie nachts einschlafen und sich tagsüber entspannen können. Manchmal jedoch möchten Sie einen Teil Ihres Adenosins durch Koffein ersetzen, und manchmal möchten Sie einige Ihrer negativen Emotionen auf dieselbe Weise ersetzen – indem Sie vorübergehend Ihre emotionalen Rezeptoren mit etwas besetzen, was ebenfalls passt und konstruktiver ist, sodass Sie so handeln, wie Sie handeln *möchten,* nicht so, wie Sie sich *fühlen.*

In diesem Kapitel finden Sie vier Möglichkeiten, wie Sie dies tun können. Wir sollten hier anmerken, dass dies nicht *ganz* so leicht und einfach ist, wie eine Tasse Kaffee zu trinken. Anfangs fühlt es sich nicht natürlich an, sich eine Emotion auszusuchen. Wir haben seit der Kindheit gelernt, dass wir, wenn wir uns den Zeh anstoßen, »Aua« sagen und nicht »Danke«. Emotionale Substitution ist eine Fähigkeit, die Übung erfordert, nicht bloß eine Einsicht, die sogleich alles verändert. Mit Übung und Hingabe kann sie jedoch ziemlich automatisch erfolgen, und die Ergebnisse werden Ihnen gefallen.

Frohe Weihnachten und ein gutes neues Jahr

Denken Sie an das letzte Mal zurück, als Sie eine Leistungsbewertung auf der Arbeit oder ein Berichtszeugnis in der Schule erhielten. Vielleicht war beides positiv: Viele Komplimente und viel Schulterklopfen. Aber dann gab es da diese leise Kritik … ein kleiner Dorn inmitten der Rosen. Darauf haben Sie sich konzentriert, stimmt's? Sie wussten, dass die Bewertung gut war, aber dieses kleine Anstupsen seitens Ihres Chefs oder Lehrers hat alles in Zweifel gezogen. Sie wussten, dass es dumm war, aber es nagte ein paar Tage an Ihnen.

Sie haben das getan, weil Mutter Natur Ihnen eine kleine Gabe verliehen hat, die als »Negativitätseffekt« bezeichnet werden kann: eine Tendenz, sich weitaus mehr auf negative Informationen zu konzentrieren als auf positive.[3] Der Grund ist einfach: Komplimente sind schön und gut, aber es passiert nichts, wenn wir sie ignorieren. Doch Kritik ignorieren wir auf eigene Gefahr. Vor ein paar Tausend Jahren konnte das bedeuten: aus dem Stamm ausgestoßen werden. Heute kann es bedeuten: Ihre Stelle verlieren oder Krach mit einem Freund riskieren. Also konzentrieren wir uns von Natur aus auf negative Informationen.

Dies mag eine gute Methode für einen Höhlenmenschen sein, am Leben zu bleiben, aber es ist im Allgemeinen heutzutage eine Verzerrung der Wirklichkeit. Sie können in der ersten Klasse in einem Flugzeug sitzen und sich darüber ärgern, dass der Kaffee ein wenig zu kalt ist. Überlegen Sie einmal, auf wie vielen Ebenen das Leben heutzutage besser ist als in Ihrer Kindheit, und Sie werden erkennen, dass wir uns anscheinend immer noch pausenlos beklagen.

Weiterhin sind Menschen schrecklich schlecht darin, eine negative Information, die zählt, von jener zu unterscheiden, die nicht zählt. Emotional gesehen erhalten Sie von einer zufälligen Person, die Sie im Verkehr beleidigt (was nicht zählt), dasselbe Gefühl wie von einem Brief vom Finanzamt (was sehr viel bedeuten kann). Das ist deshalb so, weil die »Empfindlichkeit« Ihres Negativitätseffekts zu hoch eingestellt ist. Sie müssen imstande sein, sie herabzusetzen, damit Sie die Unterschiede zwischen negativen Signalen erkennen und nur auf die wenigen achten, die wirklich wichtig sind.

Um die Wirklichkeit der guten Dinge im Leben zu erfassen und den Lärm abzustellen, der es erschwert, echte Bedrohungen von den bedeutungslosen zu unterscheiden, gibt es genau eine gute Möglichkeit: einige der Rezeptoren für negative Emotionen durch andere, positive Gefühle besetzen. Das effektivste dieser positiven Gefühle ist Dankbarkeit.

Viele Menschen sehen in Dankbarkeit etwas, was ihnen aufgrund ihrer Lebensumstände geschieht, sodass sie in schlechten Zeiten den Eindruck erhalten, sie wäre außer Reichweite. Das ist die falsche Methode, sich ihr anzunähern. Dankbarkeit ist kein Gefühl, das sich als Reaktion auf Ihre Lebensumstände materialisiert. Sie ist eine Lebenspraxis. Und selbst, wenn Sie das Gefühl haben, dass es da wenig gibt, wofür Sie im Augenblick dankbar sein sollten, können – und sollten – Sie sich auf sie einlassen.

Forscher haben gezeigt, dass Sie Dankbarkeit aufrufen können, wenn Sie sich auf die Dinge konzentrieren, für die Sie dankbar sind – wir alle haben so etwas –, anstatt auf das Negative in Ihrem Leben. So haben zum Beispiel im Jahr 2018 vier Psychologen 153 Probanden zufällig in Gruppen aufgeteilt, die sich entweder an etwas erinnern sollten, wofür sie dankbar waren, oder an etwas denken sollten, was damit nichts zu tun hatte.[4] Das Ergebnis war erstaunlich: Die Gruppe, die sich an etwas erinnerte, wofür sie dankbar war, erfuhr mehr als fünf Mal so viele positive Emotionen wie die Kontrollgruppe.

Wissenschaftler haben untersucht, warum Dankbarkeit so zuverlässig mehr positive Emotionen hervorruft, und mehrere Erklärungen entdeckt. Sie stimuliert den medialen präfrontalen Cortex, einen Teil des Belohnungssystems des Gehirns.[5] Dankbarkeit kann uns robuster machen und Beziehungen dadurch verbessern, dass sie romantische Bande verstärkt, Freundschaften unterstützt und Familienbande schafft, die Krisenzeiten überstehen.[6] Sie verbessert ebenfalls viele Gesundheitsfaktoren wie Blutdruck und Ernährung.[7]

Dankbarkeit macht uns auch zu besseren Menschen. Vor annähernd zweitausend Jahren schrieb der römische Philosoph Cicero, dass Dankbarkeit »nicht nur die größte, sondern auch die Mutter aller anderen Tugenden«[8] sei. Die moderne Forschung zeigt, dass er wahrscheinlich recht hatte. Dankbarkeit kann uns großzügiger anderen gegenüber machen, geduldiger und weniger materialistisch.[9]

Überlegen Sie mal, wie Sie andere behandeln, wenn Sie dankbar sind, und Sie werden das sogleich selbst erkennen. Wenn Sie zum Beispiel auf der Arbeit eine Beförderung erhalten haben und in einen Coffeeshop gehen, sind Sie besonders nett zu der Barista.

Die beste Methode, mit der Sie anfangen können, Dankbarkeit auszuüben, besteht darin, sie mit in das Tagebuch aufzunehmen, das Sie verwenden, um Metakognition zu praktizieren. Ihr Tagebuch sollte insbesondere die Dinge in der Vergangenheit auflisten, für die Sie dankbar sind (zum Beispiel Freundlichkeit und Liebe von anderen), damit Sie sie nicht vergessen. Ein Studie aus dem Jahr 2012 mit fast dreitausend Teilnehmern fand heraus, dass die Menschen, wenn sie mit den Aussagen »Ich habe so viel im Leben, wofür ich dankbar sein muss« und »Ich bin dankbar für viele verschiedene Menschen« übereinstimmten, positive Emotionen und weniger Symptome von Depression erfuhren.[10] Sehen Sie sich diese Momente der Dankbarkeit regelmäßig an – täglich oder zumindest wöchentlich –, um sich daran zu erinnern und Ihren Geist darauf zu trainieren, dies in schwierigen Augenblicken automatisch zu tun.

Doch Vorsicht: Tun Sie nicht so, als wären Sie dankbar für die Dinge, für die Sie in Wirklichkeit nicht dankbar sind. Sie müssen nicht das Fenster herabkurbeln und dem rüden Fahrer dafür danken, dass er so garstig gewesen ist. Sie sollten nicht »schmerzhafter Fall von Gürtelrose« auf Ihre Dankbarkeitsliste schreiben; Sie sollten versuchen, *trotzdem* dankbar zu sein. Erzwungene Dankbarkeit kann Ihre Motivation untergraben, dankbar zu sein – denken Sie daran, wie Sie vielleicht als Kind gezwungen wurden, »Danke« zu sagen oder Dankesbriefe zu schreiben, und überlegen Sie, ob Sie in diesem Moment tatsächlich dankbar waren.[11] Akzeptieren Sie Dinge, für die Sie nicht wirklich dankbar sind; danken Sie für Dinge, für die Sie tatsächlich dankbar sind.

Dankbarkeit ist eine gute allgemeine Technik, aber Sie können sie ebenso in Augenblicken akuter Negativität anwenden sowie zur sofortigen Entlastung, insbesondere, wenn Sie sich einer Situation gegenübersehen, die Sie fürchten. Sagen wir zum Beispiel, Ihnen steht ein Familientreffen bevor, dem Sie am liebsten aus dem Weg gehen möchten. Verbringen Sie vorher einige Zeit damit, über diejenigen Dinge nachzudenken, für die Sie dankbar sind und die mit dem Treffen absolut nichts zu tun haben. Konzentrieren Sie sich auf die Freundschaften, die Ihnen lieb und teuer sind, darauf, dass Sie eine Arbeit haben, die Sie genießen, oder die Tatsache, dass Sie bei guter Gesundheit sind. Das wird Ihnen dabei helfen, sich in einen dankbaren – und glücklicheren – Geisteszustand zu versetzen, sodass Sie die bevorstehende Situation viel eher genießen können.

Eine Möglichkeit, Dankbarkeit noch effektiver zu machen, ist das Gebet oder die Meditation. Einige Forscher haben bemerkt, dass häufigeres Beten eng mit Dankbarkeit verknüpft ist, sogar bei Menschen, die nicht tiefreligiös sind.[12] Wenn Sie es mit dem Beten nicht versuchen wollen, kann eine ähnlich kontemplative Übung helfen, wie zum Beispiel ein ruhiger Spaziergang, bei dem Sie den Satz wiederholen: »Ich bin gesegnet, und ich werde andere segnen.«

Eine weitere Technik für mehr Dankbarkeit: Denken Sie über Ihren Tod nach. Nein, wirklich. Forscher haben im Jahr 2011 herausgefunden, dass der Sinn für Dankbarkeit von Menschen, die sich lebhaft

Ihr Dahinscheiden vorstellen, im Durchschnitt um bis zu 11 Prozent steigt.[13] Glücksforscher sehen selten einzelne Vorgehensweisen, die einen solchen Effekt bewirken. Wenn Sie also Probleme haben, überhaupt Dankbarkeit aufzubringen, und sie dringend benötigen, widmen Sie ein paar Minuten all den Möglichkeiten, wie Sie möglicherweise dahinscheiden könnten. Wenn Sie nicht wirklich sterben, werden Sie tatsächlich Dankbarkeit empfinden. Wie schlimm dieses Familientreffen auch ist, Sie werden zumindest am Leben sein und ihm somit beiwohnen können!

Im Folgenden eine Übung für mehr Dankbarkeitsgefühle in Ihrem Leben:

1. Nehmen Sie sich am Sonntagabend dreißig Minuten Zeit und schreiben Sie die fünf Dinge in Ihrem Leben auf, für die Sie wirklich dankbar sind. Es ist schon in Ordnung, wenn sie trivial oder albern erscheinen. Fast alle anderen haben ebenfalls lächerliche Dinge auf Ihrer Dankbarkeitsliste. Stellen Sie jedoch sicher, dass ein oder zwei mit Menschen zu tun haben, die Sie lieben.
2. Unter der Woche holen Sie jeden Abend Ihre Liste heraus und studieren sie fünf Minuten lang, eine Minute für jeden Punkt. Tun Sie das auch am Morgen, wenn Sie Zeit haben.
3. Bringen Sie Ihre Liste jeden Sonntag auf den neuesten Stand, indem Sie einen oder zwei Punkte hinzufügen.

Nach fünf Wochen schreiben Sie die Veränderungen nieder, die Sie in Ihrer Haltung und den Pegeln an negativen Affekten beobachtet haben. Wahrscheinlich werden Sie sehen, was die Forscher fast immer sehen – eine signifikante Verbesserung. Der Grund besteht darin, dass Ihre Negativitätseffekte nicht genügend »Rezeptoren« haben, um Sie stimmungsmäßig unten zu halten. Selbst die echten negativen Dinge werden weniger schlimm erscheinen, weil Sie sie ganz natürlich metakognitiver behandeln und weniger limbisch.

Finden Sie einen Grund zu lachen

Damals, in den 1960er- und 1970er-Jahren, las fast jeder die Zeitschrift *Reader's Digest,* die eine Rubrik mit Witzen unter dem Titel »Lachen ist gesund« hatte. Das waren ein paar Seiten mit abgedroschenen Witzen – Witze, die manchmal so blöd waren, dass Sie darüber gelacht haben, wie blöd sie waren. Dennoch stimmte eines: Jede Menge Menschen lasen diese Witze, weil sie sich besser fühlen wollten. Und tatsächlich ist Humor ein ausgezeichnetes emotionales Koffein.

Fangen wir damit an, die wissenschaftliche Seite des Ganzen zu verstehen. Lesen Sie den folgenden Satz:

> »Wenn ich sterbe, dann möchte ich friedlich einschlafen wie mein Großvater … und nicht vor Entsetzen schreiend wie seine Passagiere.«

Wenn Sie über diesen Witz gelacht haben, dann deshalb, weil in blitzschneller Abfolge drei Dinge in Ihrem Gehirn vor sich gingen: Sie haben sich einen Großvater vorgestellt, der friedlich in seinem Bett liegt, aber dann haben Sie begriffen, dass er in Wahrheit einen Bus gelenkt hat (oder ein Flugzeug gesteuert). Als Zweites haben Sie die Inkongruenz aufgelöst: Der Großvater ist am Lenkrad eingeschlafen. Drittens hat Ihnen der Gyrus parahippocampalis geholfen, zu begreifen, dass die Aussage nicht ernst gemeint war, also waren Sie erheitert.[14] Und das alles hat Ihnen ein wenig Freude bereitet, die jedes schlechte Gefühl blockierte, das Sie vielleicht empfunden hatten.

Nach dieser Analyse wirkt die Medizin nicht mehr, und Sie lachen nicht. »Humor lässt sich sezieren wie ein Frosch«, sagt der Schriftsteller E. B. White, »aber das Ding stirbt bei dem Vorgang, und die Innereien sind für alle außer dem reinen wissenschaftlichen Geist entmutigend.«[15] Witze sind bei der Wiederholung nicht komisch oder wenn man sie erklärt, weil die Überraschung dahin ist. Humor ist jedoch eine ernsthafte Sache, um einen negativen Affekt abzublocken, also ist es die Sache wert, die Wissenschaft dahinter zu verstehen.

Humor zu konsumieren – Witze zu genießen – bringt Freude und erleichtert Leiden. Ihr Gehirn wird es Ihnen nicht abnehmen, wenn Sie es davon überzeugen wollen, dass Sie fröhlich sind, obwohl Sie gerade traurig sind. Aber Humor unterscheidet sich gerade genügend vom Gegenteil des Leidens, um genau in die Negativitäts-Rezeptoren zu passen.

Forscher haben herausgefunden, dass das mit erstaunlicher Zuverlässigkeit funktioniert. In einer Studie aus dem Jahr 2010 erhielt eine Gruppe älterer Mitbürger acht Wochen lang eine »Humortherapie« – täglich Witze, Lachübungen, komische Geschichten und dergleichen.[16] Eine zweite Gruppe erhielt diese Therapie nicht. Zu Beginn dieser Studie berichteten beide Gruppen vom gleichen Zustand des Glücklichseins. Am Schluss des Experiments berichteten die Probanden der ersten Gruppe, dass sie sich um 42 Prozent glücklicher fühlen würden als zu Beginn. Sie waren 35 Prozent glücklicher als die zweite Gruppe und erlebten weniger Schmerz und Einsamkeit.

Jedoch ist komisch *zu sein* der eine Aspekt des Sinns für Humor, der das Glücklichsein anscheinend nicht befördert, was manchmal als »Trauriger-Clown-Paradoxon« bezeichnet wird. Bei einem Experiment im Jahr 2010 baten Forscher Probanden, Sprechblasen für Cartoons zu schreiben und Witze als Reaktion auf alltägliche frustrierende Situationen zu erfinden.[17] Sie entdeckten keine signifikante Beziehung zwischen Komisch-Sein (so beurteilt von außenstehenden Beobachtern) und Glücklicher-Werden. Eine weitere Studie fand heraus, dass professionelle Comedians hinsichtlich des Maßes an Anhedonie (die Unfähigkeit, Vergnügen zu empfinden) über der Norm der Bevölkerung lagen.[18]

Beachten Sie, dass Humor nicht bloß Ihr emotionales Adenosin blockt – es blockt das von anderen ebenfalls. Humor besitzt eine fast betäubende Eigenschaft, senkt den Fokus auf Schmerz und erlaubt uns, gemeinsam an die Freuden im Leben zu denken, sogar während der schlimmsten Zeiten. Tatsächlich gibt es in der gesamten Menschheitsgeschichte Fälle von Humor inmitten fürchterlicher Massentragödien. So beendete der italienische Schriftsteller Giovanni Boccaccio sein Buch

Das Dekameron etwa im Jahr 1353, als der Schwarze Tod in Europa wütete, dem wahrscheinlich fast ein Drittel der Bevölkerung zum Opfer fiel.[19] Das Buch besteht aus hundert komischen Geschichten, die von zehn fiktionalen jungen Freunden erzählt werden – sieben Frauen und drei Männer. Sie haben sich zusammen auf einen Landsitz zurückgezogen, um der Pest zu entgehen. Das Buch war äußerst beliebt und milderte die Angst vor Krankheit und die Langeweile in der Isolation für Menschen in ganz Europa, während die Pest andauerte. Es mied die Themen von Krankheit und Tod nicht, aber es betonte sie auch nicht. Der Punkt war der, dass das Leben selbst unter scheußlichen Bedingungen ziemlich fröhlich sein konnte – aber diese Entdeckung hängt stark von unserer Einstellung ab.

Und so ist es heute auch. Das Leben hat Trauer, Tragödie und Frustration in Hülle und Fülle zu bieten. Finden Sie die komischen Teile, und alle werden viel bessere Laune haben. Im Folgenden drei umsetzbare Schritte, die Sie heute angehen können.

Erstens: Grimmigkeit ablehnen. Es kann sich so anfühlen, als ob die Welt uns überwältigende Herausforderungen präsentiert. Manche haben das Gefühl, dass Lockerheit angesichts von Krisen und Ungerechtigkeit unangemessen sei. Eine solche Denkweise ist ein Fehler insofern, als Grimmigkeit für andere nicht verlockend ist und daher Menschen nicht für Ihre Bemühungen erwärmen wird, die Welt zu verbessern. Natürlich gibt es Augenblicke, in denen Humor fehl am Platz ist (nicht vergessen: alles zu seiner Zeit), aber sie sind seltener, als Sie glauben. Einige der besten Grabreden sind die komischsten.

Forscher haben herausgefunden, dass eine besonders humorlose Ideologie der Fundamentalismus im Glauben ist: »Ich habe recht, und du bist böse.«[20] Daher ist es nicht überraschend, dass das gegenwärtige ideologische Klima in den Vereinigten Staaten (und vielen anderen Ländern) ebenfalls so humorlos ist oder dass politische Extremisten ihr Gefühl, durch Humor beleidigt worden zu sein, so bereitwillig als Waffe einsetzen. Um glücklicher zu sein und andere glücklicher zu machen, sollten Sie sich, ganz gleich, was Ihre politischen Ansichten sind, nicht am Feldzug gegen Witze beteiligen.

Zweitens: Scheuen Sie sich nicht, komisch zu sein. Einige Menschen können keine Witze erzählen, selbst wenn es um Leben und Tod geht. Entweder fällt Ihnen die Pointe nicht ein, oder sie lachen selbst so heftig, dass niemand weiß, worin die Pointe besteht. Das ist in Ordnung; zum Glücklichsein ist es besser, Humor zu konsumieren, als ihn zu geben. Es ist auch wesentlich leichter. Komische Menschen tendieren zu speziellen angeborenen neurologischen Charakteristika und ebenso zu ungewöhnlich hoher Intelligenz.[21] Unterdessen legen Menschen, die komische Dinge genießen, einfach Wert auf Humor, kultivieren diesbezüglich einen Geschmack und gestatten sich selbst zu lachen. Um den Nutzen des Glücklichseins durch Humor zu erhalten, sollen andere die Witze erzählen; hören Sie zu und lachen Sie.

Drittens: Bleiben Sie positiv. Die Art von Humor, die Sie konsumieren und teilen, zählt. Humor ist, sofern er nicht andere niedermacht oder wenn er dafür sorgt, dass Sie über Ihre eigenen Lebensumstände lachen, mit Selbstachtung, Optimismus und Lebenszufriedenheit verknüpft und mit geringerer Neigung zu Depression, Ängstlichkeit oder Stress.[22] Humor, der andere angreift oder Sie dazu drängt, sich selbst herabzusetzen, folgt genau dem gegenteiligen Muster: während er sich für den Augenblick befriedigend anfühlen mag, blockiert er keine negativen Gefühle. (Er ist wie entkoffeinierter Kaffee!)

Wählen Sie Hoffnung

Eine der schlimmsten emotionalen Krankheiten, die jeden von uns befallen kann, ist Pessimismus. Wir alle kennen diese miesepetrigen Typen, die stets davon ausgehen, dass ihnen das Schlimmste zustößt. Das geht darüber hinaus, schlicht ein Poet zu sein, der tatsächliche Bedrohungen wahrnimmt; Pessimisten *erfinden* Bedrohungen. Oft macht es keinen Spaß, in ihrer Gesellschaft zu sein, und sie neigen dazu, sich selbst zu isolieren. Um noch einen draufzusetzen, ist Pessimismus im Allgemeinen nicht einmal eine hilfreiche Art und Weise, die Welt zu sehen. Im Gegenteil. Forscher stellen fest, dass er angesichts von

Herausforderungen dazu tendiert, sie zu meiden und sich passiv zu verhalten.[23] Wenn Sie also dem Pessimismus zum Opfer fallen, werden Sie weniger Initiative zeigen, und wahrscheinlich haben Sie nicht einmal recht mit ihrer Einschätzung des Problems.[24]

Was ist hier die gegenteilige Emotion, die wir benötigen, um die Blockade durch unsere Pessimismus-Rezeptoren aufzulösen? Eine Antwort könnte lauten: »Das ist offensichtlich: Optimismus.« Aber das ist nicht ganz richtig.

Im Vietnamkrieg bemerkte ein Vizeadmiral der US Navy, James Stockdale, der mehr als sieben Jahre in einem nordvietnamesischen Gefängnis verbrachte, einen überraschenden Trend unter seinen Mitgefangenen. Einige überlebten die entsetzlichen Zustände, andere nicht. Jene, die nicht überlebten, waren in der Tendenz die Optimistischsten der Gruppe. Wie Stockdale später dem Autor Jim Collins berichtete: »Es waren diejenigen, die sagten: ›Wir werden zu Weihnachten hier rauskommen.‹ Und Weihnachten kam, und Weihnachten ging vorüber … Und Ostern kam, und Ostern ging vorüber. Und dann Thanksgiving, und dann war es wieder Weihnachten. Und sie starben an gebrochenem Herzen.«[25]

Es gab eine etwas weniger trostlose Variante dieses Musters, die Ihnen vielleicht während der Coronapandemie aufgefallen ist. Jene, die am meisten zu kämpfen hatten, waren die Optimisten, die stets eine Rückkehr zur Normalität voraussagten, nur um enttäuscht zu werden, als die Pandemie sich dahinzog. Einige der Menschen, die am besten damit zurechtkamen, waren hinsichtlich der Außenwelt richtiggehend pessimistisch, aber sie schenkten den äußeren Umständen weniger Beachtung und konzentrierten sich mehr auf das, was sie tun konnten, um durchzuhalten.

Es gibt ein Wort für den Glauben, man könne Dinge verbessern, ohne die Wirklichkeit zu verzerren: nicht *Optimismus,* sondern *Hoffnung.* Die Menschen haben eine Neigung, Hoffnung und Optimismus synonym zu verwenden, aber das trifft es nicht. In einer Studie aus dem Jahr 2004 haben zwei Psychologen Umfragedaten dazu verwendet, die beiden Konzepte zu analysieren.[26] Sie kamen zu dem Schluss, dass

»Hoffnung sich direkter auf das persönliche Erreichen bestimmter Ziele fokussiert, Optimismus hingegen breiter auf die erwartete Qualität zukünftiger Ergebnisse im Allgemeinen«. Mit anderen Worten: Optimismus ist der Glaube, dass es schon gut gehen wird; Hoffnung geht nicht davon aus, sondern ist eine Überzeugung, dass man handeln kann, um die Dinge in gewisser Hinsicht zu verbessern.

Hoffnung und Optimismus können Hand in Hand gehen, müssen es aber nicht. Sie können ein hoffnungsloser Optimist sein, der sich persönlich hilflos fühlt, jedoch annimmt, dass sich alles als richtig herausstellen wird. Oder Sie können ein hoffnungsvoller Pessimist sein, der negative Voraussagen hinsichtlich der Zukunft trifft, jedoch die Zuversicht hat, dass man die Dinge in seinem Leben und im Leben der anderen verbessern kann.

Hier ein Beispiel, das hilfreich sein kann. Sagen wir, Sie haben ein akutes großes Gesundheitsproblem – nicht lebensbedrohlich, aber etwas, das Sie, falls möglich, lieber beheben würden. Ihr Arzt sagt Ihnen, dass Sie höchstwahrscheinlich mit der Herausforderung leben müssten, und Sie glauben ihm. Es gibt jedoch ein paar Dinge, die Sie versuchen können – vielleicht einige Übungen oder ein neues Medikament –, und Sie sind erpicht darauf, es zu tun. Während Sie der Prognose vertrauen (was nicht optimistisch ist), tun Sie, was in Ihrer Macht steht, um sie zu verbessern (was hoffnungsvoll ist).

Sowohl Optimismus als auch Hoffnung können dafür sorgen, dass Sie sich besser fühlen, aber Hoffnung ist bei Weitem mächtiger. Eine Studie zeigte, dass Hoffnung in dieser Hinsicht wesentlich mehr Macht hat als Optimismus, obwohl beide die Wahrscheinlichkeit für eine Krankheit verringern.[27]

Hoffnung involviert persönliche Handlungskompetenz, soll heißen, sie verleiht Ihnen ein Gefühl von Handlungsmacht und Motivation. In einer Studie, in der Forscher Hoffnung als »den Willen zu haben und den Weg zu finden« definierten, fanden sie heraus, dass Angestellte mit viel Hoffnung zu 28 Prozent wahrscheinlicher in der Arbeit erfolgreich sind und sich zu 44 Prozent wahrscheinlicher guter Gesundheit und Wohlergehens erfreuen.[28] Eine langjährige Studie mit Studenten zweier Universitäten in Großbritannien fand heraus, dass Hoffnung – gemessen anhand der Reaktion auf und Selbsteinschätzung von Kriterien wie »Ich verfolge energisch meine Ziele« – akademische Abschlüsse besser voraussagte als Intelligenz, Persönlichkeit oder sogar vorherige Errungenschaften.[29]

Hoffnung ist mehr als »nett, wenn man sie hat«, für das persönliche Wohlbefinden; ihr Fehlen kann katastrophale Auswirkungen haben. Eine Studie aus dem Jahr 2001 mit älteren Amerikanern, die an einer Untersuchung zwischen 1992 und 1996 teilgenommen hatten, ergab Folgendes: 29 Prozent derjenigen, die die Forscher basierend auf ihren Untersuchungsergebnissen als »hoffnungslos« klassifiziert hatten, waren bis 1999 verstorben, im Gegensatz zu 11 Prozent derjenigen, die hoffnungsvoll waren – sogar nach Korrektur der Daten unter Berücksichtigung von Alter und selbst eingeschätztem Gesundheitsstatus.[30]

Man könnte argumentieren, dass Hoffnung zu haben größtenteils eine Sache von Glück ist – man ist damit geboren worden. Das könnte auf Optimismus teilweise zutreffen: Eine Studie stellt fest, dass Optimismus zu 36 Prozent genetisch bedingt ist.[31] Andererseits muss die Forschung noch eine genetische Verbindung zur Hoffnung entdecken. Das ist deshalb so, weil sie, wie viele philosophische und religiöse Traditionen lehren, eine aktive Wahl ist. Tatsächlich ist sie im Christentum eine theologische Tugend, die freiwilliges Handeln impliziert, nicht bloß glückliche Vorherbestimmung. Um eine bessere Welt für andere aufzubauen, *sollten* Sie hoffnungsvoll sein.

Jedoch scheint es eine Sache Ihrer Lebensumstände zu sein, ein hoffnungsvollerer Mensch zu werden. »Was, wenn man hoffnungslos ist?«, könnten Sie fragen. Nun ja, Ihre Lebensumstände sind niemals hoffnungslos. Weiterhin lässt sich Hoffnung üben und lernen, wenn Sie die folgenden drei Schritte unternehmen:

Erstens: Stellen Sie sich eine bessere Zukunft vor und malen Sie sich in allen Einzelheiten aus, was sie dazu macht. Fühlen Sie sich ein wenig hoffnungslos, fangen Sie damit an, Ihre Ansicht zu ändern. Sagen wir zum Beispiel, Sie haben einen Angehörigen, der seine Zukunft nicht in den Griff bekommt, seine Ausbildung vernachlässigt und vielleicht destruktive persönliche Entscheidungen trifft, die zu einem schlechten Leben und keiner vielversprechenden Zukunft führen. Sie können leicht zu dem Schluss kommen, dass die Situation hoffnungslos ist, aber Sie können mehr für das Glück Ihres Angehörigen tun – und für Ihr eigenes –, wenn Sie sich stattdessen vorstellen, wie ein besserer, realistischerer Lebensstil aussehen würde.

Statt sich im Glanz einer gestaltlosen »besseren« Situation zu aalen und es dabei zu belassen, fertigen Sie eine Liste der speziellen Elemente an, die verbessert werden müssen. Stellen Sie sich zum Beispiel Ihren Angehörigen vor, wie er seine Ausbildung wieder aufnimmt und gesündere Freundschaften schließt. Stellen Sie sich vor, wie er einen guten Lebenspartner trifft und mit dem Missbrauch von Substanzen aufhört.

Zweitens: Stellen Sie sich vor, Sie selbst würden das Ruder übernehmen. Wenn Sie es bei dem Stand der Dinge nach dem ersten Schritt belassen und sich einfach selbst davon überzeugen, dass bessere Zeiten vor Ihnen liegen, werden Sie sich in Optimismus üben, jedoch nicht in Hoffnung. Die Vorstellung einer besseren Zukunft allein wird sie nicht zu einer solchen machen, aber sie kann hilfreich für die Welt sein, wenn sie unser persönliches Verhalten ändert – vom Jammern zum Handeln. Daher besteht der zweite Schritt dieser Übung darin, dass Sie sich vorstellen, wie Sie auf irgendeine plausible Art und Weise dabei helfen, eine bessere Zukunft hervorzubringen, wenn auch im kleinsten Rahmen.

Fahren wir mit dem vorangegangenen Beispiel fort. Stellen Sie sich vor, wie Sie einen regelmäßigeren Kontakt zu diesem Menschen aufbauen, und zwar einen freundlichen, nicht ermahnenden, und sich um ihn als Person kümmern, statt ihn bloß moralisch zu verurteilen. Stellen Sie sich vor, Sie würden ihn nach seiner Hoffnung auf eine bessere Zukunft fragen und Sie würden ihm freiwillig auf jede Weise helfen, die Ihnen möglich ist. Stellen Sie sich vor, dass Sie ihm sagen, er könne bei Ihnen bleiben, wenn er sonst nirgendwohin kann; stellen Sie sich vor, dass Sie ihn zur Schule oder zu einem Vorstellungsgespräch fahren. Vermeiden Sie die Illusion, ein unbesiegbarer Erlöser zu sein; stattdessen stellen Sie sich vor, kleine, greifbare Dinge zu tun.

Jetzt, ausgestattet mit Hoffnung, können Sie den wichtigsten Schritt von allen angehen: handeln. Nehmen Sie Ihre grandiose Vision der Verbesserung und Ihren bescheidenen Ehrgeiz, ein kleiner Teil davon zu sein, und handeln Sie entsprechend. Folgen Sie Ihren Ideen, um auf der Ebene von Mensch zu Mensch zu helfen.

Wandeln Sie Empathie in Mitgefühl um

Manchmal sind es nicht Ihre negativen Emotionen, die am meisten in Ihr Leben eingreifen. Vielmehr sind es die Emotionen eines anderen, der Ihnen nahesteht. Ein Familienmitglied, ein Lebenspartner oder vielleicht ein Freund leidet, und das wird zum Fokus Ihrer Beziehung und zieht Sie herab. Sie möchten nicht lieblos sein, aber an irgendeinem Punkt benötigen Sie etwas emotionales Koffein, um *Ihr* emotionales Adenosin in *Ihrem* Gehirn abzublocken. Wie Sie später in diesem Buch sehen werden, kann Negativität in einer Familie wie ein Virus weitergegeben werden, wenn Sie es zulassen. Sie könnten der Ansicht sein, die beste Emotion, die man sich wählen kann, sei Empathie, Einfühlungsvermögen, aber das ist nicht völlig richtig. Im Gegenteil, Einfühlungsvermögen kann die Dinge für Sie verschlimmern.

Als *Empathie* zum ersten Mal in einem englischen Lexikon auftauchte, war der Begriff alles andere als ein Kompliment. Der Ausdruck wurde in einer Science-Fiction-Story von 1956 geprägt, und zwar für Wesen, die die Emotionen anderer spüren und sie ausnutzen konnten, um Arbeiter auszubeuten.[32] Seitdem hat der Ausdruck positivere Konnotationen, und wenn Menschen sich heutzutage als »empathisch« bezeichnen, meinen sie für gewöhnlich, dass sie ausreichend freundlich und fürsorglich sind, um den Schmerz anderer nachzuempfinden. In der zeitgenössischen Kultur erscheint Empathie wie eine unverfälschte Tugend von der Art, wie sie ein jeder zu verkörpern anstrebt.

Wie es jedoch mit Tugenden so ist, wird Empathie überschätzt. Im Übermaß und für sich allein stehend eingesetzt, kann sie gleichermaßen sowohl denjenigen schaden, die Empathie empfinden, als auch denjenigen, für die Empathie empfunden wird.

Empathie bedeutet nicht, dass einem jemand leidtut, der körperlichen oder emotionalen Schmerz empfindet – das ist Anteilnahme.[33] Vielmehr ist damit gemeint, sich selbst geistig in den leidenden Menschen hineinzuversetzen und seinen Schmerz nachzuempfinden. Es ist der Unterschied zwischen »Hoffentlich geht's dir bald wieder besser« und »Ich kann mir vorstellen, wie groß dein Unbehagen sein muss, das du im Moment empfindest«. Einige Forscher stellen sogar die Hypothese auf, dass empathische Menschen über hyperreaktive Spiegelneuronen verfügen, also Gehirnzellen, die jene von anderen nachahmen, wenn deren Verhalten beobachtet wird.[34] So möchten Sie zum Beispiel weinen, wenn Sie jemand anderen weinen sehen.

Untersuchungsergebnisse deuten darauf hin, dass Empathie tatsächlich die Last anderer Menschen reduzieren kann. So wurde entdeckt, dass Teilnehmer an einer Reihe von Experimenten, die im Jahr 2017 dokumentiert wurden, signifikante körperliche Schmerzerleichterung spürten, wenn sie empathische Worte anderer hörten, jedoch nicht, wenn sie Bemerkungen hörten, die nicht empathisch oder neutral waren.[35] Ähnlich kamen Patienten besser mit schlechten medizinischen Nachrichten zurecht, wenn ihre Ärzte empathisch waren und zeigten, dass sie persönlich verstanden und mitfühlten, was der Patient durchmachte.[36]

Diese Erleichterung geht auf Kosten des empathischen Menschen. 2014 zeigten Forscher, dass die negativen Gefühle von Menschen, die in Empathie trainiert wurden, als Reaktion auf den Schmerz der anderen zunahmen.[37] Was sinnig ist: Wenn Sie den Schmerz eines anderen übernehmen, werden Sie mehr Schmerz in Ihrem eigenen Leben haben.

Aber Empathie kann am Ende auch andere Menschen verletzen. In seinem Buch *Against Empathy: The Case for Rational Compassion,* argumentiert der Psychologe Paul Bloom von der University of Toronto, dass Empathie »zu irrationalen und unfairen politischen Entscheidungen«[38] führen kann. So können zum Beispiel Politiker den Menschen, mit denen sie dieselbe Herkunft oder Glaubenszugehörigkeit teilen, einen unfairen Vorteil verschaffen und sich so unfair anderen gegenüber verhalten. Bloom sagt sogar, dass Empathie »uns zum schlimmsten Feind, Elternteil oder Ehepartner« werden lassen kann, weil ein Akt der Liebe manchmal zu einer Handlung führt, die eher Schmerz als Erleichterung verursacht – wie zum Beispiel die Konfrontation mit einer schrecklichen Wahrheit.

Zweifellos können Sie sich an Fälle in Ihrem eigenen Leben erinnern, wo Sie sich zu empathisch gezeigt haben, was Sie oder jemand anderen daran hinderte, die »liebevolle Strenge« zu zeigen, die eine bestimmte Person benötigt hätte. Kehren wir zum Beispiel im vorherigen Abschnitt zurück. Wenn Sie einfach Empathie zeigen würden, statt dem Angehörigen zu helfen, von dem Sie glauben, er würde schlechte Entscheidungen fürs Leben treffen, dann könnte das sein Leiden kurzzeitig verringern, aber es würde ihm nicht auf den richtigen Weg helfen.

Empathie zu einer vollständigen Tugend und einem schützenden emotionalen Koffein zu machen, erfordert die Zugabe von ein paar ergänzenden Verhaltensweisen, die sie umwandeln zu *Mitgefühl*. Eine umfassende Studie zum Mitgefühl definiert es so: Leiden erkennen, verstehen und Empathie für den Leidenden empfinden – aber auch die Gefühle von Unbehagen tolerieren, die man selbst ebenso erlebt wie der leidende Mensch, und – ganz wichtig – handeln, um das Leiden zu lindern.[39]

Mitgefühl hilft sowohl dem Leidenden als auch dem Helfer. In der Studie aus dem Jahr 2014, die zeigte, dass Training in Empathie die Stimmung verschlechterte, absolvierten einige Teilnehmer stattdessen ein Training in Mitgefühl.[40] Verglichen mit dem Empathie-Training blockte das Mitgefühls-Training die negativen Gefühle ab und hob die allgemeine Stimmung der Studienteilnehmer, nachdem sie Zeugen des Schmerzes anderer gewesen waren. Mitgefühl kommt auch dem Leidenden zugute; Ärzte zum Beispiel, die sich in Anwesenheit von Patienten mit Schmerzen wohl befinden, sind vielleicht erfolgreicher darin, schmerzhafte Behandlungen durchzuführen, etwa Akupunktur.[41] Zu lernen, analytisch auf das Unbehagen anderer zu schauen und Hilfe zu leisten, kann die Last eines anderen Menschen in eine Gelegenheit für beide verwandeln, sich besser zu fühlen.

Mitgefühl fällt natürlich einigen Menschen leichter als anderen. Die Forschung hat gezeigt, dass Mitgefühl bis zu einem gewissen Grad genetisch bedingt ist und dass wir von Natur aus eher zu Menschen mit diesem Charaktermerkmal hingezogen werden.[42] Viele Ergebnisse zeigen jedoch, dass Mitgefühl erlernbar ist.[43] Der Schlüssel ist, Ihre bewussten Fähigkeiten einzusetzen, um über Ihre eigenen Gefühle hinauszugehen. Tun Sie, was nötig ist, um stark im Angesicht des Schmerzes zu werden, und Sie selbst und andere werden davon profitieren. Es gibt keine Bezeichnung für jemanden, der besonders mitfühlend geworden ist, aber Sie werden wissen, wann Sie es erreicht haben, und andere auch.

Um ein immer mitfühlenderer (und damit glücklicherer) Mensch zu werden, beginnen Sie damit, an Ihrer Widerstandsfähigkeit zu arbeiten. Und widerstandsfähiger angesichts des Schmerzes eines anderen zu werden, bedeutet nicht, ihn weniger zu spüren. Vielmehr sollten Sie lernen, den Schmerz zu spüren, ohne dass dies Sie daran hindert, zu handeln. Sollten Sie jemals einem Marinesoldaten begegnet sein, der ein Bootcamp durchlaufen hat, wird er Ihnen erzählen, dass er sich Härten jenseits all dessen gegenübergesehen hat, was er je zuvor im Leben erfahren hat. Er wollte jeden einzelnen Tag aufhören. Für Kampftruppen-Marines folgen auf das Bootcamp über die nächsten paar Jahre viele Runden des Kampftrainings, aber jede Runde scheint immer leichter zu werden. Was deswegen so ist, weil man lernt, unter extremen Bedingungen zu funktionieren. Schmerz, einem Marine niemals besonders fern, stört ihn nicht mehr.

Mitfühlende Menschen sind wie Marines nach der Ausbildung: Sie spüren den Schmerz ebenso wahrscheinlich wie alle anderen, sind jedoch in der Lage, ihn zu ertragen und dennoch zu funktionieren. Empathische Ärzte lindern den Schmerz mit ihrer Empathie; mitfühlende Ärzte können ebenso ruhig den Patienten operieren. Empathische Eltern leiden mit ihren erwachsenen Kindern, wenn sie auf dem College zu kämpfen haben; mitfühlende Eltern können dem Drang widerstehen, den Direktor anzurufen oder zur Universität hinüberzufahren und die jungen Erwachsenen wie Kinder zu behandeln.

Über ihre Widerstandsfähigkeit hinaus sind mitfühlende Menschen handlungsorientiert. Wenn Menschen Schmerzen spüren, widersetzen sie sich eine ganze Zeit lang einer effektiven Heilbehandlung, weil diese vorübergehend noch schmerzhafter wäre. Ein Mensch geht vielleicht jahrelang mit einem kaputten Knie herum, weil er den Gedanken an eine Operation und eine Rehabilitation nicht erträgt (und die Forschung zeigt, dass Menschen gewöhnlich den Schmerz einer Operation überschätzen).[44] Ähnlich ist es, wenn Menschen in toxischen Beziehungen verbleiben, weil es zu schrecklich wäre, zu gehen.

Und diese Beispiele weisen auf einen anderen wichtigen Punkt hin: Wir müssen lernen, Mitgefühl statt Empathie bei *uns selbst* zu wählen, nicht nur bei anderen. Empathische Selbstfürsorge bringt es meist mit sich, den eigenen Schmerz zu spüren, hört jedoch auf, bevor wir als Reaktion darauf etwas Schwieriges tun. Mitgefühl für sich selbst bedeutet, die schwierige Sache zu tun, die man wirklich tun muss, ungeachtet der eigenen Gefühle – also zum Beispiel, sich einer Knieoperation zu unterziehen oder sich Problemen in einer Beziehung direkt zu stellen. Man könnte sagen, dass Empathie limbisch ist, wohingegen Mitgefühl metakognitiv ist.

Empathische Menschen können anderen nicht dabei helfen, schwierige Lösungen umzusetzen, weil ihr Beistand bei den Gefühlen des Opfers endet. Aber mitfühlende Menschen, abgehärtet genug zum Handeln, können harte Dinge tun, die der leidende Mensch nicht möchte oder mag, die jedoch zu dessen eigenem Besten sind. Mitgefühl kann sich wie liebevolle Strenge anfühlen, wie beim ehrlichen Rat, der schwer anzuhören ist, wie bei der Entlassung eines Angestellten, der nicht für die Stelle geeignet ist, oder wie beim Nein-Sagen zu einem enttäuschten Kind. Dies kann eine positive Dynamik in Gang setzen, bei der der Empfänger des Mitgefühls ein wenig belastbarer und besser in der Lage sein wird, selbst Mitgefühl zu zeigen.

Eine bessere Welt für andere schaffen

Die Emotion-Koffein-Strategie fürs Selbstmanagement in diesem Kapitel hat einen gewaltigen Vorteil neben dem bloßen Aussortieren einiger der überschüssigen negativen Affekte, die wir erfahren. Wir ersetzen sie stattdessen durch Emotionen, die wir wirklich wollen: Dankbarkeit, Humor, Hoffnung und Mitgefühl. Wir möchten sie, weil sie nicht bloß Emotionen sind – sie sind *Tugenden*.

Wenn Sie diese Tugenden kultivieren, werden Sie etwas anderes bemerken: Sie sind immer mehr auf andere Menschen fokussiert, und zwar auf produktive und großzügige Weise, und immer weniger auf sich selbst. Und dies ist das nächste Prinzip des emotionalen Selbstmanagements.

Vier

Konzentrieren Sie sich weniger auf sich selbst

Im Jahr 2020 haben sich die Psychologen Adam Waytz von der Northwestern University und Wilhelm Hofmann von der Kölner Universität darangemacht, eine Frage zu beantworten: Werde ich glücklicher, wenn ich mich auf meine eigenen Wünsche konzentriere oder wenn ich mich stattdessen darauf konzentriere, etwas für andere zu tun?[1]

Im Allgemeinen denken wir das Abwägen zwischen Sorge um uns selbst und Sorge um andere als das Abwägen zwischen »uns gut fühlen« und »tun, was moralischer ist«. Wenn Sie sich den Nachmittag frei nehmen und shoppen gehen, werden Sie das genießen. Wenn Sie stattdessen freiwillig in einer Wohltätigkeitsorganisation aktiv sind, wird Ihnen dieser Genuss entgehen, aber Sie sind ein besserer Mensch. Offensichtlich hat dieses Abwägen Grenzen; Sie müssen sich um sich selbst sorgen, um anderen zu helfen, und anderen zu helfen, kann Ihnen Spaß machen. Im Allgemeinen ist dies jedoch die Art, wie wir diese Wahl zwischen »für mich selbst« versus »für andere« sehen.

Die Wissenschaftler stellten die Frage, ob es dabei überhaupt ein Abwägen gab. Sie haben sich gefragt, ob die Konzentration auf andere – möglicherweise – ein stärkeres Glücklichsein für *Sie* ergab als die bloße Sorge um sich selbst. Um diese Idee zu untersuchen, teilten sie 263 Probanden in drei Gruppen mit jeweils unterschiedlichen Anweisungen:

1. **Gruppe – moralische Handlungen:** Heute möchten wir, dass Sie zumindest eine moralische Handlung zugunsten anderer ausführen. Mit »moralische Handlung zugunsten anderer« meinen wir, etwas zu tun, was einem anderen Menschen oder einer Gruppe von anderen nutzt. Dies könnte eine Spende für eine Wohltätigkeitsorganisation sein, Müll sammeln (um die Gemeinde zu unterstützen), einem Obdachlosen Geld geben, jemandem bei seiner Arbeit helfen, jemandem ein Kompliment machen, einem Familienmitglied helfen oder einem Fremden gegenüber freundlich sein. Jede Handlung, die einem anderen Menschen nutzt – entweder direkt oder indirekt –, wird als moralische Handlung definiert.
2. **Gruppe – moralische Gedanken:** Heute möchten wir, dass Sie mindestens einen moralischen Gedanken für andere erübrigen. Mit »moralischen Gedanken für andere« meinen wir, an einen anderen Menschen oder eine Gruppe von anderen Menschen auf positive Weise zu denken, gute Gedanken über ihr Verhalten zu haben, glückliche Gedanken für sie zu denken, für sie zu beten, zu hoffen, dass sie erfolgreich sind, oder daran zu denken, wie sehr Sie sich um einen anderen Menschen oder eine Gruppe von Menschen sorgen. Jeder Gedanke, der positiv auf einen anderen Menschen gerichtet ist, wird als ein moralischer Gedanke betrachtet.
3. **Gruppe – sich um sich selbst kümmern:** Heute möchten wir, dass Sie mindestens eine positive Sache für sich selbst tun. Mit »positiver Sache für sich selbst« meinen wir, etwas zu tun, was Ihnen nutzt. Das könnte sein: sich selbst ein Geschenk kaufen, sich selbst eine Massage gönnen, ins Kino gehen, Zeit mit einem Freund verbringen, der Sie glücklich macht, sich eine Pause zum Entspannen gönnen oder eine schmackhafte Mahlzeit genießen. Jede Handlung, die Ihnen nutzt – entweder direkt oder indirekt –, wird als eine positive Sache angesehen.

Die drei Gruppen folgten ihren Anweisungen und zeichneten ihr Wohlbefinden zehn Tage lang jeden Abend anhand von elf Kriterien auf.

Am Ende fassten die Forscher die Ergebnisse zusammen. Nicht überraschend waren in gewisser Hinsicht alle Strategien nützlich, so fühlten sich zum Beispiel alle drei zufriedener. Aber in vielerlei Hinsicht lagen die Ergebnisse nicht einmal nahe beieinander. Die Gruppe »moralische Handlungen« hatte höhere Werte im Bereich des Wohlbefindens als die Gruppe »moralische Gedanken«, und beide hatten höhere Werte als die Gruppe »sich um sich selbst kümmern«. Diejenigen, welche sich aktiv um andere kümmerten, spürten einen größeren Sinn im Leben und ein größeres Gefühl von Selbstkontrolle, während das bei den anderen beiden nicht der Fall war. Sie waren auch die Einzigen, die weniger Wut und soziale Isolation empfanden.

Die Endergebnisse waren eindeutig und in großer Übereinstimmung mit einem riesigen Satz an Daten, die zeigten, dass weniger Konzentration auf sich selbst und die eigenen Wünsche glücklicher macht. Was kein Argument dafür ist, dass Sie aufhören sollten, sich um sich selbst zu kümmern oder auf Ihre eigenen Bedürfnisse zu achten. Wie es bei Fluggesellschaften heißt: »Sie müssen zuerst Ihre eigene Sauerstoffmaske aufsetzen«, wenn es nötig ist, damit Sie anderen überhaupt dabei helfen *können,* glücklicher zu werden. Das ist etwas anderes, als an sich selbst zu denken *statt an andere* und daran, was da draußen vor sich geht.

Tatsächlich ist es eine der besten Methoden, das eigene Wohlbefinden zu steigern, wenn Sie sich mehr auf das äußere Leben konzentrieren – die Welt beobachten und sich um andere Menschen kümmern, ohne viel Tamtam um sich selbst zu machen; und dies ist das dritte Prinzip des emotionalen Selbstmanagements. Es besagt, so selbstlos wie möglich gut zu anderen zu sein – also wie die vorhergehenden Experimente nahelegen –, aber auf subtilere Weise bedeutet es, Ihre eigene beständige Aufmerksamkeit von sich selbst und Ihren Wünschen wegzulenken, indem Sie weniger in den Spiegel blicken, Ihre Spiegelung in den sozialen Medien unbeachtet lassen, weniger Aufmerksamkeit dem widmen, was andere über Sie denken, und gegen Ihre Neigung ankämpfen, Menschen darum zu beneiden, was diese haben, Sie jedoch nicht.

Dieser Teil des emotionalen Selbstmanagements ist nicht dazu gedacht, uns selbst auszuschimpfen oder das Gefühl zu vermitteln, wir seien selbstzentrierte Egomanen. Sich auf sich selbst zu konzentrieren, ist das Normalste auf der Welt. Dennoch hilft es uns nicht dabei, glücklicher zu werden. Während es nicht immer leichtfällt, gegen diese natürliche Neigung anzuarbeiten, verschafft es uns doch etwas Erleichterung von der Sitcom, die in Dauerschleife in unserem Kopf abläuft und unser tägliches Ich-zentriertes Leben darstellt. Mit Wissen und Übung belohnt uns ein nach außen fokussiertes Leben mit größeren Portionen Glück.

Sie sind in Wirklichkeit zwei Personen

Ihnen wird vielleicht aufgefallen sein, dass Sie für sich selbst am normalsten aussehen, wenn Sie in den Spiegel blicken. Ein Foto wirkt stets weniger normal, fast so, als ob Sie eine andere Person wären. Und tatsächlich behaupten Philosophen, dass Sie auf sehr reale Weise zwei verschiedene Personen seien – eine, die sieht, und eine, die gesehen wird. Dies zu verstehen, kann uns enorm dabei helfen, uns weniger nach innen und mehr auf die Außenwelt zu fokussieren.

Der amerikanische Philosoph William James untersuchte diese Idee des doppelten Selbst eingehend. Er glaubte, dass man ein Beobachter der Dinge rund um einen selbst sein müsse, um zu überleben und zu gedeihen, aber man müsse ebenfalls ein Beobachter seiner selbst sein und von anderen beobachtet werden, um ein durchgängiges Gefühl eines Selbstkonzepts und Selbstbildes zu haben.[2] Ohne Beobachtung der Außenwelt würden Sie von einem Auto angefahren oder verhungern. Wenn Sie nicht beobachten würden, hätten Sie keine Erinnerung, keine Geschichte oder kein Gefühl dafür, warum Sie tun, was Sie tun. Wenn Sie zur Arbeit fahren, beobachten Sie den Verkehr und andere Menschen, damit nichts geschieht und damit Sie verstehen, was Sie tun. Aber sobald Sie auf der Arbeit sind, achten Sie mehr darauf, wie andere Sie sehen, was Ihnen zu verstehen hilft, ob Sie gute Arbeit leisten.

Wenn Sie der Beobachter sind, wird dies das »I-Self« oder das »Ich« genannt (Subjekt, der Seher von Dingen rund um Sie her). Wenn Sie beobachtet werden oder auf sich selbst schauen und über sich selbst nachdenken, ist dies das »Me-Self« beziehungsweise das »Mich« (Objekt, gesehen werden). Keines von beiden ist ein dauerhafter Bewusstseinszustand. Der Trick für Wohlbefinden besteht darin, Ihr *Ich* und Ihr *Mich* im Gleichgewicht zu halten. Und das bedeutet, Ersteres zu steigern und Letzteres zu vermindern, weil die meisten Menschen viel zu viel Zeit damit verbringen, beobachtet zu werden, und nicht genügend Zeit aufs Beobachten verwenden. Wir denken beständig über uns selbst nach und darüber, wie andere uns sehen; wir schauen in jeden Spiegel; wir überprüfen unsere Erwähnungen in den sozialen Medien; wir werden von unseren Identitäten heimgesucht.

Das bringt Probleme mit sich. Wie im vorangegangenen Abschnitt erwähnt, ist die Fokussierung auf die äußere Welt mit größerem Glücklichsein verbunden, während die Fokussierung auf uns selbst und darauf, wie andere uns sehen, zu Stimmungsschwankungen führen kann.[3] Ihr Gefühl des Glücklichseins geht auf und ab wie ein Jojo, je nachdem, ob Ihre Wahrnehmung Ihrer selbst in einem gegebenen Augenblick positiv oder negativ ist. Diese Instabilität ist schwer zu ertragen; kein Wunder, dass Selbstversunkenheit mit Angst und Depression in Zusammenhang gebracht wird.[4]

Sich selbst als Objekt zu sehen (nach innen schauen) statt als Subjekt (nach außen schauen), kann Ihre Fähigkeit herabsetzen, gewöhnliche Aufgaben zu erledigen. Forscher haben in Lernexperimenten herausgefunden, dass Menschen weniger wahrscheinlich neue Dinge ausprobieren, wenn sie auf sich selbst fokussiert sind.[5] Das erscheint sinnig: Wenn Sie sich selbst zu viel Aufmerksamkeit widmen, ignorieren Sie viel von der Außenwelt. Sie fühlen sich weniger frei, wenn Sie sich Sorgen darum machen, wie Sie sich verhalten und was andere von Ihnen denken. Kleine Kinder inspirieren uns manchmal mit ihrer Unbefangenheit. Sie sind einfach sie selbst, weil sie oft lange Zeit im *Ich*-Zustand bleiben und einfach nur beobachten, handeln und genießen.

Die Idee, dass Sie mehr Zeit damit verbringen sollten, über die Welt nachzudenken als über sich selbst, ist älter als die moderne Wissenschaft und Philosophie. Sie ist beispielsweise eine Kernidee des Zen-Buddhismus, der im Grunde eine Haltung der reinen Beobachtung des Außen darstellt. »Leben ist eine Kunst«, schrieb der Zenmeister D. T. Suzuki im Jahr 1934, »und wie perfekte Kunst sollte es selbstvergessen sein.«[6] Robert Waldinger, ein Psychiatrieprofessor in Harvard und Zenpriester, erklärte es folgendermaßen: »Wenn ich mir des Selbst bewusst bin, das ich ›Bob‹ nenne, ist da ein ›ich im Verhältnis zur Welt‹. Wenn das wegfällt (in der Meditation oder wenn ich voller Ehrfurcht vor einem Wasserfall stehe), schwindet das Gefühl eines Selbst, das von allem getrennt ist, und es bleiben nur noch Geräusche und Gefühle.«[7]

In einigen Traditionen ist das *Ich*-Selbst nicht bloß eine Fahrkarte zum Glück, sondern eine Verbindung zum Göttlichen. Hindus versuchen, ihr *Atman* aufzudecken, das durch einen angeborenen Zustand der Wachsamkeit charakterisiert ist, in welchem man Zeuge der Welt wird, sich jedoch nicht in sie verwickeln lässt. *Atman* wird als direkte Verbindung zu *Brahman* gesehen, der absolut höchsten göttlichen Wirklichkeit. Jesu Lehre, dass »jeder, der mir folgt, sich selbst verleugnen muss«, wird gewöhnlich als Konzentration auf Gott und andere Menschen interpretiert, aber dies umzusetzen, erfordert ebenfalls eine größere Betonung des *Ich*-Selbst.

Natürlich werden Sie niemals Ihr Mich auslöschen können, aber Sie können Ihr Glücklichsein gewiss steigern, wenn Sie bewusst Praktiken übernehmen, die die Zeit verringern, welche Sie in einem objektifizierten Zustand verbringen. Drei bewusste Gewohnheiten können hierbei helfen.

Erstens: Vermeiden Sie Ihr eigenes Spiegelbild. Spiegel sind von Natur aus attraktiv, ebenso alle spiegelgleichen Phänomene, zum Beispiel Erwähnungen in sozialen Medien. Wir werden magnetisch von ihnen angezogen. Aber Spiegel sind nicht Ihre Freunde. Sie ermutigen sogar die gesündesten Menschen, sich selbst zu objektifizieren; für Menschen mit Krankheiten, die mit dem Selbstbild zu tun haben, können sie reines Elend bedeuten. Bei Studien mit Menschen mit körperdysmorpher

Störung (jene, die obsessiv über wahrgenommene Makel an ihren Körpern nachdenken) im Jahr 2001 fanden Forscher Folgendes heraus: Die längste Zeit, die die Probanden vor dem Spiegel verbrachten (und sich damit auf die Quelle ihrer Qual konzentrierten), war 3,4-mal länger als die längste Zeit derjenigen vor dem Spiegel, die nicht an dieser Störung litten.[8]

Unternehmen Sie Schritte, damit die Version Ihres Selbst, die von der Welt gesehen wird, weniger wahrscheinlich vor Ihnen auftaucht. Sie könnten beispielsweise buchstäblich alle bis auf einen oder zwei Spiegel aus Ihrer Wohnung entfernen und sich zur Regel machen, sich nicht mehr als einmal morgens selbst zu betrachten. Ein Fitnessmodel, das eine ungesunde Obsession mit seinem Körper entwickelt hatte und verzweifelt zu einem gesünderen, normaleren Leben zurückkehren wollte, mied ein volles Jahr lang jegliche Spiegel und ging sogar so weit, im Dunkeln zu duschen, um den eigenen Körper nicht sehen und beurteilen zu müssen.[9]

Virtuelle Spiegel sind leichter loszuwerden als echte. Schalten Sie die Benachrichtigungsfunktion Ihrer sozialen Medien ab. Stellen Sie rigoros die Gewohnheit ein, sich zu googeln. Schalten Sie die Selbstansicht auf Zoom ab. Machen Sie keine Selfies. Anfangs fällt das schwer, weil alle diese Praktiken der Selbstbeobachtung so zuverlässig einen kleinen Kick aus den befriedigenden neuromodularen Dopaminen einbringen. Aber mit Übung fällt es leichter, insbesondere, wenn Sie die Entspannung erfahren, die daraus folgt, dass Sie sich nicht selbst ansehen.

Zweitens: Hören Sie auf damit, Dinge um sich herum zu beurteilen. Beurteilen mag aussehen wie reine Beobachtung, ist es aber in Wirklichkeit nicht. Wenn Sie etwas beurteilen, bringen Sie eine Beobachtung der äußeren Welt nach innen und verwandeln sie in etwas, bei dem es um Sie geht. Sagen Sie zum Beispiel: »Dieses Wetter ist furchtbar«, dann geht es mehr um Ihre Gefühle als um das Wetter. Weiterhin haben Sie gerade eine negative Stimmung einer Sache zugeschrieben, die außerhalb Ihrer Kontrolle liegt.

Urteile über die Welt abzugeben, ist normal und notwendig; wir müssen es tun, um kostengünstige Entscheidungen zu treffen. Viele

Urteile sind jedoch nicht hilfreich und sogar unnötig. Müssen Sie *wirklich* entscheiden, dass der Song, den Sie gerade gehört haben, blöd ist? Versuchen Sie stattdessen, Ihre Umgebung mehr ohne Berücksichtigung Ihrer Meinungen zu beobachten. Fangen Sie damit an, mehr rein beobachtende Feststellungen zu treffen statt wertebasierte. Formen Sie die Worte »Dieser Kaffee ist schrecklich« um zu: »Dieser Kaffee hat einen bitteren Geschmack.« Anfangs ist das sehr knifflig, weil wir einfach so daran gewöhnt sind, alles zu beurteilen. Sobald Sie den Dreh heraushaben, ist es eine große Erleichterung, nicht zu allem eine Meinung haben zu müssen. Sie werden feststellen, dass Sie sich nicht in politische Debatten einmischen und weniger Meinungen äußern; dadurch werden Sie ruhiger und erleben einen größeren Zustand inneren Friedens.

Drittens: Verbringen Sie mehr Zeit damit, über die Welt rings um Sie her zu staunen. Im Rahmen seiner Forschung konzentriert sich der Psychologe Dacher Keltner von der University of California, Berkeley, auf das Erleben der Ehrfurcht, die er wie folgt definiert: »Das Gefühl, in Gegenwart von etwas Gewaltigem zu sein, das Ihr Verständnis der Welt transzendiert.«[10] Unter den vielen Vorzügen der Ehrfurcht hat Keltner entdeckt, dass sie das Gefühl des Selbst verringert. In einer Studie haben er und seine Kollegen zum Beispiel Probanden gebeten, entweder an ein Erlebnis in der Natur zu denken, das wunderschön war, oder an eine Zeit, zu der sie Stolz verspürt haben.[11] Jene, die an die Natur dachten, waren im Vergleich zu jenen, die an Stolz dachten, doppelt so wahrscheinlich bereit, zu sagen, dass sie sich klein oder unbedeutend vorkamen; und es war fast ein Drittel wahrscheinlicher, dass sie aussagten, die Gegenwart von etwas zu spüren, das größer war als sie selbst.

Verbringen Sie mehr Zeit damit, Dinge zu genießen, die Sie in Erstaunen versetzen. Glücksspezialistin Gretchen Rubin beispielsweise besucht das Metropolitan Museum of Art fast täglich. Integrieren Sie Ehrfurcht in Ihr Alltagsleben, könnte dies bedeuten, dass Sie so oft wie möglich den Sonnenuntergang beobachten oder Astronomie studieren – oder was auch immer *Ihren* Geist in Erstaunen versetzt.

Eine letzte Übung könnten Sie ausprobieren, wenn Sie einen freien Tag haben; nutzen Sie ihn zum Wandern. In einem berühmten Zen-Koan (das ist eine Geschichte, die philosophische Interpretation erfordert) sieht ein junger Mönch einen älteren Mönch gehen und fragt ihn, wohin er ginge.[12] »Ich bin auf einer Pilgerfahrt«, erwidert der ältere Mönch. »Wohin bringt dich die Pilgerfahrt?«, fragt der junge Mönch. »Ich weiß es nicht«, erwidert der ältere. »Nichtwissen ist das Vertrauteste.«

Der ältere Mönch beobachtete einfach, wohin er ging, ohne Absicht oder Urteil. Einige der gründlichsten und intimsten Erfahrungen im Leben kommen dann, wenn Sie Ihre Reise beobachten können, ohne Erwartung eines Ziels oder einer äußeren Bezahlung. Versuchen Sie, nur einen Tag so zu sein wie der ältere Mönch. Fangen Sie den Morgen an, indem Sie sagen: »Ich weiß nicht, was dieser Tag bringen wird, aber ich werde es akzeptieren.« Gehen Sie durch den Tag und konzentrieren Sie sich auf Dinge außerhalb Ihres Selbst, widerstehen Sie dem Urteil und meiden Sie alles Selbstbezügliche. Wenn Sie wirklich abenteuerlustig sind, können Sie sogar in Ihr Auto steigen und eine Spritztour ohne vorherbestimmtes Ziel unternehmen.

Hören Sie auf, sich zu sorgen, was *man* denkt

Es gibt einen wohlbekannten Bibelvers, der besagt: »Ihr sollt andere nicht verurteilen, damit Gott euch nicht verurteilt.«[13] Wenn Sie auf gesunde Weise auf andere und die äußere Welt fokussiert sind, haben Sie den »Nicht-verurteilen«-Teil bereits bewältigt. Unsere nächste Lektion verschafft Ihnen den zweiten Teil dieses Verses: nicht verurteilt werden – oder zumindest den Urteilen anderer keine Beachtung schenken, indem es Ihnen weniger ausmacht, was die anderen von Ihnen denken.

Es ist wichtig anzumerken, dass es einen großen Unterschied bedeutet, sich um andere zu kümmern und Ihnen Beachtung zu schenken, oder sich Sorgen zu machen, was andere *von Ihnen* denken. Ersteres ist sehr hilfreich und gut; Letzteres ist oftmals egozentrisch und destruktiv. Tatsächlich müssen fast alle von uns, wenn sie Emotionen in den Griff bekommen wollen, daran arbeiten, sich weniger um das zu kümmern, was andere von uns denken. Obwohl das sogar noch schwerer fällt, als sämtliche Ihrer Spiegel loszuwerden. Denken Sie an das letzte Mal, als irgendeine zufällige Person Sie kritisiert hat – jemand, den Sie bestimmt nicht zu einem Gespräch zu sich nach Hause einladen würden, den Sie jedoch in Ihren Kopf eingeladen haben, während Sie sich über die Kritik aufregten. Vielleicht war es eine sarkastische Bemerkung in den sozialen Medien oder eine herabsetzende Bemerkung auf der Arbeit. Sie haben sich gesagt, dass es Ihnen eigentlich nichts ausmacht – aber es hat Ihnen trotzdem etwas ausgemacht. Tatsächlich ist das, was andere über sie denken, für die meisten Menschen eine Quelle von Stress. Viele von ihnen sind tief verletzt von Kritik, unternehmen alles Mögliche und Unmögliche, um die Bewunderung von Fremden zu erringen, und liegen des Nachts wach und fragen sich, welche Meinung die anderen von ihnen haben.

Warum ist das so? Erneut macht uns Mutter Natur das Leben schwer. Wir sind so verdrahtet, dass wir uns darum sorgen, was andere von uns denken, und wir steigern uns da hinein. Wie der römische Stoiker Marcus Aurelius vor fast zweitausend Jahren bemerkte: »Wir alle lieben uns selbst mehr als andere Menschen, aber sorgen uns um ihre Meinung mehr als um unsere eigene«, seien es Freunde, Fremde oder Feinde.[14] Fürs Glücklichsein ist es dann noch schlimmer, an die Meinung anderer über uns zu denken, als uns direkt nur mit uns selbst zu beschäftigen.

Auf die Meinungen anderer über uns zu achten, ist verständlich und bis zu einem gewissen Ausmaß vernünftig. Sie vertrauen Ihrer eigenen Meinung; sie sind gesättigt mit und geformt von jenen der anderen, die Ihnen ähnlich sind; daher vertrauen Sie deren Meinungen ebenso, ob Sie es wollen oder nicht.[15] So kommt es, dass Sie, wenn einer Ihrer Kollegen über irgendeine Fernsehshow sagt, sie sei richtig toll, wahrscheinlich eine bessere Meinung davon haben, zumindest ein wenig, und Sie könnten zu dem Entschluss kommen, sie sich einmal anzusehen.

Insbesondere sorgen Sie sich um die Meinungen, die andere von Ihnen haben, und die Evolution erklärt den Grund hierfür: Praktisch die gesamte menschliche Geschichte über hing das Überleben des Menschen von der Mitgliedschaft in eng verbundenen Clans und Stämmen ab. Vor den modernen Strukturen der Zivilisation, wie Polizei und

Supermärkte, bedeutete der Ausschluss aus Ihrer Gruppe den sicheren Tod durch Kälte, Verhungern oder Raubtiere. Dies kann leicht erklären, warum Ihr Gefühl des Wohlbefindens die Anerkennung anderer mit einschließt, und ebenso, warum Ihr Gehirn sich so entwickelt hat, dass dieselben Regionen für körperlichen Schmerz aktiviert werden, wenn Sie sich sozialer Zurückweisung gegenübersehen – das hängt mit dem dorsalen anterioren cingulären Cortex (dACC) zusammen.[16] (Übrigens haben Neurowissenschaftler bemerkt, dass ein direktes Mittel gegen körperlichen Schmerz, das den dACC zum Ziel hat – Paracetamol oder Tylenol –, negative Gefühle vermindern kann, die mit Ausschluss einhergehen!)[17]

Leider ist der Instinkt, die Anerkennung anderer zu wünschen, schlecht ans moderne Leben angepasst. Wo Sie einmal zu Recht das Entsetzen gespürt haben, allein in den Wald hinausgejagt worden zu sein, können Sie heutzutage vielleicht an akuter Angst leiden, dass Fremde Sie online für eine unüberlegte Bemerkung »canceln« oder Passanten ein Foto von einer schlechten Kleiderwahl schießen und sich darüber auf Instagram lustig machen, sodass es alle sehen können.

Diese Neigung mag natürlich sein, aber sie kann Sie verrückt machen, wenn Sie sie zulassen. Wären Sie ein völlig logisch denkendes Wesen, würden Sie verstehen, dass Ihre Ängste hinsichtlich dessen, was andere Leute denken, überzogen und selten wert sind, sich darüber aufzuregen. Aber niemand von uns ist völlig logisch, und die meisten von uns haben sich dieser Gewohnheit ergeben, so lange wir zurückdenken können.

In den schlimmsten Fällen kann die Angst davor, von anderen nicht anerkannt zu werden, sich zu einer lähmenden Furcht aufblähen, einem psychologischen Zustand, der Allodoxaphobie genannt wird.[18] Keine Sorge – sie ist selten. Aber selbst abgesehen davon kann die Sorge um die Meinung anderer Ihre grundlegende Kompetenz bei gewöhnlichen Aufgaben schwächen, zum Beispiel dabei, Entscheidungen zu treffen. Wenn Sie sich überlegen, was in einer bestimmten Situation zu tun ist – sagen wir, ob Sie in einer Gruppe das Wort ergreifen sollen –, wird in Ihrem Gehirn von Natur aus ein Netzwerk aktiviert, das Psychologen das *Behavioral Inhibition System (BIS)* – auf Deutsch »Verhaltenshemm-System« – nennen und das Ihnen erlaubt, die Situation einzuschätzen und zu entscheiden, wie Sie handeln sollen (mit einem besonderen Fokus auf den Kosten einer »unangemessenen« Handlung).[19] Wenn Sie über genügend Situationsbewusstsein verfügen, wird das *BIS* ausgeschaltet, und das *Behavioral Activation System (BAS) – auf Deutsch »Verhaltensaktivierungs-System« –,* das sich auf Belohnungen fokussiert, schaltet sich ein. Die Forschung zeigt jedoch, dass die Sorge um die Meinungen anderer das *BIS* aktiv lassen kann und es Ihnen unmöglich macht, zu handeln.[20] Wenn Sie dazu neigen, sich nach einem Gespräch darüber zu ärgern, was Sie hätten sagen sollen, aber nicht gesagt haben, könnte das vielleicht darauf hindeuten, dass Sie übermäßig von der Sorge beeinflusst wurden, was andere denken.

Einer der Gründe, weswegen Sie die Meinungen anderer fürchten, ist der, dass negative Feststellungen zu Scham führen können, dem Gefühl, für wertlos, unfähig, ehrlos oder unmoralisch gehalten zu werden – und wir fangen daher an, angesichts des Gewichts, das wir den Meinungen anderer geben, uns genau so zu fühlen. Die Furcht vor Scham ist sinnvoll, weil die Forschung eindeutig zeigt, dass dieses Gefühl sowohl ein Symptom als auch ein Auslöser von Depression und Angst ist.[21]

Im *Tao-Tê-King* schrieb der alte chinesische Philosoph Lao-tse: »Sorge dich um die Anerkennung der Menschen, und du wirst zu ihrem Gefangenen.«[22] Zweifellos sollte dies eine düstere Warnung sein, aber sie ist mehr ein Versprechen und eine Gelegenheit. Das Gefängnis der Anerkennung durch andere ist tatsächlich eines, das Sie selbst errichtet haben, selbst unterhalten und selbst bewachen. Sie können vielleicht einen gegensätzlichen Vers zu Lao-tses Original hinzufügen: »Achte nicht darauf, was andere denken, und die Gefängnistore werden aufschwingen.« Wenn Sie im Gefängnis der Scham und Beurteilung feststecken, fassen Sie sich ein Herz: Sie halten den Schlüssel zu Ihrer eigenen Freiheit in den Händen.[23]

Nicht vergessen: Das Ziel ist hier, sich auf andere zu fokussieren, aber nicht auf deren *Meinung von Ihnen.* Eine Möglichkeit hierzu besteht darin, sich ins Gedächtnis zurückzurufen, dass *es keinen interessiert.*

Die Ironie daran, sich schlecht wegen dem zu fühlen, was andere Menschen vielleicht über Sie denken, ist, dass andere viel weniger Meinungen über Sie haben – positive wie negative –, als Sie sich vielleicht vorstellen. Studien zeigen, dass wir alle beständig überschätzen, wie viel Menschen über uns und unsere Fehler nachdenken, was zu einer übermäßigen Hemmung und schlechteren Lebensqualität führt.[24] Vielleicht hätten Ihre Follower oder Nachbarn eine schlechtere Meinung von Ihnen, wenn sie über Sie nachdenken würden – aber wahrscheinlich tun sie das nicht. Beim nächsten Mal, wenn Sie sich befangen fühlen, sollte Ihnen auffallen, dass Sie über sich selbst nachdenken. Sie können mit Sicherheit davon ausgehen, dass alle um Sie herum mehr oder weniger dasselbe tun.

Zweitens: Rebellieren Sie gegen Ihre Scham. Weil die Furcht vor Scham häufig das ist, was hinter einem übermäßigen Interesse an der Meinung anderer lauert, sollten Sie Ihre Scham direkt angehen. Manchmal ist ein wenig Scham gesund und berechtigt, wenn wir zum Beispiel jemandem gegenüber aus Verachtung oder Ungeduld etwas äußern, das schmerzend ist. Oft ist es aber einfach lächerlich, wofür man sich schämt, zum Beispiel zu vergessen, den Reißverschluss der Hose hochzuziehen, oder wenn die Frisur nicht sitzt.

Wir empfehlen eindeutig *nicht,* dass Sie absichtlich mit offener Hose herumlaufen sollen. Aber fragen Sie sich selbst: *Was verberge ich, was mir ein wenig peinlich ist?* Entschließen Sie sich, es nicht mehr zu verbergen und so die nutzlose Scham dominieren zu lassen, die Sie zurückhält. Wir versprechen, dass Sie sich kraftvoller und viel glücklicher fühlen werden, sobald Sie metakognitiv über die Quelle Ihrer Verlegenheit verfügen und sich davon nicht mehr zurückhalten lassen.

Gießen Sie nicht das Unkraut des Neids

Eine weitere Methode, wie wir uns auf uns selbst konzentrieren, besteht darin, in der Todsünde des Neids zu schwelgen. Wenn wir neidisch sind, steigern wir uns in etwas hinein, was wir haben oder nicht haben. Wiederum scheint dieses Verhalten nach außen gerichtet zu sein, aber in Wirklichkeit geht es allein darum, was Sie haben wollen. Diese Neigung verdirbt unsere Beziehungen, macht uns schlechter für andere und macht es uns unmöglich, das Leben zu genießen.

Im dreizehnten Canto des »Purgatorio« in Dantes *Göttlicher Komödie* beschreibt der italienische Dichter aus dem vierzehnten Jahrhundert die äußerste Strafe für Menschen, die während ihres Lebens dem Neid zum Opfer gefallen waren. Er zeigt sie bedenklich nah am Rand eines Felssturzes kauernd. Weil Neid damit anfängt, was sie gesehen haben, sind ihre Augen zugenäht. Um nicht zu stürzen, müssen sie sich gegenseitig stützen, etwas, was sie nie im Leben getan haben.[25] Dies ist eine ziemlich grausige Bestrafung.

Vielleicht machen Sie sich weniger als Dante Sorgen um eine Bestrafung im Jenseits. Es gibt jede Menge Beweise dafür, dass Neid, das giftige Verlangen nach etwas, was jemand anders besitzt, für Sie im Hier und Jetzt ein kleines Stück Hölle bedeuten kann. Wir alle wissen, wie sich Neid anfühlt – wie er unsere Liebe vergällt und unsere Seele austrocknet. Wie er uns dazu verleitet, nicht nur an uns zu denken, sondern insbesondere an das, was *wir nicht haben,* andere jedoch schon. Wie er die hässlichen, boshaften Geister in uns heraufbeschwört, die Vergnügen aus dem Leid anderer ziehen, und das aus keinem anderen Grund als dem, dass wir uns wegen ihres Glücks im Vergleich als ungenügend empfinden. Wie der Essayist Joseph Epstein schrieb: »Von den sieben Todsünden macht allein der Neid keinen Spaß.«[26] Kurz gesagt: Neid ist ein Glückskiller.

Leider ist er auch völlig natürlich, und niemand entkommt ihm gänzlich. Die möglichen Erklärungen für seine natürlichen, evolutionären Wurzeln sind leicht zu erkennen. Über sozialen Vergleich schätzen wir unseren relativen Platz in der Gesellschaft ein, und damit wissen wir, wonach wir streben müssen, um weiter im Wettstreit um Ressourcen mithalten zu können und brauchbar auf dem Paarungsmarkt zu bleiben. Wenn wir sehen, dass wir hinter andere zurückfallen, spornt uns der dabei empfundene Schmerz oftmals an, uns selbst aufzubauen – oder andere niederzureißen. Das alles konnte zur Zeit der Höhlenmenschen eine Sache von Leben und Tod sein, ist heutzutage jedoch überholt. Es ist unwahrscheinlich, dass Sie allein deswegen sterben, weil Ihre Posts in den sozialen Medien weniger populär sind als die von anderen. Aber der Schmerz kann nach wie vor ebenso akut sein.

Wie Menschen angesichts dieses Schmerzes handeln, hat einige Wissenschaftler dazu geführt, zwischen *harmlosem Neid* und *bösartigem Neid* zu unterscheiden.[27] Ersterer ist ein elendiges Gefühl, trifft sich jedoch mit einem Wunsch nach Selbstverbesserung und Nachahmung der beneideten Person. Im Gegensatz hierzu führt bösartiger Neid zu völlig destruktiven Handlungen, wie zum Beispiel feindseligen Gedanken und feindseligem Verhalten mit der Absicht, der anderen Person zu schaden. Harmloser Neid liegt vor, wenn Sie glauben, dass die andere Person Bewunderung verdient; bösartiger Neid kommt zum Tragen, wenn Sie das Gegenteil glauben.[28] Deswegen können Sie vielleicht einen berühmten Kriegshelden beneiden, ihm jedoch nichts Böses wünschen, während Sie die Nachricht genießen, dass ein Star aus dem Reality-TV gerade verhaftet wurde.

Neid – insbesondere bösartiger – ist schrecklich für Sie. Zuallererst ist der Schmerz real. Neurowissenschaftler stellen fest, dass der Neid auf andere Menschen den dACC in Ihrem Gehirn stimuliert, der, wie wir bereits wissen, dort sitzt, wo Sie Schmerz verarbeiten.[29] Neid kann auch Ihre Zukunft zerstören. Wissenschaftler haben im Jahr 2018 achtzehntausend zufällig ausgewählte Personen untersucht und herausgefunden, dass deren Erfahrung von Neid ein mächtiges Vorhersagekriterium für ernste geistige Krankheit und niedrigeres Wohlbefinden in der Zukunft war.[30] Gewöhnlich werden Menschen mit zunehmendem Alter psychologisch gesünder; Neid kann diesen Trend hemmen.

Verschiedene Menschen werden neidisch wegen verschiedener Dinge. Einige Forscher weisen zum Beispiel darauf hin, dass sich mit dem Alter verändert, worauf Menschen neidisch sind.[31] Junge Menschen sind vielleicht mehr als ältere Leute neidisch auf Erfolg in der Bildung und im Sozialen, auf gutes Aussehen und Glück in der Liebe. Ältere Menschen zucken gewöhnlich bei diesen Dingen die Achseln, neigen jedoch dazu, Menschen mit Geld zu beneiden. Was wahrscheinlich sinnvoll ist: Anfangs möchten Sie natürlich das haben, was Ihrer Ansicht nach für Sie am besten ist, um ein gutes Leben zu führen und eine Familie zu gründen; später suchen Sie finanzielle Sicherheit.

Damit Sie neidisch sein können, müssen Sie mit Menschen zusammentreffen, denen es scheinbar besser geht als Ihnen. In gewöhnlichen Beziehungen ist das ziemlich einfach, aber die Voraussetzungen für Neid steigern sich explosionsartig, wenn wir Menschen mit einer breit gefächerten Menge an Fremden konfrontieren, die ein Leben führen, das so glamourös, erfolgreich und glücklich wie möglich erscheint. Offensichtlich geht es hier um soziale Medien. Tatsächlich haben Wissenschaftler sogar den Begriff *Facebook-Neid* geprägt, um die einzigartig fruchtbaren Bedingungen zu bezeichnen, die soziale Medien für dieses destruktive Gefühl erzeugen.[32] Und Wissenschaftler haben in Experimenten gezeigt, dass in der Tat passive Facebook-Nutzer (obwohl dies zweifelsohne nicht auf Facebook begrenzt ist) durch zunehmenden Neid messbar an Wohlbefinden verlieren.[33]

Worin besteht also das Heilmittel, um Neid auf ein handhabbares Niveau in Ihrem Leben herunterzuschrauben? Der berühmte Kaufmann des fünfzehnten Jahrhunderts, Cosimo de' Medici, verglich Neid mit einem aggressiven, natürlich vorkommenden Unkraut.[34] Die Aufgabe besteht nicht im Versuch, dieses Unkraut zu vernichten, was ein vergeblicher Versuch wäre; vielmehr geht es darum, lehrte Cosimo, *es einfach nicht zu gießen.* Im Folgenden drei Methoden dazu:

Erstens: Fokussieren Sie sich auf den gewöhnlichen Teil im Leben der anderen. Hauptsächlich gießen wir dieses schreckliche Unkraut durch unsere Aufmerksamkeit. Wir konzentrieren uns intensiv auf die Dinge, die wir haben wollen, an denen es uns jedoch mangelt. So beneiden Sie einen Entertainer um seinen Ruhm und Reichtum und stellen sich vor, wie diese Dinge Ihr Leben um so vieles leichter machen würden und wie viel mehr Spaß Sie hätten. Aber denken Sie ein wenig tiefgehender nach. Glauben Sie *wirklich,* dass das Leben des Entertainers so großartig ist? Bringen ihm oder ihr das Geld und der Ruhm eine gesunde Ehe ein? Löscht beides Traurigkeit und Wut aus? Wahrscheinlich nicht; vielleicht im Gegenteil.

Psychologen haben gezeigt, dass Sie diese Beobachtung dazu nutzen können, Ihrem Neid die Spitze zu nehmen. Im Jahr 2017 haben Forscher eine Gruppe von Menschen gebeten, mit Blick auf eine Gruppe demografisch ähnlicher Menschen zu überlegen, bei wem von ihnen außerordentlich gute Lebensumstände vorliegen. Sie stellten fest, dass die Fokussierung allein auf diese Lebensumstände zu einem schmerzlichen Kontrast mit dem Leben der Probanden führte und daher zu Neid.[35] Wenn sie jedoch die Anweisung erhielten, an die täglichen Hochs und Tiefs zu denken, die diese Menschen gewiss ebenso erlebten, wurde der Neid geringer.

Zweitens: Schalten Sie die Neidmaschine ab. Die sozialen Medien steigern den Neid, weil sie drei Dinge tun: Sie zeigen Ihnen das Leben von Menschen, denen es besser geht als Ihnen; sie machen es leichter denn je, mit dem eigenen Glück vor den Massen zu prahlen; und sie stellen Sie in dieselbe virtuelle Gemeinschaft mit Menschen, die nicht Teil Ihrer Gemeinschaft im echten Leben sind, und veranlassen Sie dazu, sich mit ihnen zu vergleichen.[36] Posts von Berühmtheiten und Influencern sind eine besonders mächtige – und unnötige – Quelle des Neids. Die Lösung ist nicht, die sozialen Medien zu verwerfen; sie lautet, Menschen nicht zu folgen, die Sie nicht kennen und deren Posts Sie sich nur ansehen, weil sie haben, was Sie wollen.

Drittens: Zeigen Sie Ihr nicht beneidenswertes Selbst. Das ähnelt der Rebellion gegen Ihre Scham, indem Sie nach außen statt nach innen leben. Während Sie daran arbeiten, Ihren Neid auf andere herunterzuregeln, hören Sie auch mit dem Versuch auf, selbst beneidet zu werden. Der Wunsch, ihre Stärken zur Schau zu stellen und Ihre Schwächen vor Fremden zu verbergen, ist natürlich. Das mag sich gut anfühlen, ist jedoch ein Fehler. Die Wahrheit vor sich selbst und anderen zu verstecken, ist ein Weg zu Angst und ins Unglücklichsein. Und Forscher zeigten in einer Studie aus dem Jahr 2019, dass Beobachter weniger böswilligen Neid erleben, wenn Menschen nicht bloß in dem ehrlich sind, was sie richtig gemacht haben, sondern auch dort, wo sie unterwegs Fehlschläge erlitten haben.[37] Aber Vorsicht: Ihre Fehlschläge müssen authentisch sein. Sogenannte falsche Bescheidenheit, bei der sich

Prahlerei als Bescheidenheit maskiert, kann aus kilometerweiter Entfernung erkannt werden und macht Sie für andere weniger liebenswert.[38]

Machen Sie sich bereit für die nächste Stufe beim Aufbau des Lebens, das Sie sich wünschen

In den vorherigen drei Kapiteln ging es immer darum, die Haltung abzulegen, für eine Verbesserung des Lebens müsse sich die Welt verändern, und eine Haltung anzunehmen, in der Sie daran arbeiten, sich selbst und Ihre Emotionen zu ändern.

Wiederum bedeutet dies nicht, Emotionen auszulöschen, selbst negative nicht. Negative Gefühle als Reaktion auf schwierige Lebensumstände sind kein Spaß; das sind sie nie. Sie sind hart – für einige Menschen wesentlich härter als für andere. Sie sind auch notwendig und handhabbar, und mit Hingabe und Übung können Sie Metakognition einsetzen, um sie in den Griff zu bekommen. Sie können lernen, emotionale Substitution zu üben, und Sie können enorme Erleichterung erringen, wenn Sie sich weniger auf sich selbst konzentrieren.

Das alles erfordert Übung, und es ist nicht einfach. Dies ist emotionales Management auf »Meister-Niveau«. Sie werden nicht perfekt sein, und Sie werden gute und schlechte Tage haben, weil diese Dinge schwierig sind. Aber es kann auf jeden Fall getan werden, und Sie können es tun. Und wenn Sie Fortschritte machen, werden Sie glücklicher werden, ebenso wie die anderen in Ihrer Umgebung. Noch besser ist, dass emotionales Selbstmanagement Sie von den Ablenkungen befreit, die wir alle nutzen, um unser Unbehagen zu betäuben, und Ihnen das Rüstzeug gibt, sich darauf zu konzentrieren, was wirklich zählt.

Und was wirklich zählt, um Ihr Leben aufzubauen – dem wenden wir uns als Nächstes zu.

Aufbauen, was zählt

Emotionales Selbstmanagement, das Thema der vorangegangenen drei Kapitel, macht Sie als Person viel glücklicher und befreit Sie aus dem Griff Ihrer Gefühle. Es ist eine Art umfassendes Programm zur Steigerung Ihrer körperlichen Fitness, sodass Sie sich besser und gesünder fühlen. Aber körperlich in großartige Form zu kommen, bewirkt mehr als das; es ermöglicht Ihnen auch, viel mehr neue Dinge zu tun, damit Sie Ihr Leben noch mehr genießen können, zum Beispiel indem Sie aktiver und sozialer werden. Gleichermaßen bereitet Sie dieses Selbstmanagement darauf vor, einige große, positive Schritte zu unternehmen, um ein glücklicheres Leben aufzubauen.

Wie wir im ersten Kapitel gelernt haben, besteht Glück aus den Makronährstoffen des Genusses, der Befriedigung und des Sinns. Um glücklicher zu werden, müssen wir in allen dreien dieser Elemente wachsen, und zwar beständig und bewusst.

Bevor wir sämtliche Fähigkeiten des emotionalen Selbstmanagements erlernen – Metakognition, emotionale Substitution und einen nach außen gerichteten Fokus –, verbringen wir viel Zeit damit, Dinge zu tun, die es erschweren, diese Makronährstoffe aufzunehmen. Der Grund hierfür ist, dass unsere Impulse, verstärkt durch die Konsumökonomie, Unterhaltungsindustrie und sozialen Medien, uns dazu treiben, dass wir uns einen Gutteil unserer Zeit nicht darauf konzentrieren, was zählt, sondern vielmehr auf Trivialitäten und Zerstreuungen: Geld und Gegenstände, Macht und sozialen Status, Lust und Bequemlichkeit und Ruhm oder die Aufmerksamkeit anderer. Natürlich sind diese Zerstreuungen nichts Neues. Der Philosoph und Theologie Thomas von Aquin aus dem dreizehnten Jahrhundert listete auf, was er Götzen nannte, die unsere Tage besetzen und unser Leben ruinieren: Geld, Macht, Lust und Prestige.

Alle diese Götzen stehen Genuss, Befriedigung und Sinn im Weg. Sie ersetzen Genuss durch Lust, stellen unsere hedonistische Tretmühle auf »extra schnell«, damit sich Befriedigung schwerer erreichen und beibehalten lässt, sodass wir uns auf Dinge konzentrieren, die offensichtlich trivial sind, nicht bedeutungsvoll. Die vier Götzen erschweren es, glücklicher zu werden.

Warum jagen wir ihnen also nach? Aus demselben Grund, weswegen wir immer selbstzerstörerische Dinge tun, wenn wir unglücklich, jedoch außerstande sind, unsere Lebensumstände zu ändern: Zerstreuung. Denken Sie an das letzte Mal, als sie an einem Flughafen auf einen Flieger gewartet haben, der Stunden Verspätung hatte. Frustriert, jedoch ohne die Möglichkeit, die Situation zu bereinigen, haben Sie wahrscheinlich angefangen, mit Ihrem Smartphone herumzuspielen, um sich zu zerstreuen und die Zeit totzuschlagen.

Ähnlich sind die vier Götzen Ablenkungen, um uns gegenüber emotionalen Umständen zu betäuben, die uns nicht gefallen und die wir nicht kontrollieren können. Ihnen gefällt nicht, wie Sie sich in Ihrer Ehe fühlen? Gehen Sie ein wenig »frustshoppen«, um Ihre Gedanken ein paar Minuten lang abzulenken. Zieht Sie die Arbeit herunter? Scrollen Sie eine Stunde durch die sozialen Medien oder schauen Sie geistlose You-Tube-Videos, um zu vergessen. Fühlen Sie sich einsam? Ein wenig Prominentenklatsch wird Sie ablenken. Bequemerweise sind wir von Millionen kommerzieller Möglichkeiten umgeben, uns in diesen Zerstreuungen zu suhlen. (Unglückliche Menschen geben prächtige Konsumenten ab.)

Diese Zerstreuungen sind vorübergehende Betäubungsmittel, keine Kur für unsere Probleme. Und während sie uns von unangenehmen Gefühlen ablenken, lenken sie uns auch davon ab, Fortschritte zu erzielen. Noch schlimmer, sie können süchtig machen und die Effekte der Emotionen verschlimmern, die uns kontrollieren.

Emotionales Selbstmanagement senkt die Attraktivität dieser Zerstreuungen. Wenn Sie jemanden anrufen und die Flugverspätung beheben könnten, würden Sie das sogleich tun, statt auf Ihrem Smartphone herumzudaddeln. Und wenn wir die Werkzeuge haben, unsere Emotionen in den Griff zu bekommen, würden uns die Lappalien und Zeitverschwender der Welt nicht mehr so sehr anziehen – noch hätten wir überhaupt Zeit, die wir mit ihnen verschwenden könnten. Wir sind gewillt und imstande, für die Zukunft zu bauen, statt unsere Zeit in der Gegenwart zu verschwenden.

Dadurch erhebt sich die nächste große Frage: *Worauf genau sollten wir uns konzentrieren anstelle der Götzen?* Wenn wir ein glücklicheres Leben aufbauen wollen und die Zeit und Energie dazu haben, was sind dann die Säulen, auf denen wir es errichten?

Zu dieser Frage gibt es Tausende wissenschaftliche Artikel, und viele weitere sind von Selbstoptimierungs-Gurus verfasst worden. Sie könnten eine Liste von zehntausend kleinen Übungen zusammenstellen, um Ihr Glücklichsein Schritt für Schritt zu steigern. Sie können Tausende zweifelhafte Glücks-»Tipps« im Internet finden und übernehmen (für einen Monatsbeitrag natürlich).

Wenn wir zusammen einen Blick auf die Gesamtheit der besten sozialwissenschaftlichen Forschung werfen, ragen zum Glück nur vier große Säulen des Glücklichseins weit über alle anderen hinaus. Sie sind die wichtigsten Dinge, auf die man achten sollte, um das glücklichste Leben aufzubauen, das einem möglich ist. Sie verdienen somit den Löwenanteil unserer Aufmerksamkeit, während wir in uns selbst und unser Leben investieren. Ihnen sollte man die Zeit, Aufmerksamkeit und Energie widmen, die das emotionale Selbstmanagement freisetzt.

Die vier Säulen sind: Familie, Freundschaft, Arbeit und Glaube.

- **Familie:** Dies sind die Menschen, die uns im Leben gegeben wurden und die wir uns im Allgemeinen nicht aussuchen (außer unseren Lebensgefährten, unsere Lebensgefährtin).
- **Freundschaft:** Dies ist das Band zu Menschen, die wir sehr lieben, die jedoch nicht mit uns verwandt sind.
- **Arbeit:** Dies ist unsere Mühe, mit der wir unser tägliches Brot verdienen, mit der wir Werte in unserem und im Leben anderer schaffen. Sie mag bezahlt oder unbezahlt sein, auf dem Marktplatz oder daheim stattfinden.
- **Glaube:** Dies bezieht sich auf keine bestimmte Religion, sondern ist vielmehr eine Kurzbezeichnung dafür, einen transzendenten Blick und eine transzendente Annäherung ans Leben zu haben.

Dies sind die Säulen, auf denen ein gutes Leben aufgebaut ist. Was nicht heißen will, dass sonst nichts im Leben wichtig ist. Offensichtlich müssen Sie auf Ihre Gesundheit achten, Sie müssen Spaß haben, Sie müssen schlafen, Sie müssen klug mit Ihren Finanzen umgehen und und und. Aber Familie, Freunde, Arbeit und Glaube sind die großen Vier, auf denen fast alles Übrige ruht.

Natürlich sind diese Bereiche des Lebens voller Herausforderungen – einige davon sind sehr groß. Genau dies sind die Herausforderungen, von denen wir uns so oft ablenken lassen. Aber jetzt, mit unseren emotionalen Fähigkeiten und mit wachsender Entschlusskraft, sind diese Herausforderungen im Familienleben, in der Freundschaft, auf der Arbeit und im Glauben unsere Gelegenheiten, zu lernen und an Liebe und Glück zu wachsen. Dorthin lenken wir in den nächsten vier Kapiteln unsere Schritte.

Eine Zwischenbemerkung von Oprah Winfrey

Vieles von dem, was ich darüber weiß, wie man glücklicher wird, stammt aus Erfahrung – meiner eigenen und der vieler anderer. Arthur andererseits kommt zum Glücklichsein durch Forschung. Es ist ein Unterschied, der generell auf uns zutrifft: Wenn es darum geht, etwas zu erklären oder etwas zu verdeutlichen, habe ich immer eine Geschichte parat, er immer eine Studie (oder das Zitat eines alten Philosophen). In dieser Hinsicht unterscheiden wir uns.

Und dann gibt's da Stedman, meinen Lebenspartner und Gefährten der vergangenen dreißig Jahre. Wir beide haben einmal gemeinsam ein Seminar über Mitarbeiterführung an der Northwestern University's Kellogg Graduate School of Management gegeben, und unsere Studenten waren überrascht davon, wie verschieden wir waren. Er ist ein Planer, ein Stratege. Er unternimmt nichts, ohne zuvor eine Vorstellung vom Ergebnis zu haben, gleich ob er Golf spielt oder vor Geschäftsleuten in China spricht. Ich bin das Gegenteil, ich handele aus dem Augenblick heraus, von Intuition und Instinkt zum nächsten Zug geleitet. Er macht sich niemals Sorgen, was andere Menschen denken. Ich habe viel Zeit meines Erwachsenenlebens damit verbracht, den Drang, anderen gefallen zu wollen, abzubauen.

Und dann ist da meine beste Freundin, Gayle King. Laut des Persönlichkeitstests bin ich ein »Richter« und Gayle ist ein »Cheerleader«. Ich bleibe ruhig, sie wird ganz aufgeregt. Ich fahre schweigend, sie schaltet gern das Radio ein (und, mein Gott, sie singt auch noch mit). Wir verlassen eine Veranstaltung zusammen, und ich sage: »Puh, ich kann's kaum erwarten, nach Hause zu kommen«, und Gayle sagt: »Ich hätte die ganze Nacht dableiben können!«

Wie sich herausstellte, sind Arthur und ich *genauso wie* Stedman und ich *oder* Gayle und ich *komplementär*: unterschiedliche Persönlichkeiten, die sich gut ergänzen. Und zum Glück für uns alle sagt die Forschung, dass sich daraus die stärksten und am längsten haltenden Beziehungen ergeben.

Verschiedene Arten von Beziehungen sind das Thema des nächsten Abschnitts in diesem Buch. Der Fokus fängt ganz dicht bei Ihnen an – bei Ihnen und der Art und Weise des Umgangs mit Ihrer Familie –, erweitert sich dann nach und nach auf Ihre Freunde, Ihre Arbeit und die Menschen, mit denen Sie arbeiten, und erreicht schließlich Ihre Beziehung zu den »Erhabenheiten des Universums«, zu der Spiritualität, die für Sie die richtige ist.

Während Sie lesen, werden Sie allmählich verstehen, was ich mit dem Innen-Außen-Paradoxon meine – die Tatsache, dass, wie wir früher im Buch gesehen haben, der sicherste Weg, Ihre innere Welt zu verbessern, darin liegt, sich auf die äußere Welt zu konzentrieren, weil inneres Glück vom Blick nach außen kommt. Ich sage nicht, dass Glücklichsein von äußeren Umständen *abhängt;* wir haben bereits gesehen, dass es ein verlorenes Spiel ist, auf jemanden oder etwas zu warten, der oder das Sie glücklich macht. Mein Punkt ist der, dass unser aller Leben miteinander in Verbindung steht – mit anderen Menschen, mit unserer Arbeit, mit der Natur und dem Göttlichen –, und je mehr wir tun, um diese Verbindungen zu verbessern, desto besser geht es uns. In den nächsten Kapiteln werden Sie also darüber nachdenken, mit wem und was Sie interagieren und wie Sie diese Interaktionen verbessern können. Mit wem und was umgeben Sie sich? Was können Sie angesichts eines Konflikts tun? Wie können Sie sich absichtsvoller zeigen und sinnvoller dienen?

Diese Fragen führen zu einem anderen Paradoxon – vielleicht im Kontext des Glücklichseins *dem* Paradoxon –, nämlich demjenigen, das ich »losgelöstes Verbundensein« nenne. Ich habe gelernt, mein Leben so zu führen, dass ich mit der Arbeit verbunden bin, der ich nachgehe, und den Dingen, die ich schaffe, und den Menschen, die mir etwas bedeuten – aber nicht auf eine Weise, die Erwartungen einschließt. Es ist eine Lektion, die ich auf die harte Tour gelernt habe, nach dem Film *Beloved (deutsch: Menschenkind, 1998)*, einem Film, an dessen Realisierung ich zehn Jahre gearbeitet habe und der auf einem Roman basiert, den ich sehr schätze. Als er an der Kinokasse floppte, war ich zutiefst niedergeschlagen.

Obwohl es damals so aussah, als ob die Erfahrung mich am Boden zerstören würde, hat mich das, was mit *Beloved* geschah, schließlich frei gemacht. Heute ist alles, was ich tue, alles, was ich mache, jeder Vorschlag, den ich in Umlauf bringe, oder jeder Rat, den ich erteile – alles ist bloß ein Angebot. Wenn es funktioniert, funktioniert es. Wenn er akzeptiert wird, wird er akzeptiert. Wenn nicht, habe ich nichts verloren, weil ich keine Verbindung zu einem bestimmten Ergebnis hatte. Dies hat für ein viel, viel glücklicheres Leben gesorgt, und ich wünsche Ihnen dasselbe. Aber alles, was ich tun kann, ist, es zu wünschen – was Sie damit anfangen, ist Ihre eigene Sache.

Fünf

Erschaffen Sie Ihre unvollkommene Familie

»Ich bin am glücklichsten, wenn ich daheim bei meiner Familie bin«, berichtet Angela, vierzig Jahre alt, seit vierzehn Jahren verheiratet und Mutter von drei Kindern im Alter zwischen vier und zwölf Jahren. Sie betrachtet die Familie als den wichtigsten Teil ihres Lebens. Sie arbeitet Teilzeit, aber ihre Karriere nimmt gegenüber dem Familienleben eindeutig den zweiten Rang ein.

Wann ist sie dann *am unglücklichsten?* Auf diese Frage hin überlegt sie einen Moment und gesteht dann mit einem halben Lächeln: »Ich schätze, das wäre dann, wenn ich daheim bei meiner Familie bin.«

Angela steht mit ihrer Erfahrung nicht allein da. Die Familie kann uns die höchsten Hochs und die tiefsten Tiefs bescheren. Einerseits sind nur wenige Dinge so tief befriedigend wie Familienharmonie. Die meisten Menschen in den Vereinigten Staaten und weltweit – in vierzehn von siebzehn Industriestaaten, die vom Pew Research Center 2021 überprüft wurden – betrachten ihre Familie als die größte Quelle von Sinn in ihrem Leben.[1] Andererseits gibt es wenige Dinge, die verstörender sind als ein Familienkrach, der sogar die ruhigsten Seelen ins Trudeln bringen kann. Ängste um die Gesundheit und Sterblichkeit eines Angehörigen sind die zweit- und viertgrößte Furcht, die Amerikaner gemein haben.[2] (Furcht Nummer eins und drei sind korrupte Regierungsbeamte und ein Atomkrieg, falls es Sie interessiert.) Weil es dabei um derart hohe Einsätze geht, ist die Errichtung dieser ersten Säule des

Glücklichseins eine der besten und zuverlässigsten Methoden, um das Wohlbefinden zu steigern.

Die meisten Menschen sagen, sie möchten eine »glückliche Familie«, aber was bedeutet das? Mit »Familie« meinen Sie im Allgemeinen die Menschen, mit denen Sie zusammenleben und die mit Ihnen verwandt sind, durch Blutsverwandtschaft, Adoption oder Heirat: Kinder, Eltern, Geschwister und Ehegatte. So weit, so gut. Der schwierigere Teil ist, herauszubekommen, was es für eine ganze Familie bedeutet, im Großen und Ganzen »glücklich« zu sein, oder ob das überhaupt möglich ist. Wenn Sie Ihre Tipps aus dem Fernsehen beziehen (generell eine schlechte Idee), dann werden Sie glauben, dass Ihr Ziel als Familie darin besteht, so zu sein wie jene in *Leave It to Beaver (deutsch: Erwachsen müsste man sein)* oder *The Brady Bunch (deutsch: Drei Mädchen und drei Jungen)*. Aber diese Familien existieren im wirklichen Leben nicht.

Vielleicht hängt eine glückliche Familie von den Kindern ab. Schließlich heißt es: »Du bist nur so glücklich wie dein unglücklichstes Kind.« Eines der schlimmsten Gefühle der Verzweiflung für Eltern ist es, zu sehen, wie ihr Kind leidet, während sie ihm nicht helfen können. Also ist vielleicht eine glückliche Familie eine ohne unglückliche Kinder. Viel Glück dabei! Oder ist es eine, in der die Eltern eine perfekte Ehe führen, nie arbeitslos werden oder mit Krankheit zu kämpfen haben? Haben wir nie gesehen.

In Wahrheit existieren wahrhaft »glückliche« Familien nur im Kopf von Schriftstellern und in erbaulichen Familiensendungen im Fernsehen. In der freien Wildbahn existieren sie nicht. Im echten Leben bestehen Familien aus Menschen, die zusammengemischt worden sind. Dies kann in der mystischsten Art von Liebe resultieren – der Liebe, die Sie sich nicht aussuchen, sondern die Ihnen geschenkt wurde. Daraus ergeben sich auch unausweichlich jede Menge Konflikte. Selbst in den besten Situationen ist Spannung zwischen den Familienmitgliedern normal, und Krisen sind leider typisch. Mit den Worten zweier Forscher sind die Familienbande ausgefranst durch »das Prinzip von Geben und Nehmen zwischen Autonomie und Abhängigkeit und die Spannung zwischen Sorge und Enttäuschung«[3]. Das ist »Akademisch« für: »Das Familienleben kann ein gewaltiges Chaos sein.«

Fünf übliche Herausforderungen machen das Familienleben äußerst kompliziert, und diese werden wir in diesem Kapitel besprechen. Jede davon ähnelt den Themen, denen wir uns in der ersten Hälfte dieses Buches bereits in unserem eigenen Denken gestellt haben, und es ist nicht überraschend, dass jede eine Lösung hat, die dieselben grundlegenden Werkzeuge verwendet. Und ganz wichtig, nicht zu vergessen: Herausforderungen sind eigentlich Gelegenheiten, zu lernen, wie man auf diesem einzigartigen und mächtigen Gebiet der Liebe wächst, solange wir die Werkzeuge benutzen, die wir weiter vorn in diesem Buch entwickelt haben.

Herausforderung 1

Konflikt

»Alle glücklichen Familien gleichen einander, jede unglückliche Familie dagegen ist unglücklich auf ihre besondere Art.«

Dies ist der berühmte Anfang von Leo Tolstois Roman *Anna Karenina.*[4] Die Geschichte beginnt in einem Augenblick des Chaos in der Familie Oblonskij, wo der Vater gerade dabei ertappt wurde, dass er eine Affäre hat. Da die Eltern abgelenkt und aufgelöst sind, heißt es weiter: »Die Kinder liefen wie verloren im ganzen Haus herum«, und jedes Mitglied der Familie hatte das Gefühl, als ob es keinen Sinn mehr hätte, zusammenzuleben.

Selbst wenn der konkrete Konflikt der Oblonskijs Ihre Familie niemals berührte, ist das bei vielen anderen Konflikten wahrscheinlich der Fall – und sie haben Sie vielleicht in ein großes Unglücksgefühl gestürzt. Vielleicht sahen Sie es als Beweis dafür an, dass Sie alles falsch machen. In Wahrheit ist familiäres Unglück wegen eines Konflikts ein Signal, dass etwas Wichtiges genau dort ist, wo es sein sollte. Sie sind bestürzt, weil Ihre Familie Ihnen etwas bedeutet. Wenn das nicht so wäre, hätten Sie bei dem Konflikt in Ihrem eigenen Heim genau dasselbe Gefühl wie bei einem Konflikt in der Familie am anderen Ende der Straße: vielleicht ein wenig besorgt und mitfühlend, jedoch gewiss nicht elend.

Weiterhin wissen Sie sehr genau, dass der Versuch, Unglück zu meiden, niemals der richtige Weg ist, das Leben zu verbessern. Denken Sie sich Konflikte wie die Rechnung für eine köstliche Mahlzeit in einem Restaurant: Die einzige Möglichkeit, dass sie null beträgt, ist die, das Mahl nicht zu bestellen. Ein Konflikt ist der Preis überreichlich vorhandener Liebe. Das Ziel ist nicht, dafür zu sorgen, dass er verschwindet – es ist, ihn metakognitiv in den Griff zu bekommen, ihn wenn möglich durch positive Emotionen zu ersetzen und ihn, falls nötig, zu entschärfen.

Was zählt als familiärer Konflikt? Im Allgemeinen ein Fehlverhältnis zwischen der Weise, wie Familienmitglieder ihre Beziehungen sehen, und den Rollen, die jedes Mitglied einnimmt – mit anderen Worten: nicht zueinander passende Erwartungen. So neigen Eltern zum Beispiel dazu, den Nutzen familiärer Bande vorrangig in geteilter Liebe zu sehen; Kinder sehen den Nutzen im Allgemeinen in gegenseitiger Hilfestellung. Untersuchungen zufolge berichten Väter von wesentlich größerer Involvierung in die Beziehung, als ihre Kinder sie wahrnehmen.[5] Ähnlich neigen Kinder zu der Ansicht, dass sie mehr helfen, als ihre Eltern glauben, dass sie helfen.[6] Das alles erzeugt Groll, was nur natürlich ist, wenn Menschen, die man liebt, den Erwartungen nicht entsprechen; das verschlimmert sich, wenn die andere Partei es anscheinend nicht mal bemerkt.

Andere Bereiche nicht erfüllter Erwartungen sind ebenso gewöhnlich. Kinder können auf Eltern, die sich seit Langem abmühen, mit ihren Einkünften auszukommen, ambitionslos wirken. Die Kinder strengen sich vielleicht nicht genügend in der Schule an; als junge Erwachsene machen sie womöglich einen Bogen um Ehe oder Kinder, zur Enttäuschung oder zum Missfallen ihrer Eltern. Gleichermaßen entziehen Eltern vielleicht ihre finanzielle Unterstützung auf eine Weise, die auf erwachsene Kinder selbstsüchtig wirkt, oder sie scheinen mehr an ihrem eigenen Leben interessiert zu sein als an dem ihrer Kinder und Enkel.

Bei Geschwistern gibt es schier endlose Varianten, wie die gegenseitige Unterstützung fehlgehen kann.

Die extreme Form nicht erfüllter Erwartungen ist ein Wertebruch, das heißt, ein Familienmitglied lehnt etwas an den innersten Überzeugungen eines anderen Mitglieds ab. Ein Beispiel hierfür ist ein Kind, das die Religion der Eltern ablehnt oder das den Glauben der Eltern für unmoralisch erklärt. Wir hören die ganze Zeit Geschichten von jungen Erwachsenen, die vom College nach Hause kommen und ihren Eltern verkünden, dass sie sich bei allem in jeder Hinsicht irren.

Einige Konflikte resultieren aus einem Bruch der Beziehung. Forscher schrieben 2015 in einem Artikel, dass 11 Prozent der Mütter zwischen fünfundsechzig und fünfundsiebzig, die mindestens zwei erwachsene Kinder haben, von mindestens einem Kind völlig entfremdet waren.[7] Sie fanden heraus, dass vielen dieser Entfremdungen ein Wertebruch zugrunde lag, während eine Verletzung von Verhaltensnormen (zum Beispiel, ihren Glauben nicht zu praktizieren) gewöhnlich nicht der Grund war. (Nehmen Sie sich einen Augenblick Zeit und denken Sie darüber nach, was dies bedeutet: Ihre Familie im Allgemeinen kümmert sich weniger darum, wie Sie leben, und mehr darum, was Sie über ihren Glauben äußern.)

Erkennen Sie an, dass ein Familienkonflikt etwas Gutes ist, weil er die Kommunikation verbessert und Ihnen Gelegenheiten verschafft, Probleme zu lösen. Im Gegensatz hierzu ist das Leugnen von Familienkonflikten nicht hilfreich, weil diese Konflikte im Allgemeinen nicht an Altersschwäche sterben. Im Gegenteil zeigen Forschungen, dass ohne die Arbeit an Konflikten Eltern-Kind- und Geschwisterbeziehungen angespannt bleiben, während jeder daran Beteiligte älter wird – ein Phänomen, dass teilweise durch eine Theorie erklärt wird, die als *Developmental Schism Hypothesis* (»Entwicklungs-Trennungs-Hypothese«) bekannt ist.[8] Akzeptieren Sie also die Tatsache, dass Sie wie die meisten anderen Familien sind, und nutzen Sie die Gelegenheit, Dinge zu verbessern. Im Folgenden drei Wege hierfür:

Erstens: Versuchen Sie sich nicht im Gedankenlesen. Während die Jahre dahingehen, entwickeln viele Familien die Tendenz, dass die

Kommunikation nicht übers gesprochene Wort erfolgen muss – dass jeder den anderen versteht, ohne etwas zu sagen. Dies ist eine Einladung, einander falsch zu verstehen. Untersuchungsergebnisse zeigen, dass es am besten ist, innerhalb einer Familie die klare Regel zu haben, dass jeder für sich selbst spricht und den anderen zuhört.[9] Eine Möglichkeit hierfür besteht in regelmäßigen Familienversammlungen, bei denen jeder ein Problem ansprechen kann, das ihm oder ihr am Herzen liegt, bevor es sich zu einem größeren Problem oder Missverständnis auswächst.[10] Wenn dies zu peinlichen Situationen führt, setzten Sie regelmäßige Treffen in Zweiergruppen an, in denen über die heikelsten Themen gesprochen wird. Der Schlüssel liegt nicht darin, dass Sie jemanden bitten, seine oder ihre Reaktion auf Ihre Handlungen oder Gefühle zu ändern; vielmehr geht es darum, dem anderen die Chance zu geben, Ihre Seite der Dinge anzuhören und zu reagieren, bevor Sie auf die Idee kommen, Sie wüssten bereits, wie der andere reagieren wird.

Zweitens: Leben Sie *Ihr* Leben, aber fordern Sie die anderen nicht auf, *ihre* Wertvorstellungen zu ändern. Entfremdung innerhalb von Familien ist eine Tragödie – vermutlich unausweichlich in Fällen von Missbrauch, aber vermeidbar in so vielen Fällen, in denen Stolz aufeinanderprallt. Sie müssen für sich selbst entscheiden, ob eine Trennung sich lohnt, aber wie die Forschung nahelegt, akzeptieren Familienmitglieder (insbesondere Eltern) eher die Wahl eines Lebensstils, mit dem sie nicht einverstanden sind, als unterschiedliche Wertvorstellungen, die sie vielleicht als eine persönliche Zurückweisung wahrnehmen.[11]

Vielleicht klingt das moralisch inkonsequent oder sogar scheinheilig, aber das ist es nicht. Viele Menschen haben Wertvorstellungen, die sie nicht mit ihren Angehörigen teilen. Sie können dennoch dauerhaft mit diesen Meinungsverschiedenheiten koexistieren, ohne verletzt oder verärgert zu sein, und zwar genau deshalb, weil sie nicht vom anderen erwarten, seine Meinung zu ändern. Und weil sie nicht auf Übereinstimmung beharren, besteht kein Grund, gekränkt zu sein.

Drittens: Behandeln Sie Ihre Familie nicht wie emotionale Geldautomaten. Wenn Menschen ihre Familie wie eine Einbahnstraße für Hilfe und Rat behandeln – gewöhnlich geben Eltern, und Kinder empfangen –, neigt der Groll ironischerweise dazu, in beide Richtungen zu wandern; Gespräche, Besuche und Anrufe werden ermüdend, werden wiederholte Interviews anstelle von echten Gesprächen. Wir glauben daran, dass dies von einer gehemmten Entwicklung in der Beziehung herrührt. Wenn Sie zum Beispiel ein junger Erwachsener sind, behandeln Mama und Papa Sie vielleicht immer noch wie ein Kind; unterdessen fragen Sie sie nur selten nach ihrem Leben oder haben ein wahres menschliches Interesse an ihnen.

Statt zu erwarten, dass Ihre Familienmitglieder eine nie versiegende Quelle von Hilfe und Weisheit sind – oder dass sie aufhören, Ihnen ständig unerwünschte Ratschläge zu geben –, nehmen Sie das Heft in die Hand und behandeln Sie Ihre Familie so, wie Sie Ihre besten Freunde behandeln: nämlich emotionale Unterstützung sowohl großzügig gebend als auch dankbar annehmend. Die Forschung zeigt, dass eine Beziehung beträchtlich verbessert werden kann, wenn erwachsene Kinder und ihre Eltern einander als Individuen mit vergangener Geschichte und Grenzen behandeln; mit anderen Worten: als reale Menschen.[12]

Herausforderung 2

Unzureichende Komplementarität

In einigen Familienbeziehungen erwarten Sie sozusagen einen gewissen Anteil an Konflikten – so zum Beispiel zwischen Heranwachsenden und ihren Eltern. In anderen jedoch fühlen sich Konflikte wie echte Bedrohungen an, weil uns von unserer Kultur eingeredet wurde, dass sie schlecht seien. Das beste Beispiel hierfür ist der Konflikt zwischen Ehegatten oder Liebespaaren. Unstimmigkeiten in diesem Bereich fühlen sich fast niemals gut an und werden als Beweis dafür angesehen, dass etwas nicht in Ordnung ist.

Und wie vermeiden Sie Konflikte mit Ihrem Ehegatten oder Partner? Indem Sie kompatibel sind. Wenn es eine konventionelle Weisheit über das Liebesleben gibt, dann die, dass man ein hohes Maß an Kompatibilität braucht. Die Idee dahinter ist die, dass es weniger Unbehagen und Konflikte gibt, wenn Ihr Partner Ihnen sehr ähnlich ist. Wenn Sie jemanden finden, der kompatibel ist, wird die Anziehung größer und die Beziehung erfolgreicher sein, so zumindest die gängige Vorstellung.

Sie ist falsch. Betrachten Sie nur die Ergebnisse von Menschen, die sich zu Dates verabreden. Dating-Apps, die fast jeder benutzt, haben es immer leichter gemacht, Kompatibilität zu erreichen. Bevor Sie jemanden auch nur persönlich zu Gesicht bekommen, können Sie ihn oder sie nach jeder beliebigen Anzahl von Faktoren einsortieren, um die Wahrscheinlichkeit zu erhöhen, dass es »gut passt«. Weniger Schmerz, mehr Gewinn. Aber etwas daran ist merkwürdig: Die meisten datenden Personen – Menschen, die nicht in einer verbindlichen Beziehung leben, dies jedoch gern täten, oder Menschen, die gelegentlich daten – haben zu kämpfen.[13] Eine Untersuchung im Jahr 2020 ergab, dass 67 Prozent der Teilnehmer sagten, dass das Daten für sie nicht gut liefe.[14] Drei Viertel sagten, dass es schwierig sei, jemand zum Daten zu finden.

Tatsache ist: Je größer die erreichte Übereinstimmung ist, desto schwieriger wird es, Liebe zu finden und zu halten. Von 1989 bis 2016 ist in den USA der Anteil der Menschen im Alter von zwanzig bis dreißig, die verheiratet waren, von 27 auf 15 Prozent gefallen.[15] Und falls Sie glauben, dies sei bloß ein Kommentar zur traditionellen Ehe, so zeigt dieselbe Untersuchung, dass der Prozentsatz der Menschen im Alter zwischen achtzehn und neunundzwanzig, die seit einem Jahr keinen Sex hatten, sich von 2008 bis 2018 verdreifacht hat, von 8 auf 23 Prozent.[16]

Die Suche nach jemandem, der sehr viel mit Ihnen gemeinsam hat, wird soziale Homophilie genannt und ist natürlich. Als selbstgefällige Wesen neigen wir dazu, jene, die uns ähnlich sind, als anziehender zu bewerten (sozial und romantisch) als jene, die es nicht sind.[17] Betrachten Sie das Ganze im Zusammenhang mit politischen Ansichten. Laut der Online-Dating-Site OkCupid sagten 85 Prozent der Millenials, die auf eine Umfrage von 2021 antworteten, dass es »sehr wichtig« oder »wichtig« für sie sei, wie ein potenzielles Date wählte.[18] Und unter

Collegestudenten sagten 71 Prozent der Demokraten und 31 Prozent der Republikaner, dass sie nicht mit jemandem ausgehen würden, der für den anderen Präsidentschaftskandidaten stimmen würde.[19]

Die Effekte der sozialen Homophilie sind sogar noch stärker, wenn es um die persönliche Bildung geht. Forscher haben herausgefunden, dass der Bildungsgrad das wichtigste Dating-Kriterium für Millenials ist und sogar Verdienstmöglichkeit, körperliche Attribute und politische und religiöse Einstellungen noch übertrifft.[20] Sie fanden auch heraus, dass 43 Prozent der datenden Personen mit einem Master-Abschluss mögliche Partner basierend auf dem College einschätzten, das diese besucht hatten.

Eine gewisse Übereinstimmung in grundlegenden Wertvorstellungen ist für eine Partnerschaft zweifelsohne nützlich, aber zu viel der Gleichheit verursacht gewaltige Kosten. Romantische Liebe erfordert Komplementarität – soll heißen: Unterschiede. Ein Soziologe namens Robert Francis Winch entwickelte diese Idee in den 1950er-Jahren weiter, indem er Paare interviewte und die Persönlichkeitsmerkmale derjenigen abschätzte, die erfolgreich waren, und derjenigen, die es nicht waren.[21] Er fand heraus, dass die glücklichsten Paare dazu neigten, die Persönlichkeit des jeweils anderen abzurunden – ein extrovertierter und ein introvertierter Partner, zum Beispiel.

Die Forschung hat herausgefunden, dass Fremde, die eine Aufgabe zu zweit erledigen sollen, ein besseres Verhältnis zueinander haben, wenn ihre Persönlichkeiten komplementär sind, als wenn sie ähnlich sind.[22] In einer Studie beschrieben Menschen ihre idealen Liebespartner als ihnen ähnlich, aber die Persönlichkeitsmerkmale ihrer tatsächlichen Partner zeigten keine Korrelation mit ihren eigenen.[23] Wir glauben vielleicht, dass wir Partner haben wollen, die so sind wie wir selbst, aber am Ende verfolgen wir langfristige Partnerschaften mit Menschen, die sich von uns unterscheiden.

Die Anziehungskraft von Unterschieden hat vielleicht biologische Wurzeln. Wissenschaftlern ist schon lange bekannt, dass zum Beispiel Kinder eine breitere Variante an Immunabwehrkräften erben, wenn ihre Eltern sich stark in einer Gruppe von Genen unterscheiden, die als

Haupthistokompatibilitätskomplex (MHC, nach dem englischen *Major Histocompatibility Complex*) bezeichnet wird. Niemand von uns kann einem möglichen Partner auf den ersten Blick seinen oder ihren MHC ansehen. Aber es gibt Hinweise, dass wir Komponenten davon über den Geruchssinn wahrnehmen – obwohl wir es nicht bemerken, weil unsere olfaktorischen Neuronen unterhalb der bewussten Ebene funktionieren –, und diese Hinweise legen auch nahe, dass wir am meisten von Menschen angezogen werden, deren Gene ein wenig anders als unsere »riechen«.[24] 1995 baten Schweizer Zoologen Frauen, an T-Shirts von unbekannten Männern zu schnuppern, die diese zwei Tage hintereinander ununterbrochen getragen hatten.[25] Die Frauen bevorzugten die riechenden T-Shirts derjenigen Männer, deren MHC-Gene sich stark von ihren eigenen unterschieden. Spätere Untersuchungen mit verschiedenen Populationen bestätigten diese Ergebnisse.[26]

Trotz all dieser Hinweise, dass Sie wirklich nicht nach einer Version Ihrer selbst suchen sollten, wenn Sie sich zu Dates verabreden, ist die übliche Weise, wie Amerikaner heutzutage Partner finden – über Websites und Apps –, ein Sammelsurium der Gemeinsamkeiten.[27] Algorithmen ermöglichen es mit schonungsloser Effizienz, dass Menschen Dating-Partner finden, die ihnen stark ähneln.[28] Vielleicht entstehen daraus weniger Streitigkeiten, aber auf der Suche nach Ihrem Doppelgänger könnten Sie Menschen übersehen, die Sie vervollständigen, psychologisch und sogar physisch.

Diese Suche nach Kompatibilität ist auf die Art und Weise übergeschwappt, wie Paare, die lange Jahre zusammen sind, sich selbst sehen. Wenn Sie lange in einer Beziehung gelebt haben und Schwierigkeiten haben, sie zusammenzuhalten, könnten Sie vermuten, dass Sie einfach nicht kompatibel genug sind. Das ist natürlich möglich; jedes Paar braucht ein paar Gemeinsamkeiten. Mehr als wahrscheinlich liegt das wahre Problem jedoch darin, dass Sie und Ihr Partner nicht daran gearbeitet haben, Ihre Unterschiede in die Komplementarität zu verwandeln, die eine gesunde Partnerschaft benötigt.

Um mehr Komplementarität in Ihr Liebesleben zu bringen, müssen Sie die folgenden drei Dinge tun. Erstens: die Unterschiede in

Persönlichkeit und Geschmäckern herausfinden. Wenn Sie zum Beispiel auf Dates gehen, suchen Sie nach jemandem, der nicht dasselbe Verhältnis zwischen Intro- und Extrovertiertheit aufweist wie Sie selbst. Sie werden viel voneinander lernen (wie Sie im nächsten Kapitel sehen werden), wenn Sie einander zeigen, wie schön es ist, am einen Abend auf eine Party zu gehen und den nächsten allein zu verbringen. Das erweitert den Pool an möglichen Partnern und bringt mehr Spaß ins Leben. Wenn Sie lange verheiratet sind, stellen Sie eine Liste der Dinge auf, in denen sich Ihr Partner von Ihnen unterscheidet. Wenn Sie zum Beispiel derjenige sind, der sich ständig Sorgen macht, und Ihr Partner tut das nicht, hat es Sie vielleicht in den Wahnsinn getrieben, dass sie oder er »sich nicht genug sorgt« wegen all der Probleme im Leben. Ordnen Sie Ihren Partner stattdessen als Ihren persönlichen Agenten für die Kunst ein, die Dinge in etwas positiverem Licht zu sehen. (Sie können dann für Ihren Partner der persönliche Bedrohungsdetektor sein.)

Zweitens: Konzentrieren Sie sich mehr auf das, was wirklich zählt. Zu viele Paare hängen sich an Differenzen auf, die, offen gesagt, lächerlich sind, etwa an politischen Themen. Wenn es sein muss, stellen Sie gemeinsam eine Liste der zehn Dinge in Ihrem Leben zusammen, von denen Sie beide glauben, dass sie die wichtigsten sind. Wenn Sie Kinder haben, werden sie wahrscheinlich an erster Stelle stehen. Ihre weitere Familie, der Glaube und die Arbeit werden ziemlich weit oben sein, Politik und andere Streitpunkte weit unten, wenn sie es überhaupt auf die Liste schaffen. Nun entschließen Sie sich, Ihre gemeinsame Zeit auf die wichtigen Dinge zu konzentrieren.

Drittens: Wenn Sie auf Dates gehen, lassen Sie sich von Menschen anstelle von Maschinen passende Gegenstücke heraussuchen. Einer der massivsten Trends beim Treffen möglicher Partner war über die vergangenen drei Jahrzehnte die Abkehr von Dates, die Freunde arrangiert haben. Mehr als die Hälfte der Menschen im Alter zwischen vierundfünfzig und vierundsechzig hatten, laut DatingAdvice.com, in ihrem Leben ein sogenanntes Blind Date (ein Date also, das andere arrangiert haben und bei dem sich die verabredeten Personen nicht kennen); dagegen waren es nur 20 Prozent bei den Erwachsenen zwischen achtzehn und vierundzwanzig.[29] Oberflächlich gesehen erscheint das sinnvoll: Warum ein ganzes Abendessen mit dem Versuch verschwenden, einen Menschen auf Basis der Empfehlung eines Dritten zu treffen, wenn ein passenderes Gegenstück nur wenige Klicks entfernt ist?

Wenn Sie bis hierhin gelesen haben, kennen Sie den Grund: Traditionelle Blind Dates werden im Allgemeinen von Menschen arrangiert, die Sie kennen und die sich überlegt haben, ob Ihre Persönlichkeit zu der Ihres Dates passt. Je weniger Sie sich rein auf ein Internet-Dating-Profil verlassen, desto freier können Sie von intellektuellen Vorurteilen sein, und desto mehr verlassen Sie sich auf primitivere Mechanismen – wie Ihre Nase. Diese Strategie funktioniert natürlich nur dann, wenn Ihre Freunde geeignete Gegenstücke kennen, mit denen sie Sie verkuppeln wollen. Wenn Sie Ihre Freunde um Hilfe bitten und sie ständig nichts zu bieten haben, könnte das ein Zeichen dafür sein, dass eine Erweiterung Ihres sozialen Umkreises lohnenswert wäre.

Herausforderung 3

Das Negativitätsvirus

Eine gesunde Familie hat nichts gegen Konflikte. Konflikte unterscheiden sich jedoch von chronischer Negativität, die das Familienleben ruinieren kann.

Die grundlegende Kultur in einer Familie oder in jeder eng verbandelten Gruppe bestimmt die Fähigkeit der Mitglieder, Probleme zu lösen. Denken Sie sich das wie die Raumtemperatur. Wenn die Temperatur in Ihrem Haus 38 Grad Celsius beträgt und Ihnen zu heiß ist, spielt es keine Rolle, wie viele Kleidungsstücke Sie ablegen – Ihnen wird immer noch zu heiß sein. Gleichermaßen kann eine negative Kultur in einer Familie eine Problemlösung unmöglich machen, sodass weder Wachsen noch Lernen stattfinden kann, sondern nur chronisches Unglück bleibt. Dies geschieht oft aufgrund emotionaler Ansteckung, die Psychologen intensiv studiert haben.[30] Es gibt kein bestimmtes Problem zu lösen, bloß eine Haltung des »Genervtseins«, die zwischen den Familienmitgliedern besteht.

Ansteckenden negativen Emotionen zu entkommen, kann schwierig sein. Um es aber mehr auf den Punkt zu bringen: Wenn wir die anderen, die leiden, wahrlich lieben – insbesondere unsere Familie –, dann *möchten* wir ihrer Traurigkeit, Frustration, Furcht oder Besorgnis nicht aus dem Weg gehen. Wir möchten helfen, und das ist gut so. Ebenso, wie wir unsere eigenen negativen Gefühle nicht wegschieben sollten, wenn wir wachsen und unsere Probleme lösen wollen, können wir denen helfen, die wir lieben, indem wir ihre Emotionen akzeptieren. Aber wir müssen bei diesem Prozess nicht ihr Unglücklichsein übernehmen.

Emotionale Ansteckung ist natürlich nicht immer negativ. Wahrscheinlich können Sie Menschen in Ihrem Leben benennen, mit denen Sie stets ein Lächeln auf den Lippen hatten, und andere, die Ihnen ein Gefühl von Warmherzigkeit und Großzügigkeit verschafften. Forscher haben sogar positive emotionale Ansteckung studiert und herausgefunden, dass eine 25 Prozent höhere Wahrscheinlichkeit dafür gegeben ist, dass auch Sie glücklicher werden, wenn im Umkreis von einer Meile ein Freund oder Familienmitglied lebt, der oder das glücklicher wird.[31] Aber Unglücklichsein ist ansteckender und breitet sich rascher aus.[32] Eine negative Stimmung in einem Meeting kann binnen Sekunden auf den ganzen Raum übergreifen.

Emotionen springen über mehrere Mechanismen von einem Menschen zum anderen über.[33] Der offensichtlichste ist das Gespräch, bei dem Sie die Emotionen über Gesichtsausdruck, Tonfall und Haltung senden und entsprechend von anderen empfangen. Wahrscheinlich haben Sie festgestellt, dass Sie, wenn sie mit bestimmten Menschen in Kontakt sind, mehr als gewöhnlich lachen, selbst wenn die Dinge nicht komisch sind; mit anderen beklagen Sie sich häufig über Dinge, die kein Problem darstellen.

Negative emotionale Viren lassen sich auch von der Schule oder der Arbeit nach Hause tragen, und zwar, paradoxerweise, aufgrund von Vertrauen. Wenn Sie kleine Kinder haben (oder hatten), wissen Sie, dass sie sich manchmal den ganzen Tag in der Schule wohlfühlen, aber wenn Sie sie abholen, brechen sie in Tränen aus und erzählen Ihnen eine Horrorgeschichte nach der anderen. Das geschieht deshalb, weil sie Ihnen vertrauen und die schlimmen Dinge des ganzen Tages für Sie aufsparen. Es fühlt sich wie eine Strafe an, aber es ist eigentlich Liebe. (Erwachsene tun dies übrigens auch, wenn sie den ganzen Tag über bei der Arbeit lächeln und dann den ganzen Abend lang daheim jammern und klagen.)

Sie können die Emotionen des anderen physiologisch »einfangen«, zumindest teilweise. In einem Experiment waren bei Probanden, die einen abstoßenden Geruch einatmeten, und jenen, die bloß einen Videoclip einer Person mit einem angewiderten Gesichtsausdruck sahen, dieselben Teile des Gehirns aktiviert.[34] Wie wir zuvor schon gesehen haben, ergaben sich ähnliche Ergebnisse im Experiment mit Schmerz – Ihr Gehirn kann ihn einfach dadurch spüren, dass es jemand anderen wahrnimmt, der Schmerzen spürt.[35] Dies trifft besonders auf Menschen zu, die zusammenleben.[36]

Die Idee der emotionalen Ansteckung ist alles andere als neu. Vor über achtzehnhundert Jahren schrieb der Stoiker Marcus Aurelius, damals römischer Kaiser, über emotionale Ansteckung während der gefürchteten Antoninischen Pest.[37] Das Virus tötete etwa zweitausend Menschen am Tag.[38] Dennoch schrieb Marcus: »Das Verderben des Geistes ist eine weitaus schlimmere Pest als irgendein derartiger Pesthauch und die Verderbnis der Luft, die wir rings um uns her atmen. Letztere ist eine Pestilenz für lebende Wesen und betrifft ihr Leben, erstere für Menschen und betrifft ihre Menschlichkeit.«[39] Viele Menschen können davon nach den Lockdowns während der Covidpandemie ein Lied singen, als in ihren Familien alle aufeinanderhockten. Der schlimmste Teil war oft der, wenn Familienmitglieder damit anfingen, eine schreckliche Einstellung zu verbreiten, die alle erwischte. Gleichermaßen ist es Ihnen vielleicht lieber, wenn in Ihrer Familie eine Erkältung umgeht statt einer schlechten Stimmung, die allen den Spaß verdirbt.

Für viele Menschen besteht der Weg, negative emotionale Ansteckung zu vermeiden, darin, einen unglücklichen Menschen zu meiden, wie Sie jede ansteckende Krankheit meiden würden. Aber in den

Fällen, wo Liebe das Problem transzendiert – wenn der unglückliche Mensch ein Ehegatte, ein Elternteil, ein Kind, ein Bruder oder eine Schwester ist – und Sie lieber im selben Haus bleiben, hält die Forschung vier Lektionen bereit, wie Sie helfen können, ohne dass das Gefühl die Kultur dominiert.

Erstens: Wie wir im ganzen Buch gezeigt haben, »setzen Sie sich zuerst die eigene Sauerstoffmaske auf«. Arbeiten Sie an Ihrem eigenen Glücklichsein und Unglücklichsein, bevor sie versuchen, das der Familie zu ändern. Das mag der Forschung widersprechen, die sagt, dass Sie sich mehr um andere kümmern sollten. Hier ist es anders – genau Sie müssen sich selbst schützen, damit Sie anderen helfen *können*. Sagen wir, Sie leben mit einem unglücklichen Elternteil zusammen oder in dessen Nähe. Fangen Sie damit an, Ihre eigene Glückshygiene zu pflegen: Training, Meditation, ein Anruf bei einem Freund. Gönnen Sie sich eine Stunde oder zwei Distanz zu dem unglücklichen Menschen, wenn Sie können, und konzentrieren Sie sich darauf, was Sie genießen und wofür Sie dankbar sind. Das wird Ihnen die Glücksreserven schenken, die Sie benötigen, um jemand anderen aufzurichten.

Zweitens: Nehmen Sie die Negativität nicht persönlich, wenn Sie können. Ob es einen Konflikt gibt oder nicht, der Gedanke, dass das Unglücklichsein eines anderen speziell gegen Sie gerichtet ist, ist nur menschlich. Personalisierung von Negativität und Konflikt ist eines der mächtigsten Dinge, die Unglück verbreiten. Psychologen, die diese Neigung studieren, fanden heraus, dass es zu Grübeleien führen kann, wenn man Negativität persönlich nimmt, und das schädigt Ihre geistige und körperliche Gesundheit und ruiniert Ihre Partnerschaft, indem es Sie ermutigt, anderen aus dem Weg zu gehen und Rache zu suchen.[40]

Wenn Sie sich um ein unglückliches Familienmitglied kümmern oder auch nur Zeit im selben Raum mit ihm verbringen, erinnern Sie sich jeden Tag daran, dass »es nicht meine Schuld ist und ich es nicht persönlich nehme«. Betrachten Sie Unglücklichsein genauso wie eine körperliche Krankheit. Der betroffene Mensch schlägt vielleicht um sich und gibt Ihnen aus schierer Frustration die Schuld, aber Sie würden wahrscheinlich diese Schuld nicht auf sich nehmen, es sei denn, Sie sind derjenige, der die Verletzung zugefügt hat.

Drittens: Durchbrechen Sie die negative Kultur mit einer Überraschung. Anderen dabei zu helfen, glücklich zu sein, funktioniert nicht auf einem direkten Weg. Zu sagen »Kopf hoch!«, zum Beispiel – was Psychologen *Reframing* nennen –, ist gewöhnlich kontraproduktiv.[41] (Stellen Sie sich einfach vor, das würde jemand zu Ihnen sagen, wenn Sie in düsterer Stimmung sind.) Es ist bei Weitem besser, den unglücklichen Menschen dazu zu bringen, für eine Sache aktiv zu werden, von der Sie wissen, dass sie ihm gefällt. Die Forschung hat gezeigt, dass die aktive Beschäftigung mit einer erfreulichen Aktivität die Stimmung mehr verbessert, als nichts zu tun, die schlechte Stimmung zu unterdrücken oder sich gute Zeiten vorzustellen.[42]

Da gibt's jedoch einen Haken: Die Forscher haben gleichfalls herausgefunden, dass die Bitte, ein unglücklicher Mensch solle sich glücklich machende Aktivitäten vorstellen (ein Schritt, der zur Planung vorab nötig ist), die Wahrscheinlichkeit herabsetzt, sie auch in Angriff zu nehmen. Der Grund dafür: Die Stimmung, zu der die Person ermutigt wird, um sich etwas Bestimmtes vorzustellen, scheint schwierig zu erreichen – weswegen die glücklich machende Aktivität ebenfalls schwierig erscheint. Selbst wenn Ihnen das Fahrradfahren gewöhnlich Spaß macht, kann es wie eine lästige Arbeit erscheinen, wenn Sie traurig oder deprimiert sind. Wenn jedoch ein Familienmitglied zu einem spontanen Fahrradausflug auftaucht, können Sie einfach Ja sagen – und den Ausflug wahrscheinlich mehr genießen.

Schließlich: Verhindern Sie die Ausbreitung. Bisher waren die Ratschläge hier an jemanden gerichtet, der einem unglücklichen Familienmitglied helfen möchte. Wenn Sie der oder die Unglückliche sind, denken Sie daran, dass Ihre Angehörigen helfen wollen. Wenn sie das tun, macht es Sie glücklicher. Genauer gesagt: Menschen, die Sie lieben, möchten nicht, dass Sie leiden. Sich zu isolieren oder so zu tun, als sei man glücklich, nur um es anderen Menschen leichter zu machen, würde niemandem nutzen.

Kommunizieren Sie stattdessen aktiv mit anderen, denn das hilft, Ihre Beziehung gesund zu halten. Vielleicht bedeutet dies, Ihrem Bruder oder Ihrer Schwester zu sagen: »Du sollst wissen, dass es, obwohl ich gerade eine schwere Zeit durchmache, nicht deine Schuld ist.« Oder es ist vielleicht strategisches Aus-dem-Weg-Gehen während bestimmter Stunden des Tages damit verbunden, wenn Sie zu diesen Zeiten niedergeschlagen sind. Fazit des Ganzen ist: Während Sie vielleicht nicht in der Lage sind, Ihre Gefühle willentlich zu verbessern, *können* Sie sich aussuchen, wie Sie mit anderen reden und wie Sie sie behandeln; das wiederum schenkt Ihren Angehörigen mehr Energie, Ihnen zu helfen, wenn Sie es brauchen.

Herausforderung 4

Verzeihen

Haben Sie je von der südindischen Affenfalle gehört?[43] Sie besteht aus einer ausgehöhlten Kokosnuss mit etwas Reis darin, die an einem Pfahl angekettet ist. Die Kokosnuss hat oben ein Loch, das gerade groß genug ist, dass ein Affe seine Pfote hineinstecken kann, jedoch nicht groß genug, um eine Faustvoll Reis herauszuholen. Während die Dorfbewohner aus der Entfernung zusehen, greift ein hungriger Affe hinein und steckt fest, außerstande oder nicht willens, seine Handvoll Reis im Austausch für seine Freiheit aufzugeben. Dann können die Dorfbewohner einfach hingehen und den Affen mitnehmen.

Bevor Sie etwas Unfreundliches über den »dummen Affen« äußern, fragen Sie sich selbst, ob Sie nicht mehr oder minder dasselbe tun, wenn es zu Konflikten in Ihrem Familienleben kommt. Möchten Sie eine wärmere Kultur daheim, werden aber von ungelöstem Ärger zurückgehalten? Falls ja, stecken Sie in einer emotionalen Affenfalle.

Sie sind nicht allein; wir alle sehen uns von Zeit zu Zeit in unseren Familien dieser Situation gegenüber, und nicht nur in den offensichtlichen Fällen, wo wir uns an schlechte Gefühle klammern, weil wir schlicht Vergebung verweigern. Manchmal sabotieren wir die Freiheit, nach der es uns verlangt, sogar dann, wenn wir sagen, wir haben anderen vergeben – ob nun dadurch, dass wir tief in uns nach wie vor Groll hegen, oder indem wir an Beleidigungen festhalten, um sie später gegen die Menschen zu verwenden, die uns etwas angetan haben. Um größeres Glück und größere Freiheit zu erlangen, müssen wir alle diese Arten von teilweiser Vergebung hinter uns lassen.

2018 identifizierten Wissenschaftler vier erfolgreiche Strategien der Vergebung, die Familienmitglieder nutzen, um eine Beziehung nach einer Grenzüberschreitung oder einem Konflikt zu heilen: Diskussion (»Sprechen wir die Sache durch, damit ich die Verletzung loslassen kann«), explizierte Vergebung (»Ich verzeihe dir«), nonverbale Vergebung (wie zum Beispiel, Zuneigung nach einem Streit zu zeigen) und Minimierung (was mit einbezieht, die Grenzüberschreitung als unwichtig zu klassifizieren und sie einfach nicht weiter zu beachten).[44] Forscher haben herausgefunden, dass alle vier dieser Strategien effektiv sein können, und welche davon gewählt wird, hängt typischerweise von der Schwere des Grolls ab.[45] Die Diskussion findet meistens bei den schlimmsten Kränkungen Anwendung, wie zum Beispiel Untreue in einer Ehe; Minimierung und nonverbale Vergebung werden am häufigsten für die am wenigsten problematischen Themen genutzt, wie zum Beispiel, zu spät zum Abendessen zu erscheinen. Explizite Vergebung ist wahrscheinlich am besten für Konflikte irgendwo dazwischen.

Die Sache dabei, ein Problem durchzusprechen oder jemandem zu sagen: »Ich verzeihe dir«, ist die, dass es viel Mühe erfordert, Ihren Stolz verletzt und bedeuten kann, etwas aufzugeben, was Sie haben wollen. Also versuchen es einige mit Abkürzungen, die wie eine gute Methode *erscheinen,* einen Streit zu lösen, jedoch am Ende nicht funktionieren.

Forscher haben von *bedingter Vergebung* geschrieben, bei der die Rehabilitierung vertagt wird und Bedingungen aufgestellt werden (»Ich werde dir verzeihen, wenn du X und Y tust«), und von *Pseudo-Vergebung,* die vorliegt, wenn Partner sich entschließen, ohne tatsächliche Vergebung ein Thema zu unterdrücken oder zu ignorieren (nicht zu verwechseln mit Minimierung, die etwas anderes ist).[46] Bedingte

Vergebung kann für den geschädigten Partner etwas herbeiführen, was Forscher emotionalen Schutz nennen – soll heißen: ein Gefühl von Sicherheit –, kann aber auch eine Wunde offen halten. Pseudo-Vergebung kann eine unglückliche Familienbeziehung in die Länge ziehen, weil keine echte Vergebung stattfindet, was, wie die Forschung zeigt, für das Fortbestehen einer Beziehung ein schlechtes Vorzeichen ist.

Bedingte und Pseudo-Vergebung können auf ein gekränktes Familienmitglied aus einer Vielzahl von Gründen attraktiv wirken. Bedingte Vergebung bietet dem Opfer Macht über den Übeltäter und eine Möglichkeit, gewünschtes Verhalten herbeizuführen, indem man ihm die Karotte der wahren Vergebung vor die Nase hält. Pseudo-Vergebung löst nichts und kann einen Groll hervorrufen, der in Augenblicken der Irritation ausgenutzt wird. Bedingte oder Pseudo-Vergebung sind Affenfallen – eine Handvoll emotionaler Reis wird anstelle der Freiheit von Ärger und Bitterkeit gewählt.

Um die emotionale Affenfalle zu vermeiden, müssen Sie sich bewusst dafür entscheiden, nicht hineinzutappen. Den Reis loszulassen, erfordert Geduld und Selbstkontrolle. Wenn Sie sich für Vergebung entschieden haben, denken Sie zuerst daran, dass die Lösung eines Konflikts keine Wohltat ist – sie nutzt primär *Ihnen*. Die Metapher von der Affenfalle stellt das klar, und ebenfalls die Weisheit des Alters. Der Buddhist Buddhagosa aus dem fünften Jahrhundert schreibt, das Schwelgen in Ärger und die Weigerung zu vergeben beschreibe jemanden, »der wie ein Mann ist, der einen anderen schlagen möchte und dazu einen brennenden Scheit aufhebt … und sich so zuerst selbst verbrennt«.[47] Jede Menge moderner Forschung stützt diese Überlegung und zeigt, dass Vergebung dem Vergebenden mental und physisch zugutekommt.[48]

Zweitens: Erweitern Sie Ihr Konfliktlösungs-Repertoire, insbesondere wenn das, was Sie zuvor probiert haben, nicht funktioniert. Vielleicht sind Sie von Natur aus ein »Minimierer«, also rasch dabei, Familienmitgliedern zu vergeben, wenn Sie deren Verfehlungen gegen Sie leicht abtun können. Der Mensch, mit dem Sie im Konflikt stehen, glaubt vielleicht, die Ernsthaftigkeit der Situation sei zu groß, um auf diese Weise gelöst zu werden. Wenn Sie derjenige sind, dem Unrecht getan wurde, steigern Sie sich zu expliziter Vergebung. Wenn das Problem ein wechselseitiges ist, versuchen Sie, es auszudiskutieren.

Und drittens: Verwerfen Sie Minimierung nicht allzu schnell. In vielen Fällen ist es die perfekte Lösung, einen Konflikt loszulassen, statt zu versuchen, ihn zu lösen. Überlegen Sie, ob Ihr Standpunkt wirklich ausreichend wichtig ist, um, sagen wir, den Kontakt zu Ihren Anverwandten zu verlieren, und handeln Sie entsprechend.

Herausforderung 5

Unehrlichkeit

Haben Sie etwas, was Sie sich nicht trauen, Ihrer Familie mitzuteilen? Es gibt viele gute und logische Gründe, nicht zu sagen, was Sie denken, insbesondere wenn andere völlig anderer Ansicht sind. Menschen vor den Kopf zu stoßen, fühlt sich schrecklich an, und es kann unangenehme Konsequenzen haben. Die Wahrheit zurückzuhalten oder ins Kopfnicken der anderen einzustimmen, mag praktisch erscheinen, und das trotz der Tatsache, dass Sie innerlich »Einspruch!« schreien.

Jedoch ist der wahre Akt der Liebe vielleicht der, Probleme nicht mehr zu vermeiden, und einfach nach draußen zu schauen und zu sagen, was Sie sehen – mutig zu sein und auf eine Familie hinzuarbeiten, die das aushält.

In den 1990er-Jahren hat der Schriftsteller und Psychotherapeut Brad Blanton genau so in seinem Buch *Radical Honesty (dt.: Radikal ehrlich)* argumentiert. Wenn die Wahrheit schwer zu akzeptieren ist, kann es seinen Preis haben, sie auszusprechen, unter anderem zerrissene Beziehungen zu Hause.[49] Aber Blanton behauptet, dass völlige Ehrlichkeit – keine frommen Lügen, keine Ausnahmen – die Konsequenzen wert ist, weil sie Stress reduzieren, die Verbindungen zu anderen vertiefen und emotionale Reaktivität reduzieren kann.

Wenn Sie der »Reden wir nicht darüber«-Schule der Familienbeziehungen angehören, könnten Sie skeptisch gegenüber diesem Argument sein. Jedoch favorisiert die Forschung die Ehrlichkeit trotzdem. Familien, in denen sich Gefühle und Überzeugungen anstauen, sind nicht besonders gut dran, weil sie ihr volles Selbst nicht einbringen können. Um Unglücklichsein durch Konflikte zu vermeiden, vermeiden sie am Ende das Glücklichsein, das durch größere Intimität und größeres Verständnis entsteht.

Warum halten wir mit der Wahrheit vor unseren Angehörigen hinterm Berg – oder lügen sie sogar an? So gern wir sagen würden, dass wir andere schützen, dieses Verhalten wird gewöhnlich motiviert durch einen Fokus auf uns selbst. Wir möchten die Meinung der anderen über uns unterstützen (»In der Schule läuft alles gut«), Konflikte vermeiden (»Ich stimme mit deinen politischen Ansichten überein«) oder andere schützen (»Du siehst großartig aus, Papa«).[50] Und dann gibt's noch reine Trägheit. Wenn Mama fragt: »Wie hat dir das Essen geschmeckt?«, haben Sie vielleicht nicht die Energie, zu erklären, dass es versalzen war.

Einige Lügen machen das Leben vielleicht einfacher, aber wie die meisten nach innen fokussierten Verhaltensweisen machen sie es nicht unbedingt *glücklicher.* Wenn eine Lüge herauskommt, beschädigt sie im Allgemeinen das Vertrauen. Selbst kleine Notlügen können dies im Familienleben bewirken. Wenn wir Familienmitgliedern Dinge erzählen, die sie unserer Meinung nach hören wollen, behandeln wir sie, als wären wir Fremde, die einen Konflikt vermeiden wollen. Stellen Sie sich vor, Sie erfahren, dass Ihr Ehegatte es leichter fand, Sie geduldig zu ertragen. Höchstwahrscheinlich wären Sie sehr beunruhigt. Um glücklicher zu werden, schlägt Nähe kurzzeitige Harmonie.

Der Punkt bei Ehrlichkeit ist der, dass Sie genügend Liebe zu den anderen empfinden, um genau der zu sein, der Sie sind, völlig offen sogar dann, wenn es schwierig für Sie beide ist. Natürlich ist das leichter gesagt als getan, insbesondere bei einer Familie, in der sich Dinge lange Zeit angestaut haben. Zum Glück können Forschungsergebnisse von Psychologen Ihnen helfen, damit anzufangen.

Erstens: Bevor Sie ehrlich sind, fordern und akzeptieren Sie Ehrlichkeit von anderen. Einige Menschen sind gewillt, jedem die Wahrheit zu sagen, und zwar ungeachtet dessen, wer davon gekränkt wird. Sie sind jedoch empfindlich, wenn ihnen Wahrheiten präsentiert werden, die sie schwer akzeptieren können. Die Neigung, Kritik auszuteilen, während man außerstande ist, Kritik einzustecken, ist ein klassischer Zug von Narzissten, und um es weniger akademisch auszudrücken, ist es der Stil eines dünnhäutigen Trottels.[51] Ein solches Verhalten ist kein Ausdruck von Liebe.

Sich zur Ehrlichkeit zu verpflichten, beginnt mit einer Verpflichtung, ehrlich sich selbst gegenüber zu sein, und einer Bemühung, völlige Ehrlichkeit von anderen zu suchen und zu akzeptieren, insbesondere seitens der Angehörigen. Fragen Sie Menschen nach der Wahrheit, wie sie sie sehen, fangen Sie bei denen an, die Ihnen am nächsten stehen, und verpflichten Sie sich, nicht beleidigt zu sein, wenn diese die Wahrheit sagen. Beachten Sie, dass ihre Ansichten keine Tatsachen sind, was bedeutet, dass Sie Ihr Urteilsvermögen einsetzen und entscheiden müssen, ob die Wahrheit, die Sie hören, Ihre Handlungen beeinflussen soll oder nicht. Darüber hinaus wird manchmal etwas von dem, was Sie hören, in der Absicht ausgesprochen, Sie zu beleidigen. Ihnen bleibt immer die Wahl, ob Sie die Beleidigung annehmen.

Zweitens: Bieten Sie Wahrheit an, die heilt, nicht verletzt. Was uns im Allgemeinen bei unserer Fähigkeit zurückhält, einander zu überzeugen, ist, dass wir unsere Meinungen als Waffe und nicht als Geschenk einsetzen. Dasselbe Prinzip gilt noch umso mehr, wenn es um Wahrheit geht. Wenn Sie die Wahrheit für sich behalten, falls es gerade passt, und sie benutzen, um andere zu verletzen, falls Sie sich verletzt fühlen – wie wir es oftmals in emotionalen Auseinandersetzungen mit Familienmitgliedern tun –, dann ist Ihre Ehrlichkeit kein Ausdruck von Liebe. Suchen Sie nach den Tugenden statt nach den Unvollkommenheiten bei anderen. Wenn Sie dies tun, wird der größte Teil der Wahrheit, die Sie aussprechen, ehrliche Anerkennung und Lob sein.

Drittens: Lassen Sie Wahrheit attraktiv erscheinen. Wenn Sie gelegentlich eine nicht so ganz positive Einschätzung aussprechen müssen, überlegen Sie, ob Sie sie zu einer Gelegenheit umdeuten können, an der der andere wachsen kann. Statt jemandem zu sagen: »Du irrst dich«, sagen Sie: »Du kannst diese Sache auch anders sehen.« Ihre ehrliche

Rückmeldung wird natürlich nicht immer anerkannt werden, aber sie kann den Schlag dämpfen.

Vielleicht haben Sie eine Familie, bei der eine Politik der echten Ehrlichkeit für Sie verrückt klingt. Fangen Sie langsam an und sagen Sie Ihren Familienmitgliedern, dass es das ist, was Sie möchten, damit Sie alle einander besser verstehen. Nach und nach wird es leichter. Sie alle werden weniger selbstschützend und im Folgenden großzügiger. Es ist eine Art Training: Es wird eine Weile brauchen, aber dann wird es zur Gewohnheit, und schließlich wird es sich wie etwas Notwendiges anfühlen. Während Sie diesen Muskel aufbauen, können Sie Ehrlichkeit auch nach außen auf Freunde und Fremde ausweiten. Denken Sie jedoch stets daran, dass Sie dadurch heilen und wertschätzen wollen, Ihre Ehrlichkeit also weiterhin ein Akt der Liebe ist.

Geben Sie niemals auf

Das Familienleben kann eine so einzigartige Freude sein, dass keine Bemühung, ein glücklicheres Leben aufzubauen, es vernachlässigen kann. Aber selbst die am besten aufeinander eingespielten Familien sind eine Herausforderung, insbesondere hinsichtlich Konflikten, Vereinbarkeit, Negativität, Vergebung und Ehrlichkeit. Im Folgenden sind die wichtigsten Lektionen zusammengefasst, die jede Herausforderung zu einer Quelle des Wachstums werden lassen:

1. Meiden Sie Konflikte nicht. Sie sind die Gelegenheit für Ihre Familie, zu lernen und zu wachsen, wenn Sie verstehen, wo die Konflikte ihren Ursprung haben, und wenn Sie sie angemessen in den Griff bekommen.
2. Natürlich sind Sie der Ansicht, Kompatibilität ist der Schlüssel zum Erfolg in der Beziehung, und Unterschiede bringen Konflikte mit sich. In Wahrheit benötigen Sie ausreichend Kompatibilität, um zu funktionieren, jedoch nicht allzu viel. Was Sie wirklich benötigen, ist Komplementarität, um Sie als Person zu vervollständigen.

3. Die Familienkultur kann am Virus der Negativität erkranken. Dies ist ein grundlegendes Thema für den Umgang mit Emotionen, findet jedoch bei einer Gruppe Anwendung und nicht bei Ihnen als Individuum.
4. Die Geheimwaffe aller Familien ist Vergebung. Fast alle ungelösten Konflikte lassen sich auf ungelösten Groll zurückführen, daher ist die Praxis, einander zu vergeben, explizit und implizit extrem wichtig.
5. Explizite Vergebung und fast alle schwierige Kommunikation erfordert eine Politik der Ehrlichkeit. Wenn Familien die Wahrheit zurückhalten, können sie einander nicht nahe sein.

Ein letzter Punkt: Wenn Ihre Beziehung zu Ihrer Familie besonders schwierig ist, kann die Arbeit, sie zu verbessern, manchmal wie ein hoffnungsloser Fall erscheinen. Es ist leichter, die Hände in die Luft zu werfen und aufzugeben. Fast jeden Tag hören wir auf der ganzen Welt von Menschen, die das Gefühl haben, dass sie in Familienproblemen feststecken, die den Anschein erwecken, es gäbe für sie keine Lösung. Vielleicht haben Sie gesagt: »Ich möchte diesen Leuten einfach den Rücken kehren und mit meinem Leben weitermachen.«

Aufgeben ist fast immer ein Fehler, weil »diese Leute« auf mystische Weise *Sie selbst* sind. Ihr Ehegatte ist eine Vervollständigung Ihrer selbst als Person. Ihre Kinder stellen einen seltenen Blick in Ihre eigene Vergangenheit dar. Ihre Eltern sind eine Vision Ihrer Zukunft. Ihre Geschwister sind eine Darstellung dessen, wie andere Sie sehen. Das alles aufzugeben bedeutet den Verlust der Einsicht in sich selbst und damit den Verlust einer Gelegenheit, Wissen über sich selbst zu erlangen und Fortschritte als Mensch zu machen. Geben Sie niemals Beziehungen auf, die Sie nicht gewählt haben, sofern irgendwie möglich.

Aber was ist mit den Beziehungen, die Sie gewählt *haben?* Das sind Ihre Freundschaften, und das ist der nächste Teil unseres Lebens, der aufgebaut werden muss.

Sechs

Freundschaft, die tatsächlich wahr ist

»Von Kindheits Stunde war ich nicht wie and're war'n …«, lautet die erste Zeile des eindringlichen Gedichts »Alleine« von Edgar Allan Poe aus dem Jahr 1829.[1] Es beschreibt in allen Einzelheiten seine Unfähigkeit, sich emotional mit anderen Menschen zu verbinden, Freude und Leid zu teilen. »Die Lieben mein, die liebte ich für mich allein.«

Poe war keine besonders einzigartige Gestalt; er wuchs in einer ziemlich gewöhnlichen Familie auf, ging zur Schule und diente beim Militär. Dennoch war er niemals tiefe menschliche Beziehungen eingegangen, abgesehen vielleicht von der zu seiner Cousine Virginia. Er heiratete sie, als sie dreizehn war (er selbst war siebenundzwanzig), sie starb jedoch wenige Jahre später an Tuberkulose.

Seinem Nachruf zufolge hatte Poe »nur wenige oder keine Freunde«.[2] Die meisten Menschen waren ihm seine Zeit einfach nicht wert. Es ist nicht so, dass niemand seine Gesellschaft wollte; es ist nur so, dass *er* nicht viel Wert auf *ihre* legte. Wiederum heißt es in seinem Nachruf: »Er hatte sich seine Meinung zu den zahllosen Verwicklungen der gesellschaftlichen Welt gebildet, und das ganze System war für ihn ein Schwindel.« Seine Einsamkeit war selbst gewählt.

Trotzdem litt Poe schrecklich unter dem Mangel an Freunden und bekämpfte sein Leiden mit Alkohol und Spiel, um seinen Schmerz zu betäuben. Bevor er mit vierzig Jahren unter Umständen starb, die wahrscheinlich auf eine Alkoholvergiftung zurückzuführen sind, gestand er sein Problem: »Nicht bei der Jagd nach Vergnügen hatte ich mein Leben, meinen Ruf und meine Vernunft in Gefahr gebracht«, heißt es bei ihm. Vielmehr war es »ein Gefühl unerträglicher Einsamkeit«.[3]

Freundschaft ist die zweite Säule bei der Errichtung eines glücklicheren Lebens. Freunde können die Last der schwersten Tage erleichtern. Es gibt wenige Freuden im Leben, die so wundervoll sind wie das Wiedersehen mit einem Freund nach einer langen Trennung. Ohne Freunde kann niemand gedeihen. Dies ist der eindeutige Schluss nach Jahrzehnten der Forschung.[4] Freundschaft macht fast 60 Prozent des Unterschieds im Glücklichsein zwischen Individuen aus, ungeachtet dessen, wie introvertiert oder extrovertiert sie sind.[5] Ein Leben mit engen Freunden kann glücklich sein, selbst wenn viele andere Dinge schieflaufen. Ein Leben ohne enge Freunde ist wie ein Haus ohne Heizung im Winter.

Leider nimmt Letzteres in unserer Gesellschaft immer mehr zu. Sozialwissenschaftler führen Umfragen durch wie: »Wann hatten Sie das letzte Mal ein Privatgespräch, in dem Sie persönliche Gefühle oder Probleme ausgetauscht haben?« Während der letzten drei Jahrzehnte hat sich der Prozentsatz der Amerikaner, die zur Antwort gaben: »niemals«, fast verdoppelt.[6] Der Prozentsatz der Amerikaner, die sagen, sie hätten weniger als drei enge Freunde, hat sich seit 1990 verdoppelt.[7]

Die Gründe hierfür hören sich auf erschreckende Weise nach dem Poe-Syndrom an, allerdings im ganz großen Maßstab. Wir vernachlässigen aus freiem Willen Freundschaften und schieben sie sogar beiseite. Unsere Fixierung auf Bildschirme und soziale Medien macht es leichter denn je, allein zu sein, und viele junge Menschen geben sogar zu, dass es sich heutzutage sonderbar oder erschreckend anfühlt, Freundschaften zu schließen. Unsere vergiftete Kultur hat auch absolut perfekte Freundschaften auseinandergerissen: Umfragedaten haben gezeigt, dass etwa einer von sechs Amerikanern seit 2016 aufgehört hat, mit einem Freund oder Familienmitglied zu reden, und zwar wegen der Politik.[8]

Und dann wäre da natürlich Covid. Wenn Ihr Leben nicht mehr zur »Normalität« der Jahre vor 2019 zurückgekehrt ist, dann sind Sie nicht allein. In allen Umfragen, die im März 2022 durchgeführt wurden, sagten 59 Prozent der Befragten, dass sie immer noch nicht voll zu ihren Aktivitäten von vor der Pandemie zurückgekehrt sind.[9] Noch ernsthafter für das Glücklichsein ist, dass viele Menschen weitaus weniger als in den »früheren Zeiten« einfach so zum Spaß Kontakte knüpfen. In einer Umfrage, lange nachdem die Lockdowns wegen der Pandemie geendet hatten, sagten zwar 21 Prozent der Befragten, dass Kontakteknüpfen seit dem Coronavirusausbruch für sie wichtiger geworden sei, jedoch 35 Prozent, es sei *weniger* wichtig.[10] Viele haben Angst, Kontakte zu knüpfen, und der oberste Grund hierfür war der, dass »sie nicht wissen, was sie sagen oder was sie miteinander anfangen sollen«.[11] Viele von uns haben einfach vergessen, wie es ist, Freund zu sein.

Die gute Nachricht lautet, dass es nie zu spät ist, die Fähigkeit neu zu erwerben, Freundschaften zu schließen und alte Beziehungen wieder aufzunehmen. Mit den richtigen Informationen lässt sich nahezu allen Herausforderungen begegnen. In diesem Kapitel beschreiben wir fünf Herausforderungen, denen sich die Menschen am häufigsten gegenübersehen – und wie Ihre Fertigkeiten im Umgang damit sie in wertvolle Möglichkeiten verwandeln können.

Herausforderung 1

Ihre Persönlichkeit

Allem Anschein nach war Edgar Allan Poe ein introvertierter Mensch. Vielleicht sind Sie das auch, und Sie halten das für einen Hemmfaktor für die Fähigkeit, mehr Freundschaften zu schließen und Menschen näherzukommen. Das muss nicht so sein. Tatsächlich kann das, was vielleicht wie eine hohe persönlichkeitsbedingte Barriere im Schließen von Freundschaften erschienen ist, Ihre Quelle der Kraft sein, wenn Sie sie richtig einsetzen.

Ein einfacher Maßstab für die Gesundheit der Freundschaft ist die Zahl der Freunde, die Sie haben. Hier und da werden Sie lesen, dass

Sie drei Freunde brauchen oder fünf oder irgendeine andere bestimmte Zahl, um glücklich zu sein. Das ist willkürlich und stellt Ihre spezifische Persönlichkeit nicht in Rechnung. Hier eine Faustregel: Sie brauchen zumindest einen engen Freund neben Ihrem Ehegatten, und es gibt eine Obergrenze von vielleicht zehn Personen, mit denen Sie realistisch gesehen genügend Zeit verbringen, um sie als enge Freunde zu betrachten. Die genaue Anzahl hängt von Ihnen und insbesondere davon ab, ob Sie introvertiert oder extravertiert sind. Weder das eine noch das andere ist schlechter, wenn es entsprechend gehandhabt wird, aber jede Persönlichkeit kann ihre eigenen Schwierigkeiten haben.

Psychologen sehen Extravertiertheit/Introvertiertheit als eine der fünf Hauptdimensionen der Persönlichkeit (Fünf-Faktoren-Modell, FFM). Hierzu gehören weiterhin Verträglichkeit, Offenheit, Gewissenhaftigkeit und Neurozitismus.[12] Das FFM gehört seit den1980er-Jahren zu den Grundlagen der Psychologie, aber die Binarität von introvertiert – extravertiert wurde zuerst 1921 von dem Schweizer Psychiater Carl Jung eingeführt, der postulierte, dass die beiden Gruppen unterschiedliche primäre Lebensziele haben.[13] Erstere, so glaubte er, streben danach, Autonomie und Unabhängigkeit aufzubauen; Letztere suchen Vereinigung mit anderen. Diese Stereotypen haben bis heute überdauert.

Der deutschstämmige Psychologe Hans Eysenck entwickelte Jungs Theorie in den 1960er-Jahren weiter und argumentierte, dass unsere Gene unsere relative Extraversion bestimmen.[14] Er glaubte, dass kortikale Erregung – soll heißen: die Höhe der Aufmerksamkeit des Gehirns – für Extravertierte schwieriger zu erreichen sei als für Introvertierte, daher suchen Erstere Stimulation in der Gesellschaft anderer, idealerweise in der frischen Gesellschaft neuer Bekanntschaften.[15] Nachfolgende Untersuchungen haben gemischte Resultate hinsichtlich Eysencks spezifischer Theorie ergeben, jedoch klare kognitive Differenzen zwischen den Gruppen entdeckt.[16]

Im Allgemeinen sind extrovertierte Menschen glücklicher als introvertierte. Im Jahr 2001 teilte eine Gruppe von Oxford-Wissenschaftlern eine Stichprobe von Umfrageteilnehmern in vier Gruppen ein: glückliche Extrovertierte, unglückliche Extrovertierte, glückliche Introvertierte und unglückliche Introvertierte.[17] Die glücklichen Extrovertierten übertrafen die glücklichen Introvertierten um etwa zwei zu eins. Eine gängige Erklärung für das Glücksgefälle zwischen Introvertierten und Extrovertierten ergibt sich aus Stereotypen wie denen von Jung und Eysenck: Der Mensch ist von Natur aus ein soziales Tier, daher macht Kontakt glücklich; Extrovertierte suchen den Kontakt, daher sind sie glücklicher.

Extrovertierte haben auch einen natürlichen Vorsprung hinsichtlich der Begeisterung – einem der berühmten Psychoanalytiker der 1960er-Jahre zufolge »einen leidenschaftlichen Bewusstseinszustand« –, eines der Persönlichkeitselemente, das am engsten mit Glücklichsein verknüpft wird.[18] Begeisterung über die Ereignisse des Lebens führt zu höherem Genuss und einer besseren Stimmung. Sie senkt ebenfalls die Neigung, sich gesellschaftlich zurückzuziehen.

Die Tatsache, dass Introvertierte Einsamkeit bevorzugen und oft um Kontaktfreudigkeit zu kämpfen haben, bedeutet nicht, dass sie keine Freunde brauchen. Es bedeutet lediglich, dass es ihnen schwerer fällt, neue Freundschaften zu schließen. Andererseits sehen sich Extravertierte einer anderen Herausforderung gegenüber: in die Tiefe gehen. Sie neigen dazu, zwischen jeder Menge Menschen umherzujagen, die sie nur oberflächlich kennen, und können Leere in ihrem Leben vorfinden, wenn es zu einer Krise kommt und sie niemanden haben, an den sie sich wenden können und der sie tiefgehend kennt und liebt.

Ob Sie nun introvertiert oder extravertiert sind, Ihre Persönlichkeit muss echten Freundschaften nicht im Weg stehen, solange Sie Ihr Selbstmanagement im Griff haben. Eine gute Möglichkeit hierfür ist es, eine Lektion von Ihrem Gegenpol anzunehmen. So ist zum Beispiel eine Quelle des Glücklichseins für fast alle die Hoffnung auf die Zukunft, ein Gefühl des Lebenssinns und Selbstachtung. Extravertierte reden gern mit anderen über die Zukunft, ihre Träume, den Sinn ihres Lebens. Wie Psychologen schon lange gezeigt haben, neigen wir dazu, nach den (Selbst-)Verpflichtungen zu handeln, die wir anderen gegenüber geäußert haben; also lässt die Angewohnheit von Extravertierten, allen, denen sie begegnen, von ihren Zielen zu erzählen, es wahrscheinlicher werden, dass sie diese auch erreichen und daher glücklicher werden.[19] Introvertierte empfinden das Teilen von persönlichen Hoffnungen und Träumen mit Fremden als unangenehm. Was sie tun sollten, ist, über ihre Luftschlösser mit ihren engen Freunden unter vier Augen zu sprechen.

Unterdessen sollten Extravertierte von Introvertierten lernen, wie sie ein paar tiefe Freundschaften aufbauen und halten. Extravertierten fällt dies wegen ihrer Liebe zu Mengen, Publikum, frischen Kontakten und Aufregung nicht so leicht. Die Forschung zeigt, dass Extravertierte dazu neigen, viele oberflächliche Freundschaften mit anderen Extravertierten zu unterhalten.[20] Extravertierte sollten sich zum Ziel setzen, jedes Jahr eine Freundschaft zu vertiefen. Dies können Sie dadurch erreichen, dass Sie Ihr gesellschaftliches Leben insbesondere um ein Gespräch unter vier Augen über tiefgreifende Dinge organisieren, statt sich weiterhin nur in Gruppen zu treffen. Vermeiden Sie triviale Themen wie Hobbys und Politik und gehen Sie stattdessen zu tiefgründigen Themen wie Glaube und Liebe über – und Glück. Dies wird einige Ihrer Freundschaften vertiefen und zeigt Ihnen in anderen Fällen sofort, dass Sie anderswo nach Tiefe suchen sollten.

Herausforderung 2

Übermäßiger Fokus auf Nützlichkeit

Sind Ihre Freunde für Sie nützlich? »Ich hoffe es«, könnte Ihre Antwort lauten. Aber das geht mit Blick aufs Glücklichsein fehl.

Fertigen Sie eine Liste der ersten zehn Freunde an, die Ihnen in den Sinn kommen. Einigen würden Sie jeden dummen Gedanken schreiben, den Sie haben; andere rufen Sie nur ein paarmal im Jahr an. Einige sind Menschen, zu denen Sie aufschauen; andere mögen Sie, bewundern sie jedoch nicht besonders. Für andere passen Sie ebenfalls in diese Kategorien – vielleicht sind Sie für den einen eine Hilfe und ein Vertrauter für eine andere. Sie erhalten verschiedene

Dinge aus verschiedenen Beziehungen, was alles in allem gut und schön ist.

Einen Typus von Freund hat beinahe jeder: den Freund, von dem Sie etwas brauchen oder wollen. Sie *nutzen* diese Person nicht unbedingt *aus* – der Nutzen ist vielleicht gegenseitig –, aber der Kern der Freundschaft geht über Kameradschaft hinaus. Er oder sie ist *nützlich*.

Dies bezeichnen einige Sozialwissenschaftler als »nützliche Freundschaften« – mit Menschen, mit denen wir so eine Art »Deal« haben –, und dies ist wahrscheinlich der häufigste Typus, den die meisten von uns haben.[21] Der durchschnittliche Erwachsene hat grob geschätzt sechzehn Menschen, die er als Freunde einstufen würde, laut einer Umfrage aus dem Jahr 2019 unter zweitausend Amerikanern.[22] Davon sind drei »Freunde fürs Leben« und fünf sind Menschen, die sie wirklich mögen. Die anderen acht sind keine Leute, mit denen sie unter vier Augen Zeit verbringen würden. Daraus können wir logisch schlussfolgern, dass diese Freundschaften nicht als solche bestehen, sondern für ein anderes Ziel nützlich sind, wie zum Beispiel für die Beförderung in Ihrer Karriere oder die Lockerung einer gesellschaftlichen Dynamik.

Nützliche Freundschaften sind vielleicht ein angenehmer – und gewiss nützlicher – Teil des Lebens, aber sie bringen letztlich keine dauerhafte Freude und Trost. Wenn Sie feststellen, dass Ihr soziales Leben ein wenig das Gefühl von Leere und Unerfülltheit hinterlässt, könnte es vielleicht daran liegen, dass Sie zu viele nützliche Freunde und nicht genügend *wahre* Freunde haben.

Viele Forschungsergebnisse haben darauf hingedeutet, dass eine der besten Voraussagen für das Wohlbefinden im mittleren Alter darin besteht, einige wenige wahre und enge Freunde benennen zu können.[23] Wie wir gerade besprochen haben, müssen es keine zehn sein, und tatsächlich neigen Menschen dazu, die Zahl ihrer Freunde mit zunehmendem Alter auf eine kleinere Gruppe zu beschränken.[24] Es müssen jedoch mehr als null sein, und die Liste sollte über Ihren Ehegatten oder Partner hinausgehen.

Umso mehr Grund also, eine ehrliche Bestandsaufnahme Ihrer Freundschaften zu machen. Eine praktische Vorgehensweise hierfür stammt von niemand anderem als dem alten griechischen Philosophen Aristoteles in seiner *Nikomachischen Ethik*.[25] Er argumentierte, dass Freundschaften sich entlang einer Art Leiter einstufen lassen. Auf der untersten Stufe – wo Menschen am wenigsten emotional miteinander verbunden sind, die Verpflichtung also die geringste ist – stehen die nützlichen Freundschaften, basierend auf der Nützlichkeit füreinander bei der Arbeit oder im gesellschaftlichen Leben. Das sind Kollegen, Geschäftspartner oder einfach diejenigen, die einander einen Gefallen erweisen können. Weiter oben sind die Freundschaften, die auf Vergnügen basieren – etwas, was sie an dem anderen Menschen mögen und bewundern, wie zum Beispiel Intelligenz oder Sinn für Humor. Auf der höchsten Stufe sind Freundschaften der Tugend oder was Aristoteles »perfekte Freundschaften« nannte. Diese Freundschaften bestehen als solche und sind nicht Instrument für irgendetwas anderes. Aristoteles würde sagen, sie sind »vollständig« – weitergeführt um ihrer selbst willen und völlig realisiert in der Gegenwart.

Diese Ebenen schließen einander nicht aus; Sie können eine Fahrgemeinschaft zur Arbeit mit einem Freund bilden, der über die makellose Ehrlichkeit verfügt, die Sie bestrebt sind nachzuahmen. Der Punkt ist, Freundschaften nach ihrer prinzipiellen Funktion einzustufen.

Sie können es vielleicht nicht in Worte fassen, aber Sie wissen wahrscheinlich, wie sich diese »perfekten« Freundschaften anfühlen. Sie weisen oft eine gemeinsame Liebe zu etwas auf, das außerhalb von Ihnen beiden liegt, ob es nun etwas Transzendentales ist (wie Religion) oder einfach Spaß (wie Fußball), aber sie hängen nicht von Arbeit oder Geld oder Ehrgeiz ab. Dies sind die intimen Freundschaften, die uns tiefe Befriedigung einbringen.

Im Gegensatz zu diesen echten Freundschaften sind nützliche Freundschaften – jene auf der untersten Sprosse der Leiter des Aristoteles – weniger befriedigend. Sie fühlen sich unvollständig an, weil Sie nicht das ganze Selbst mit einbeziehen. Wenn die Beziehung notwendig für das Ausüben eines Jobs ist, könnte sie von uns eine professionelle Haltung erfordern. Wir können es uns nicht leisten, diese Verbindungen mit Konfrontation, schwierigen Gesprächen oder Intimität zu riskieren.

Leider schieben soziale Anreize viele von uns in Richtung von nützlichen Freundschaften und weg von wahren Freunden. Der durchschnittliche amerikanische Arbeiter verbringt vierzig Stunden in der Woche auf der Arbeit. In der Führungsetage sind die Zahlen wesentlich höher.[26] Die meisten von uns arbeiten mit anderen Menschen zusammen, daher haben wir während der Arbeitswoche weniger Zeit für unsere Familie als für unsere Kollegen, ganz zu schweigen von Freunden außerhalb der Arbeit. Auf diese Weise können nützliche Freunde leicht unsere wahren Freunde verdrängen, sodass wir ohne die Freude sind, die uns Letztere verschaffen.

Was sollen Sie also tun? Fangen Sie damit an, dass Sie zur Liste der zehn Freunde zurückkehren. Schreiben Sie neben jeden Namen »wahr« oder »nützlich«. Bei einigen ist es zweifellos Ermessenssache. Das ist in Ordnung – tun Sie nur Ihr Bestes. Dann fragen Sie sich, wie viele Menschen Sie neben den »wahren Freunden« wirklich gut kennen – wem würde auffallen, wenn Sie etwas von der Rolle sind, und wer würde fragen: »Geht es dir heute gut?« Bei wie vielen dieser Menschen würden Sie sich wohlfühlen, wenn Sie persönliche Details mit ihnen besprechen? Wenn Sie Mühe haben, auch nur zwei oder drei zu benennen, dann ist das ein verräterisches Anzeichen. Selbst wenn Sie es können, seien Sie ehrlich: Wann war das letzte Mal, dass Sie wirklich ein solches Gespräch geführt haben? Wenn es mehr als einen Monat her ist, machen Sie sich womöglich selbst etwas vor, wie nahe Sie einander wirklich stehen.

Wie viele Menschen verbleiben auf Ihrer Liste? Wenn keiner neben Ihrem Ehegatten oder Partner geblieben ist, haben wir ein Problem identifiziert, das es zu lösen gilt.

Der Schlüssel zu wahrer Freundschaft ist eine Beziehung, die kein Sprungbrett für etwas anderes ist, sondern vielmehr ein Segen, den es um seiner selbst willen weiterzuverfolgen gilt. Eine Möglichkeit hierzu besteht darin, Freundschaften nicht bloß außerhalb Ihrer Arbeitsstelle zu schließen, sondern außerhalb Ihres gesamten beruflichen und ausbildungsbezogenen Netzwerks. Schließen Sie eine Freundschaft mit jemandem, der wirklich nichts für Sie tun kann, außer sich um Sie zu sorgen und Ihnen gute Gesellschaft zu leisten.

Die Eigenschaft, nach der Sie suchen, ist *Nutzlosigkeit* (nicht *Wertlosigkeit* – solche Freunde hatten wir alle auch!). Das erfordert, sich an Orte zu begeben, die mit unseren weltlichen Ambitionen nichts zu tun haben. Ob es ein Haus des Glaubens ist, ein Bowlingclub oder eine Wohltätigkeitsveranstaltung, die mit Ihrer Arbeit nichts zu tun hat, dies sind die Orte, wo Sie Menschen treffen, die vielleicht Ihre Vorlieben teilen können, jedoch ohne Ihre Karriere voranzubringen. Wenn Sie jemandem begegnen, den Sie mögen, überlegen Sie nicht weiter; laden Sie ihn zu sich ein.

In unserer von Trends geprägten Welt, wo beruflicher Erfolg vor allem anderen wertgeschätzt wird und »Workismus« für viele wie ein religiöser Kult geworden ist, kann es leichtfallen, sich mit nützlichen Freunden zu umgeben.[27] Dabei verlieren wir die grundlegendsten menschlichen Bedürfnisse aus dem Blick: andere richtig zu kennen und von ihnen richtig gekannt zu werden. Menschen vieler Glaubensrichtungen setzen dieses tiefe Wissen in den Kern ihrer Beziehung zum Göttlichen, und es ist zentral, um bei einer Psychotherapie eine Veränderung zu erzielen.[28]

Eines der größten Paradoxa der Liebe ist, dass unser größtes transzendentales Bedürfnis sich auf Menschen richtet, die wir, im weltlichen Sinne, überhaupt nicht brauchen. Wenn Sie Glück haben und darauf hinarbeiten, Ihre Beziehungen zu vertiefen, werden Sie bald entdecken, dass Sie einen wahren Freund oder zwei haben, von dem oder denen Sie sagen können: »Ich brauche dich nicht – ich liebe dich einfach.«

Es kann sehr schwierig sein, vollkommene Freundschaften, so schön sie auch sind, aufrechtzuerhalten. Nützliche Freundschaften tauchen im Verlauf ihres Arbeitslebens immer wieder auf; Sie müssen sich nicht besonders anstrengen, sie aufrechtzuerhalten. Wahre Freunde hingegen sind eine andere Sache. Es ist allzu leicht, sie unterwegs fallen zu lassen, während Ihr Leben von der Familie und der Arbeit erfüllt ist. Jemand, der ein vollkommener Freund am College war, könnte nach dem Abschluss unbeabsichtigt zu jemandem werden, mit dem Sie nur ein- oder zweimal pro Jahr sprechen – nicht, weil Sie das so beabsichtigen, sondern weil einfach die Zeit verstreicht. Wenn Sie das mittlere Alter erreicht haben, ist es sehr üblich, dass Sie sehr wenige dieser perfekten Freunde haben, wenn überhaupt einen, und zwar schlicht aufgrund des Drucks im Leben und des Verstreichens der Zeit.

Wie bei allem anderen von Wert ist es wichtig, diese Beziehungen nicht sich selbst zu überlassen. Mit Ihrer Liste echter Freunde – und Menschen, die Sie gern auf dieser Liste stehen hätten – stellen Sie einen konkreten Plan auf, mit wem Sie in Kontakt bleiben und wen Sie besuchen möchten. Einige Leute setzen regelmäßig eine bestimmte Zeit pro Woche zum Telefonieren oder Videochatten an. Andere verfolgen die Herangehensweise, die Anrufe des anderen sogar auf der Arbeit oder daheim anzunehmen (falls möglich). Und es ist sehr schlau, eine Möglichkeit zu finden, einander jedes Jahr für einen Tag oder eine Woche persönlich zu sehen.

In einem geschäftigen Leben können Sie realistischerweise nicht zu viele dieser Freundschaften beibehalten – vielleicht ein paar. Abgesehen von Ihrem Ehegatten brauchen Sie zumindest eine. Das beste Kompliment, das Sie diesem Menschen gegenüber aussprechen können, ist: »Du bist völlig nutzlos für mich.«

Herausforderung 3

Bindung an Meinungen

Von den vielen Ideen der östlichen Religionen und Philosophie, die in westliches Denken eingeflossen sind, wirft die zweite »edle Wahrheit« des Buddhismus wohl das größte Licht auf unser Glück oder den Mangel desselben. *Samudaya,* worunter diese Wahrheit auch bekannt ist, lehrt, dass Anhaftung die Wurzel menschlichen Leidens ist. Um Frieden im Leben zu finden, müssen wir willens sein, uns selbst von hartnäckigen Begierden zu lösen und auf diese Weise frei zu werden.

Was erfordert, dass wir ehrlich unsere Anhaftungen untersuchen müssen. Worin bestehen Ihre? Geld, Macht, Lust, Prestige – die Zerstreuungen, von denen wir uns durch umfassenderes emotionales

Selbstmanagement frei machen wollten? Graben Sie tiefer: Vielleicht sind es bloß Ihre *Meinungen.* Buddha selbst benannte vor über zweitausendvierhundert Jahren diese Anhaftung und deren schreckliche Effekte, als er angeblich gesagt hat: »Jene, die nach Ansichten und Sichtweisen greifen, sind dabei, mit dem Kopf gegen die Welt zu schlagen.«[29] Weniger weit zurückliegend schrieb der vietnamesische buddhistische Weise Thích Nhát Hạnh in seinem Buch *Being Peace:* »Die Menschheit leidet sehr unter der Anhaftung an Sichtweisen.«[30]

Diese Anhaftung kann absolut desaströs für Freundschaften sein. Natürlich ist nichts falsch daran, stark an Glaubensgrundsätzen festzuhalten. Das Problem entsteht dann, wenn eine Meinungsverschiedenheit über diese Glaubensgrundsätze der Freundschaft im Weg steht – die Vorstellung, dass Sie jemandem nicht nahe sein können, weil sich dessen Ansichten von den eigenen unterscheiden. Vielleicht haben Sie sehr feste politische Ansichten, und Sie sind davon überzeugt (oder lassen sich von anderen darin überzeugen), dass Ihre Freunde, die diese Ansichten nicht teilen, unmoralisch oder unvollkommen sind. Oder Ihre Freunde vertreten religiöse Ansichten, die konträr zu etwas in Ihrer Lebensweise sind, und Sie kommen zu dem Schluss, dies bedeute, dass sie »Ihre Menschlichkeit leugnen«. (Wir sprechen hier nicht von Missbrauch – nur von Glaubensgegensätzen.) Dies ist haargenau das Poe-Syndrom: Sie brechen eine Freundschaft ab, weil ein anderer Ihre Gesellschaft nicht verdient. Es ist ein absolutes Eigentor, weil es zu Ihrer eigenen Einsamkeit und Isolation führt.

Die Lösung ist – in Erinnerung an ein früheres Kapitel –, eine schädliche Emotion durch eine selbst gewählte Tugend zu ersetzen, durch eine, die Liebe kultiviert und Ihnen die Konzentration auf andere ermöglicht. Dies ist eine Tugend, die in diesen Tagen immer seltener wird: Bescheidenheit. Insbesondere eine Art, die Sozialwissenschaftler epistemische Bescheidenheit nennen oder das Erkennen, dass der Standpunkt eines anderen vielleicht nützlich oder interessant ist, oder zumindest nicht bedeutet, dass Sie diesen Menschen nicht lieben können.

Das ist offensichtlich schwierig – wenn es das nicht wäre, hätte nicht einer von sechs Amerikanern wegen der Politik den Kontakt zu

Freunden und Familienmitgliedern abgebrochen. Aber der Glücksgewinn ist gewaltig. In einer Studie aus dem Jahr 2016 haben Forscher eine Bescheidenheitsskala aufgestellt.[31] Sie fanden heraus, dass sie negativ mit Depression sowie Angst und positiv mit Glücklichsein und Lebenszufriedenheit assoziiert wurde. Weiterhin fanden sie heraus, dass Bescheidenheit den negativen Einfluss stressiger Lebensereignisse abfedert. Der Grund ist nichts neurowissenschaftlich Kompliziertes; bescheidene Menschen haben einfach mehr wahre Freunde, weil der Umgang mit ihnen mehr Spaß macht.

Und wie es fast immer bei den Sozialwissenschaften der Fall ist, verstärken die Daten über Bescheidenheit und Glücklichsein das, was Philosophen schon seit langer Zeit gelehrt haben. Um dic Wende vom vierten zum fünften Jahrhundert gab der Heilige Augustinus einem Schüler drei Dinge für die Lebensführung mit auf den Weg: »Das erste ist Bescheidenheit; das zweite Bescheidenheit, das dritte Bescheidenheit: und das würde ich so oft wiederholen, wie du um Anleitung bittest.«[32]

Die Bescheidenheit, zuzugeben, dass wir uns irren, und unsere Glaubenssätze zu ändern, kann uns dazu führen, mehr Freundschaften zu schließen und glücklicher zu werden. Aber da unsere Abwehrhaltung gegen diese Tugend auf der Bildfläche erschienen ist, benötigen wir einen Schlachtplan, um unsere Weise des Denkens und Handelns zu ändern. Im Folgenden nun drei Strategien, die Sie Ihrem Arsenal vielleicht hinzufügen möchten.

Erstens: Geben Sie rasch zu, wenn Sie glauben, sich geirrt zu haben. Die Menschen verachten die Vorstellung, dass sie unrecht haben, weil sie befürchten, dass sie in diesem Fall dumm oder inkompetent erscheinen. Daher werden Sie, Ihren limbischen Tendenzen überlassen, sogar für Ihre schlechtesten Ideen bis aufs Messer kämpfen. Diese Neigung basiert in sich selbst auf einem Irrtum. In einer Studie aus dem Jahr 2015 haben Forscher dies mit den Reaktionen von Wissenschaftlern verglichen, die darüber informiert wurden, dass sich ihre Befunde »nicht reproduzieren lassen« – soll heißen, sie stimmen wahrscheinlich nicht –, ein übliches Problem im wissenschaftlichen Betrieb.[33] Es wäre keine Überraschung, wenn Wissenschaftler, wie die meisten Menschen, in die Verteidigung gingen, wenn ihnen auf diese Weise widersprochen wird, oder sogar auf ihren ursprünglichen Ergebnissen beharrten. Aber die Forscher fanden heraus, dass dieses Verhalten dem Ruf der Wissenschaft mehr schadete, als einfach zuzugeben, dass sie sich geirrt hatten. Die Botschaft für den Rest von uns lautet folgendermaßen: Wenn Sie vielleicht unrecht haben, seien Sie einfach offen für die Ansichten anderer.

Zweitens: Begrüßen Sie Widerspruch. Eine der besten Möglichkeiten, gegen eine destruktive Neigung anzukämpfen, ist, die Strategie des »entgegengesetzten Signals« zu übernehmen. Wenn Sie zum Beispiel traurig sind, ist oft das Letzte, was Sie tun wollen, andere zu sehen, aber das ist genau das, was Sie tun sollten. Wenn Ihre Ideen angegriffen werden und Sie sich in der Defensive fühlen, weisen Sie aktiv Ihren Instinkt zurück, sich zu verteidigen, und öffnen Sie sich stattdessen. Wenn jemand sagt: »Du irrst dich«, erwidern Sie: »Dann führe das aus.« Schließen Sie Freundschaft mit denen, die anders denken als Sie und Ihre Annahmen herausfordern – und deren Annahmen Sie Ihrerseits herausfordern können. Denken Sie sich dies so, als würden Sie Ihr »Team von Rivalen« aufbauen – ein Ausdruck, den die Historikerin Doris Kearns Goodwin zur Beschreibung von Abraham Lincolns Kabinett verwendete, das ihn, anders als Kennedys, gnadenlos herausforderte.[34] Wenn sich das wie Folter anhört, so ist es umso dringender, dass Sie es versuchen.

Drittens: Fangen Sie klein an. Gehen wir davon aus, dass Sie aus der Sichtweise eines Freundes Nutzen ziehen wollen. Anzufangen ist schwer, insbesondere, wenn es bei der Sichtweise um etwas Großes geht, wie Ihren religiösen Glauben oder Ihre politische Einstellung. Es ist besser, mit kleineren Themen loszulegen, wie zum Beispiel Ihrem Modegeschmack oder sogar Ihrer Begeisterung für einen Fußballverein. Durchdenken Sie alle Dinge neu, die Sie seit Langem für gesetzt halten, und schätzen Sie sie so leidenschaftslos ein, wie Sie können. Dann öffnen Sie sich, mit diesem niedrigen Einsatz, den Sichtweisen anderer.

Der Punkt ist nicht, sich mit Trivialitäten zu befassen. Forschungsergebnisse zum Thema Ziele-Setzen zeigen eindeutig, dass klein anzufangen Sie lehrt, wie Sie Gewohnheiten ändern und durchbrechen können.[35] Dann können Sie dieses Wissen um sich selbst auf die größeren Bereiche Ihres Lebens übertragen, in denen Sie den Standpunkt der anderen würdigen können, selbst wenn Sie Ihren eigenen nicht ändern.

Wenn Sie diese Techniken beherrschen, könnte es Kritiker geben, die sagen, Sie seien ein Wendehals oder Wischiwaschi. Um damit umzugehen, beherzigen Sie eine Lektion des großen Ökonomen Paul Samuelson, dem ersten Amerikaner, der je den Nobelpreis für Ökonomie erhalten hat. 1948 veröffentlichte Samuelson das vielleicht berühmteste Lehrbuch für Ökonomie aller Zeiten.[36] Während die Jahre dahingingen und er das Buch auf den neuesten Stand brachte, änderte er seine Einschätzung des Inflationsniveaus, das für die Gesundheit einer Makroökonomie tolerierbar war: Anfangs sagte er, 5 Prozent seien akzeptabel; dann, in späteren Auflagen, 3 Prozent und 2 Prozent, was Associated Press zu einem Artikel mit der Schlagzeile veranlasste: »Author Should Make Up His Mind« (»Der Autor sollte sich entscheiden«). In einem Fernsehinterview gab Samuelson, nachdem ihm der Nobelpreis 1970 verliehen worden war, die Antwort, warum er die Änderung durchführte: »Wenn sich die Ereignisse ändern, ändere ich meine Meinung. Was tun Sie?«

Wir gehen jede Wette ein, dass Samuelson viele enge Freunde hatte.

Herausforderung 4

Magisches Denken

Oft vergessen wir, unseren Liebespartner auf unsere Liste von Freunden zu setzen. Sie kommen uns wie eine andere Spezies vor, nicht wahr? Vielleicht haben Sie in Ihrem Leben die Erfahrung gemacht, dass Sie sich in jemanden verliebten, jedoch im Lauf der Zeit feststellten, dass Sie diesen Menschen nicht sonderlich mögen. Wahrscheinlich mussten Sie zu diesem Zeitpunkt eine komplizierte Beziehung abwickeln, und vielleicht war das eine ziemliche Schlammschlacht. Und Sie haben wahrscheinlich gerätselt, wie Sie derart in eine leidenschaftliche Liebe zu jemandem verfallen konnten, den Sie als Menschen nicht einmal sonderlich gemocht haben.

Leidenschaftliche Liebe – das erste Gefühl, wenn man sich verliebt – ist eine der mächtigsten und mysteriösesten Erfahrungen, der sich jeder von uns im Leben gegenübersieht. Wenn Sie das Gefühl haben, als wären Ihre Emotionen entführt worden, insbesondere zu Beginn, ist das so, weil das tatsächlich der Fall ist. Ihr Gehirn sieht dem eines Drogenabhängigen verblüffend ähnlich und zeigt ungewöhnlich hohe Aktivitäten in Gehirnregionen, die sowohl für Lust als auch für Schmerz zuständig sind, wie dem ventralen tegmentalen Areal, dem Nucleus accumbens, dem Nucleus caudatus, der Insula, dem dorsalen anterioren cingulären Cortex und dem dorsolateralen präfrontalen Cortex.[37] Unterdessen ist Ihr Gehirn zu einem chemischen Experiment geworden: Anzeichen für körperliche Anziehung zu einem anderen Menschen sind Spitzen in den Sexualhormonen Testosteron und Östrogen. Ihre Vorfreude auf ein Beisammensein mit Ihrem Partner und die Euphorie haben ihre Ursache im hohen Dopamin- und Norepinephrin-Niveau.[38] Ihre unangenehme Vernarrtheit ist Folge eines Defizits an Serotonin.[39] Ihre Bindung und Eifersucht gehen mit einem steilen Anstieg an Oxytocin einher.[40]

Leidenschaftliche Liebe ist auf Sie zentriert. Der neurochemische Cocktail in Ihrem Gehirn sorgt dafür, dass Sie den ganzen Tag über an Ihre Gefühle und an Ihren Partner denken, wie er oder sie zu *Ihnen* steht. Also ist es keine Überraschung, dass diese Liebe, auch wenn sie aufregend ist, nicht viel Glück einbringt.

Leidenschaftliche Liebe dauert auch nicht lange, was die Leute oft enttäuschend und erschreckend finden. Wenn die Leidenschaft abkühlt, interpretieren die Menschen dies oft so, als würde die Liebe selbst abkühlen. Nichts könnte weiter von der Wahrheit entfernt sein. Der frühe Schwall romantischer Verliebtheit muss sich in etwas verwandeln, das stabil und dauerhaft ist, und das ist eines der größten Geheimnisse, glücklicher zu werden. Die Harvard-Studie über Erwachsenenentwicklung – die längste Studie mit Individuen über den Verlauf ihres ganzen

Lebens – zeigt, dass der wichtigste Indikator für das Glücklichsein im späten Alter stabile Beziehungen sind – insbesondere eine lange romantische Partnerschaft.[41] Die gesündesten und glücklichsten Menschen im Alter von achtzig Jahren haben die Tendenz, im Alter von fünfzig Jahren die größte Zufriedenheit in ihrer Beziehung zu verspüren.

Der Schlüssel für eine erfolgreiche Liebesbeziehung ist nicht der Versuch, Leidenschaft an erste Stelle zu rücken; vielmehr geht es darum, sie sich entwickeln zu lassen. Was nicht bedeutet, einfach als Eheleute zusammenzubleiben: Die Forschung zeigt, dass eine Ehe nur für 2 Prozent subjektiven Wohlbefindens im späteren Leben verantwortlich ist.[42] Das Wichtigste für das Wohlbefinden ist Befriedigung in der Beziehung, und die hängt von dem ab, was Sozialwissenschaftler »kameradschaftliche Liebe« nennen – stabile Zuneigung, gegenseitiges Verständnis und Hingabe.[43] Kameradschaftliche Liebe ist eine spezielle Kategorie von Freundschaft.

Sie könnten meinen, dass sich kameradschaftliche Liebe ein wenig, nun ja, langweilig anhört. Was daran liegt, dass unsere Populärkultur und die Medien die Neigung haben, Liebe und Romantik unrealistisch zu porträtieren und sich unverhältnismäßig auf magisches Denken, Liebe auf den ersten Blick und auf ein »Sie lebten glücklich und zufrieden bis an ihr seliges Ende« zu stützen.[44] Eine Untersuchung von Disneyfilmen zeigte zum Beispiel, dass die Mehrzahl von ihnen genau auf diese Themen setzte.[45] Diese Filme mögen umgekehrt die Sichtweise von Kindern und jungen Erwachsenen auf romantische Liebe beeinflussen. Eine Studie aus dem Jahr 2002 mit 285 Oberschülern (sowohl weiblich als auch männlich) entdeckte eine starke Korrelation zwischen der Zeit, die sie vor dem Fernseher mit Programmen über Liebe und Romantik verbrachten, und dem Grad, in dem sie idealistische Erwartungen hinsichtlich der Ehe äußerten.[46] Eine Studie aus dem Jahr 2016 fand heraus, dass Mädchen knapp vor der Pubertät, die vor Kurzem einen Film gesehen hatten, der eine Liebesgeschichte zeigte, eher geneigt waren, »idealistische romantische Vorstellungen zu befürworten« als jene, die einen Film gesehen hatten, in dem es nicht um Liebe ging.[47]

Trotz ihrer Popularität in Geschichten und Filmen hat Liebe auf den ersten Blick wenig mit der Realität zu tun. Forscher haben herausgefunden, dass das, was Menschen als »Liebe auf den ersten Blick« beschreiben, keine Verbindung zu den wirklichen Merkmalen von wahrer Liebe hat, einschließlich Intimität und Hingabe.[48] Vielmehr ist es entweder eine Phrase, die Menschen mit Blick auf die Vergangenheit benutzen, um ihre Begegnung zu romantisieren (ungeachtet dessen, wie sie tatsächlich abgelaufen ist); oder sie nutzen diese Phrase, um außergewöhnlich starke körperliche Anziehung zu beschreiben.

Idealistische, jedoch unrealistische Vorstellungen können eine Menge Schaden an Ihrer Beziehung anrichten. Betrachten Sie einmal die Idee des romantischen Schicksals oder »Seelengefährten« – der Glaube, dass zwei Menschen von unsichtbaren Kräften absichtlich zusammengeführt wurden. Untersuchungen mit Hunderten von Collegestudenten haben gezeigt, dass solche Erwartungen mit dysfunktionalen Mustern in Beziehungen korrelieren, etwa die Annahme, dass Partner mit geringster Mühe oder verbaler Kommunikation die Wünsche und Begierden des anderen verstehen und voraussagen können, weil sie auf kosmische Weise perfekt zueinander passen.[49] Mit anderen Worten: Ein Glaube ans Schicksal führt zu einem Glauben ans Gedankenlesen.

Kameradschaftliche Liebe ist das richtige Ziel – engste Freunde zu sein, die einander nach wie vor lieben. Leidenschaftliche Liebe in den frühen Stadien ist aufregend genau deshalb, weil der andere ein wenig fremd ist. Daher ist tiefe Freundschaft unmöglich. Das Ziel ist, die Anziehung lebendig zu halten, während man einander umfassend kennenlernt.

Diese intime Freundschaft bedeutet, die volle Personalität miteinander zu teilen – vom »Ich« zum »Wir« zu gehen. Offensichtlich kann es Meinungsverschiedenheiten, Ärger und Bitterkeit geben – sogar Unglück. Das Ziel besteht nicht darin, dies zu vermeiden, sondern durch Probleme zu lernen und zu wachsen. Es geht darum, dies als geteilte Herausforderungen zu sehen und gemeinsam in den Griff zu bekommen. Das Ziel ist *nicht*, Streit zu vermeiden; es ist, einander mit einem gemeinsamen Konfliktstil näherzukommen (wobei Sie zusammenarbeiten, um Lösungen zu finden).

Laut dieser Untersuchung gibt es fünf Wege, die tiefe Freundschaft der kameradschaftlichen Liebe zu entwickeln, die andauert. Erstens:

locker werden. Leidenschaftliche Liebe neigt dazu, schwer zu sein – sie ist gewöhnlich ernst und nicht komisch. Gute kameradschaftliche Liebe, die zu wachsendem Glücklichsein führt, ist viel leichter, weil beste Freunde die leichtere Seite im anderen zum Vorschein bringen. Sie scherzen freundlich miteinander und haben gemeinsam Spaß. Sie albern zusammen herum, wie Sie es mit jedem engen Freund täten.

Zweitens: Lenken Sie kameradschaftliche Liebe mehr auf Sie beide und weniger auf den Einzelnen. Sie sollten keine Angst davor haben zu streiten, aber Sie sollten es richtig anstellen. Forscher, die Auseinandersetzungen von Paaren studieren, haben herausgefunden, dass diejenigen, die im Streit »Wir-Worte« verwenden, weniger kardiovaskuläre Erregung, weniger negative Emotionen, aber höhere eheliche Zufriedenheit zeigen als jene, die »Ich-/Du-Worte« verwenden.[50] Sie müssen vielleicht daran arbeiten, insbesondere wenn Sie über viele Jahre hinweg schlechte Angewohnheiten angenommen haben. Statt zu sagen: »Du versuchst nicht mal, meine Gefühle zu verstehen«, probieren Sie es mit: »Ich glaube, wir sollten versuchen, die Gefühle des anderen zu verstehen.« Machen Sie *wir* zum von vornherein eingesetzten Pronomen, wenn Sie miteinander reden. Wenn Sie gern lange aufbleiben, Ihr Partner jedoch nicht, sagen Sie: »Wir bleiben lieber nicht so lange auf«, wenn Sie eine Essenseinladung für zehn Uhr abends um Ihres Partners willen absagen.

Drittens: Setzen Sie Geld auf Ihr Team. Viele Paare handeln individuell, wenn es um ihr Geld geht – haben zum Beispiel getrennte Bankkonten. Gewöhnlich glauben sie, dadurch Konflikte zu vermeiden, und vielleicht ist das sogar so, aber sie vermeiden auch eine Gelegenheit, als Team von Freunden zu denken und zu handeln. Tatsächlich haben Wissenschaftler demonstriert, dass Paare, die ihr ganzes Geld zusammenwerfen, in der Tendenz glücklich sind und mit größerer Wahrscheinlichkeit zusammenbleiben.[51] Das mag Partnern mit unterschiedlichen Gewohnheiten beim Geldausgeben schwerfallen, aber die Forschung hat gezeigt, dass Menschen dazu neigen, mit Geld vorsichtiger umzugehen, wenn sie ihre Ressourcen zusammenlegen.[52]

Viertens: Betrachten Sie Ihre Auseinandersetzungen wie ein Training. Etwas, was jeder gestandene Besucher von Fitnesscentern Ihnen sagen wird, ist, dass Sie das Training nicht als Strafe ansehen dürfen, wenn Sie Fitness zu einer längerfristigen Gewohnheit machen wollen. Gewiss, es wird schmerzhaft sein, aber Sie sollten nicht unglücklich darüber sein, regelmäßig zu trainieren, weil es Sie stärker macht. Für Paare, die zusammenarbeiten, kann ein Konflikt genauso gesehen werden: Er macht in dem Augenblick keinen Spaß, aber er ist eine Gelegenheit, unausweichliche Probleme gemeinsam zu lösen, was die Beziehung stärkt.[53] Eine Möglichkeit hierfür besteht darin, dass Sie Zeit einplanen, um ein Problem abzuarbeiten, statt es wie einen emotionalen Notfall zu behandeln. Betrachten Sie eine Meinungsverschiedenheit als etwas, für dessen Reparatur *wir* Zeit finden müssen, anstatt dass *ich* von *dir* angegriffen werde, was ein alarmierender Notruf wäre.[54]

Schließlich: Machen Sie Ihre kameradschaftliche Liebe exklusiv. Romantische Liebe macht die meisten Menschen am glücklichsten, wenn sie emotional und sexuell unter vier Augen abläuft. Heutzutage ist das bei einigen Menschen nicht so populär, aber dieser Lebensrat basiert auf Belegen, nicht Moral. Im Jahr 2004 hat eine große Umfrage unter erwachsenen Amerikanern ergeben, dass »die Anzahl der Sexualpartner für das größte Glücklichsein im vorangegangenen Jahr bei 1 gelegen hat.«[55]

Ein letzter Punkt: Während kameradschaftliche romantische Liebe am besten funktioniert, wenn sie exklusiv ist, sollten es Freundschaften als solche nicht sein. 2007 haben Forscher herausgefunden, dass verheiratete Erwachsene, die sagten, sie hätten mindestens zwei enge Freunde – was bedeutete, mindestens einen neben ihrem Ehegatten –, eine höhere Lebenszufriedenheit, Selbstwertschätzung und niedrigere Depressionsraten aufwiesen als Partner, die keine engen Freunde außerhalb ihrer Ehe hatten.[56] Mit anderen Worten: Langfristige kameradschaftliche Liebe mag nötig sein, aber sie reicht nicht fürs Glücklichsein aus.

Herausforderung 5

Die virtuelle Welt

1995 wurden Rena Rudavsky und ihre Familie ausgewählt, an einem neuartigen psychologischen Experiment teilzunehmen. Forscher an der Carnegie Mellon University installierten einen Computer im Esszimmer der Familie und verbanden ihn mit dem Internet. Zu dieser Zeit nutzten nur 9 Prozent der Amerikaner das Internet (2020 waren es fast 91 Prozent).[57] Rena, damals auf der Mittelschule, erinnerte sich, Tag um Tag vor dem Computer gesessen, sich in Chatrooms getummelt und im Internet gesurft zu haben. War sie fertig, setzte sich ein anderes Familienmitglied daran.

Merkwürdig war, dass dieses Experiment nicht viele Diskussionen in ihrem Haushalt auslöste. »Wir sprachen wenig im Esszimmer, wenn der Computer eingeschaltet war«, erzählte uns Rena. Weiterhin: »Niemand von uns teilte seine privaten Interneterfahrungen mit anderen in unserer Familie.«

Renas Erfahrung war typisch, wie die Forscher zeigten, als sie die inzwischen berühmte »HomeNet«-Studie im Jahr 1998 veröffentlichten.[58] »Häufigere Nutzung des Internets war verbunden mit geringerer Kommunikation unter den teilnehmenden Familienmitgliedern im Haus« sowie mit »einer abnehmenden Größe ihres gesellschaftlichen Umkreises«, berichteten die Forscher. Noch rätselhafter war, dass die Internetnutzung zu einem »Anstieg an Depression und Einsamkeit [bei den Teilnehmern]« führte. Rena sagt, ihre Erfahrungen würden diese Befunde bestätigen.

HomeNet könnte eine Anklage an das Internet oder Bildschirmarbeit oder gar moderne Kommunikationstechnologie im Allgemeinen sein (und wurde es auch). In Wahrheit illustriert die Studie eine viel einfachere Wahrheit über Liebe und Glück: Technologie, die unsere Interaktion mit anderen im echten Leben verdrängt, wird unser Wohlbefinden herabsetzen und muss daher in unserem Leben mit äußerster Sorgfalt behandelt werden. Um ihren vollen Nutzen ernten zu können, sollten wir digitale Werkzeuge so benutzen, dass sie unsere persönlichen Beziehungen zu Familie und Freunden erweitern.

Die Coronapandemie brachte viel neue Forschung über soziale Bindungen hervor. Jedes Mal dann, wenn die Umstände des gesellschaftlichen Lebens sich plötzlich ändern, eilen Forscher mit Klemmbrettern in der Hand los und stellen penetrante Fragen. Eines der häufigsten Fragengebiete der letzten paar Jahre war, wie die plötzliche Massenbewegung hin zu digitaler Kommunikation – weg vom direkten Gespräch – die gesellschaftliche Verbundenheit insgesamt beeinflusst hat. In einer Studie haben Forscher fast dreitausend Erwachsene während der ersten Monate der Pandemie befragt und herausgefunden, dass E-Mails, soziale Medien, Online-Spiele und Textnachrichten nur einen unzureichenden Ersatz für persönliche Interaktionen darstellten.[59] Ton- und Videoanrufe waren etwas besser (obwohl spätere Untersuchungen auch den Wert dieser Technologien infrage stellten).[60]

Inwieweit einsame Zerstreuungen wie Scrollen oder Surfen die gesellschaftlichen Verbindungen reduzieren, ist klar: Wir nutzen sie anstelle von Interaktionen. Virtuelle Kommunikationsformen wie Texten sind von der Anlage her interaktiv und sollten theoretisch weniger schädlich sein; das Problem ist, dass wir mit diesen Technologien *Dimensionalität* verlieren. Textnachrichten können Emotionen nicht gut darstellen, weil wir unseren Gesprächspartner weder sehen noch hören können; dasselbe gilt für direkte Nachrichten in den sozialen Medien. (Häufiger noch werden soziale Medien nicht zur Kommunikation mit einem Einzelnen, sondern zum Senden an ein größeres Publikum genutzt.) Diese Technologien sind für Interaktionen zwischen Menschen das, was eine schwarz-weiße Pixelversion der *Mona Lisa* für die echte ist: identifizierbar, jedoch außerstande, dieselben emotionalen Reaktionen hervorzurufen.

Bei niedrig-dimensionalen Kommunikationsmitteln neigen wir dazu, von einer Person zur nächsten zu springen und somit Tiefe gegen

Breite einzutauschen. Deswegen sind Gespräche von Angesicht zu Angesicht ausführlicher als solche, die per Textnachricht geführt werden. Die Forschung hat gezeigt, dass tiefergehende Gespräch mehr Wohlbefinden einbringen als kurze Kommunikation.[61] Unterdessen wurde in einer Langzeitstudie vor Kurzem festgestellt, dass Teenager, die häufiger Textnachrichten schrieben als ihre Altersgenossen, mehr an Depressionen, Ängsten, Aggressionen litten und schlechtere Beziehungen zu ihren Eltern hatten.[62]

Es mag seltsam erscheinen, dass wir sogar außerhalb der Umstände, die uns die Pandemie auferlegt hatte, freiwillig Technologien annehmen würden, die unser Glücklichsein beschädigen. Dafür gibt es zwei hauptsächliche Erklärungen: Bequemlichkeit und mutmaßliche Höflichkeit. Vor einem Bildschirm herumzuhängen (was neun von zehn amerikanischen Teenagern tun, um »die Zeit totzuschlagen«) ist schlicht einfacher, als mit Freunden zu reden, und virtuelle Kommunikation wie Texten ist rascher und leichter erledigt als ein Besuch oder ein Telefonanruf.[63] Denken Sie sich diese Technologien wie Fast Food in einem Supermarkt: Schmeckt nicht toll, ist aber mit Sicherheit einfach – und nachdem Sie genügend Mikrowellen-Burritos zu sich genommen haben, haben Sie vergessen, wie das echte Ding eigentlich schmeckt.

Das nachhaltig prägende Experiment während Renas Kindheit hat sie dazu geführt, gründlich über die Effekte des Internets nachzudenken, und hat lebenslange Auswirkungen auf ihren Gebrauch dieser Technologie nach sich gezogen. Auf dem College hatte sie einen Facebook-Account, hat ihn jedoch nach dem Abschluss gelöscht, und sie ist nie mehr zurückgekehrt. Sie meidet andere soziale Netzwerke, und ihre Kinder haben keine Internetpräsenz. Ihre Arbeit heute – die übrigens unter anderem darin besteht, als Rechercheassistentin für dieses Buch zu arbeiten – hat ein virtuelles Element, aber sie zieht es vor, wenn möglich ins Büro zu gehen.

Nach heutigen Standards mag sich ihr Leben altmodisch anhören. Ihre Tochter klopft für einen Besuch an die Türen der Nachbarn. Die Familie sitzt nach dem Abendessen auf der Terrasse vor dem Haus und plaudert miteinander und mit Passanten. Sie schreibt und schickt Briefe.

Wenn sie Technologie nutzt, ist das als Ergänzung zu ihren Freundschaften gedacht, nicht als Ersatz für sie; sie ist zum Beispiel in einer WhatsApp-Gruppe für Eltern, aber nur, um Aktivitäten in persona abzusprechen.

Für die meisten von uns, insbesondere für Menschen, die damit aufwuchsen, ist das Internet ein unhinterfragter Teil des Ökosystems des Lebens, der unabhängig von irgendeiner bewussten Entscheidung unsererseits in jede Ritze und Spalte einsickert. Wir kehren natürlich nicht zum Leben vor diesen technologischen Entwicklungen zurück. Wir können und sollten sie jedoch achtsam im Dienst von Liebe und Freundschaft nutzen. Hierfür gibt es zwei Wege.

Erstens: Etwas tun, nicht träge herumsitzen. An dieser Regel ist nichts revolutionär – vor fünfundvierzig Jahren haben Eltern ihren Kindern gesagt, sie sollten mit ihren Freunden rausgehen, statt vor dem Fernseher zu hocken. Der Unterschied zu heute ist, abgesehen von der Tatsache, dass der Fernseher nicht in meine Tasche passt, ein empirischer Beleg: Heutzutage wissen wir, dass einsame und bildschirmbasierte Zerstreuung das Glücklichsein mindert und zu Stimmungsstörungen wie Depression und Angstgefühlen führen kann.[64]

Um aus suboptimalen Gewohnheiten herauszukommen, nutzen Sie die Möglichkeiten, sich darüber zu informieren, wie viel Zeit Sie mit sozialen Medien und im Internet verbringen, und beschränken Sie sich auf eine Stunde pro Tag oder weniger. Eine weitere populäre Herangehensweise, die von der akademischen Forschung noch nicht überprüft wurde, ist, Ihren Bildschirm von farbig auf grau umzustellen.[65]

Zweitens: Stellen Sie eine Kommunikationshierarchie auf. Es wäre unvernünftig zu erwarten, dass jemand aufhört, Textnachrichten zu schreiben; aber Sie können es etwas aus dem Fokus rücken, wenn Sie eine »Rangfolge der Verfahren« aufgestellt haben, wie Sie mit Ihren Freunden reden – insbesondere mit Ihren engen Freunden. Eine Studie von 2021 zeigte, dass sich Menschen umso verstandener fühlten und umso zufriedener mit ihren Beziehungen waren, je mehr sie von Angesicht zu Angesicht mit anderen kommunizierten.[66] Wenn ein Treffen unmöglich ist, nutzen Sie Videotechnologie oder das Telefon. Nutzen

Sie Textnachrichten oder ähnliche Technologien nur für unpersönliche oder dringende Angelegenheiten.

Das segensreiche Werk der Freundschaft

Freundschaft wird von vielen Menschen fälschlicherweise als etwas gesehen, das natürlich und ohne bewusste Anstrengung oder Arbeit einfach geschieht. Dies ist falsch; wie alles andere, was wichtig ist, erfordert Freundschaft Achtsamkeit und Arbeit. Sie muss zielstrebig aufgebaut werden. Die großen Herausforderungen, die wir in diesem Kapitel besprochen haben, können zu Angeboten werden, wenn Sie sich an fünf Lektionen erinnern:

1. Lassen Sie nicht zu, dass eine introvertierte Persönlichkeit oder eine Furcht vor Zurückweisung Ihre Fähigkeit blockiert, Freundschaften zu schließen, und lassen Sie sich von Extravertiertheit nicht davon abhalten, in die Tiefe zu gehen.
2. Eine Freundschaft geht in die Brüche, wenn wir nach Menschen suchen, die uns aus anderen Gründen als Freundschaft an sich nützlich sind. Stellen Sie Verbindungen her, die auf Liebe und der Freude an der Gesellschaft des anderen beruhen, nicht auf dem, was sie oder er für Sie beruflich oder gesellschaftlich tun kann.
3. Zu viele wahre Freundschaften werden heutzutage durch Meinungsverschiedenheiten verdorben. Liebe zu anderen lässt sich durch Differenzen verstärken, nicht beschädigen, wenn wir statt Stolz Bescheidenheit zeigen – und der Nutzen fürs Glücklichsein ist gewaltig.
4. Das Ziel einer langfristigen Romanze ist eine besondere Art von Freundschaft, nicht unsterbliche Leidenschaft. Kameradschaftliche Liebe basiert auf Vertrauen und gegenseitiger Zuneigung und ist das, wovon alte Menschen sprechen, die einander immer noch lieben.
5. Wahre Freundschaft erfordert realen Kontakt. Die Technologie kann Ihre tiefsten Beziehungen ergänzen, ist jedoch ein klägli-

cher Ersatz. Suchen Sie nach weiteren Möglichkeiten, persönlich mit den Menschen zusammen zu sein, die Sie am meisten lieben.

Die ersten beiden Säulen, um ein glücklicheres Leben darauf zu errichten – Familie und Freundschaft –, erfordern viel Zeit und Hingabe. Viele Menschen verbringen jedoch wesentlich mehr Zeit mit etwas anderem: arbeiten. Wenn Sie vierzig Stunden pro Woche arbeiten und dazu noch pendeln, könnte dies die einzige und am meisten Zeit verschlingende Aktivität in Ihrem Leben sein. Investieren Sie an dieser Stelle derart viel, selbst wenn es Ihnen weniger wichtig ist als Ihre Familie und die Beziehungen zu Freunden, lässt sich das Glücklichsein kaum steigern, solange die Arbeit eine Quelle des Elends ist.

Aber »keine Quelle des Elends zu sein« ist kaum ein Ziel, auf das wir den Blick richten wollen – das können und sollten wir besser hinbekommen. Die Arbeit sollte uns Glück und nicht bloß die Ressourcen einbringen, die wir zum Überleben und zur Versorgung unserer Familien benötigen. Und das ist unser nächstes Thema: das Verdienen unseres täglichen Brotes zu einer Quelle der Freude zu machen.

Sieben

Arbeit als sichtbar gemachte Liebe

Die dritte Säule zum Aufbau eines glücklicheren Lebens ist die sinnvolle Arbeit. Hunderte von Studien haben gezeigt, dass Zufriedenheit mit der Arbeit und Zufriedenheit mit dem Leben positiv und kausal miteinander in Beziehung stehen: Wenn Sie Ihre Arbeit mögen, sind Sie insgesamt glücklicher.[1] Sich mit ganzem Herzen der Arbeit zu widmen ist eine der besten Methoden, Ihre Tage zu genießen, zufrieden mit dem zu sein, was Sie erreicht haben, und Sinn in Ihren Bemühungen zu sehen. Arbeit ist im besten Fall, in den eleganten Worten des libanesischen Dichters Khalil Gibran, »sichtbar gemachte Liebe«.[2]

Das ist die gute Nachricht. Es ist auch die schlechte Nachricht. Wenn Ihre Arbeit eine Schinderei ist, dann ist sie der Liebe beraubt und kann das Leben zu einer Pflichtveranstaltung machen. Es liegt keine Freude darin, sich am Morgen aus dem Bett zu quälen, um zu einer Arbeit zu gehen, die Sie verabscheuen – wo Sie sich hilflos fühlen, gelangweilt oder nicht geschätzt. Einige Jobs sind tatsächlich objektiv gesehen miserabel. Und die schlichte Bestrebung, finanziell über die Runden zu kommen, ist unter den besten Umständen stressig. Aber die meisten Menschen können, wenn sie lernen, dass glücklicher werden im Innern anfängt, die Arbeit weniger stressig, freudiger und zu einer Quelle des persönlichen Wachstums machen.

Es wäre praktisch, wenn wir Ihnen genau sagen könnten, welcher Job dazu der richtige wäre und wie Sie ihn bekommen könnten. Aber

Arbeit, die Ihr Glücklichsein steigert, bedeutet *nicht,* einen bestimmten Job mit viel Prestige oder Einkommen zu finden (obwohl wir alle genügend Geld verdienen müssen, um über die Runden zu kommen). Sie können es lieben oder hassen, Anwältin zu sein oder Elektriker oder Hausmann oder ehrenamtlich tätig in Vollzeit. Forscher, die nach einer klaren Beziehung suchen zwischen Zufriedenheit im Job und der Art von Job, die man tatsächlich hat, haben mächtig ausgeholt. In einer Untersuchung aus dem Jahr 2018 hatten die »glücklichsten Jobs« nichts gemeinsam: Schulbegleiter, Qualitätssicherungsanalyst, Internetentwickler und Marketing-Spezialist.[3] Die »unglücklichsten Jobs« sind ein ähnliches Mischmasch und zeigen kaum einen Zusammenhang mit Ausbildung und Einkommen: Buchhalter, Wachmann, Kassierer und Supervisor.

Sehen Sie sich einmal die folgenden beiden Fälle an, die illustrieren, dass Glücklichsein von *Ihnen* abhängt, nicht von Ihrem Job:

Stephanies Traum seit dem College war es, Geschäftsführerin der Top-Firma in ihrer Branche zu sein. Sie arbeitete und strengte sich an, und mit Mitte vierzig hatte sie es in die Chefetage geschafft. Und als sie es geschafft hatte, hatte sie spektakulären Erfolg im Job. Sie führte ihre Firma finanziell zu neuen Höhen und war intern sehr beliebt. Sie erhielt positive Presse für ihre Führungsqualitäten, und sie verdiente ziemlich gutes Geld.

»Ich habe den Hauptpreis gewonnen«, sagte sie, »und darauf bin ich stolz.« Aber es gab Opfer. »Ich habe viel von der Kindheit meiner Kinder verpasst«, gab sie zu. »Und es hat meiner Ehe nicht gutgetan, so häufig nicht daheim zu sein.« Sie gestand auch ein: Während sie eine riesige Anzahl an Menschen kannte und Hunderte von Freunden hatte, war keiner davon ein enger Freund – größtenteils waren es bloß Kunden und Kollegen.

Nach mehr als einem Jahrzehnt Knochenarbeit und Spitzenleistung war Stephanie ausgelaugt. Ihr Aufsichtsrat und ihre Angestellten hätten es gern gesehen, wenn sie noch viele weitere Jahre geblieben wäre – schließlich liefen die Dinge prächtig für die Firma –, aber da sie ehrlich zu sich selbst war, musste sie sich eingestehen, dass ihr Leben einfach den Kosten-Nutzen-Test fürs Glücklichsein nicht bestanden hatte. Es gab schöne Zeiten, aber sie waren erstickt von Stress. Und sie fühlte sich unendlich einsam.

Selbst das Vermächtnis, das Stephanie glaubte aufzubauen, war eine Illusion. Sie kehrte wenige Monate nach ihrem Rückzug in ihre Firma zurück, betrat einen opulenten Hauptsitz, der während ihrer Amtszeit errichtet worden war, und es war, als wäre sie ausradiert worden. Es gab kein böses Blut, nur … alles war weitergegangen. Der neue Geschäftsführer nahm dieselben Routen wie sie, traf dieselben Kunden, tätigte dieselben Abschlüsse. Ihre alten Kollegen waren herzlich und freundlich, aber fast niemand war besonders interessiert daran, was sie jetzt vorhatte. »Warum auch?«, fragte sie rhetorisch. Heute ist sie neunundfünfzig und hat sich trotz all ihres »Erfolgs« von der leitenden Tätigkeit zurückgezogen, sucht jedoch immer noch nach etwas, das ihr helfen soll, sich völlig lebendig zu fühlen.

Nun betrachten Sie Alex. Seine Träume waren bescheidener als die von Stephanie. Er wuchs in einer Mittelklassefamilie mit Mittelklasseerwartungen auf: Er hatte ganz gute Noten, ging auf eine staatliche Universität und begann eine Karriere, die Sicherheit bot – eine plausible und vernünftige Formel für ein gutes Leben. Aus irgendeinem Grund passte diese Formel jedoch nie zu Alex. Er war auf der Highschool ein guter Schüler, doch richtige Begeisterung entlockte ihm keines seiner Fächer. Er ging direkt aufs College und studierte Rechnungswesen, aber für ihn war das reine Schinderei.

Nach dem College landete Alex in einem Buchhaltungsjob bei einer Baufirma in seiner Heimatstadt. Dort arbeitete er ein Jahr lang und wechselte dann zu einer anderen Stelle, die etwas besser bezahlt war. Im Verlauf der nächsten beiden Jahrzehnte wechselte er alle paar Jahre, und als er Mitte vierzig war, hatte er ein nettes (wenn auch kein spektakuläres) Einkommen. Der Lichtblick in seinem Leben waren seine Familie und seine Freunde. Er war glücklich verheiratet, hatte drei Kinder und enge Freunde von der Highschool, mit denen er sich an den meisten Wochenenden traf. Er liebte auch Autos und genoss es, seines in makellosem Zustand zu halten.

Alex sagt, er habe in dieser Zeit geglaubt, dass alle Leute ihre Arbeit hassten und sie nur aus reiner Notwendigkeit erledigten. Jeder Tag im Büro war für ihn ein zermürbender Marathon. Der Papierkram langweilte ihn, und er konnte den Ausblick aus seinem Bürofenster auf den Parkplatz nicht ausstehen. Er war dankbar für den sicheren Job, der ihm erlaubte, seine Familie zu ernähren, aber er verbrachte jeden Tag damit, zuzusehen, wie die Uhr in Zeitlupe auf fünf Uhr nachmittags zukroch, sodass er nach Hause gehen könnte.

Eines Tages, da war er fünfundvierzig Jahre alt, beklagte sich Alex nach dem Abendessen bei seiner Frau zum tausendsten Mal über seinen Job. Halb hinhörend, fragte sie ihn: »Gibt es irgendetwas, was du jeden Tag tust und was du tatsächlich genießt?« Er überlegte und konnte lediglich zwei amüsante profane Aktivitäten nennen: »Ich fahre gern zur Arbeit, und ich sprechen gern in meinen Pausen mit den Leuten.«

»Warum kündigst du dann nicht und wirst Taxifahrer?«, scherzte sie. Bumm! Was als Scherz gemeint war, war wie Alex' Erweckungsmoment. Er setzte es in die Tat um, und er fuhr die letzten fünf Jahre Taxi, um seinen Lebensunterhalt zu verdienen.

»Ich arbeite eigentlich länger und verdiene etwas weniger als zuvor«, sagte er. »Aber ich freue mich auf die Arbeit. Ich treffe neue und interessante Menschen und kann den ganzen Tag lang fahren.« Er sagte, er käme mit guter Laune nach Hause und würde sich niemals Sorgen um Probleme bei der Arbeit machen. All das macht ihn zu einem besseren Ehemann und Vater. »Ich bin doppelt so glücklich wie früher«, berichtete er.

Dies sind zwei wahre Geschichten, keine erfundenen Beispiele. Nur die Namen und ein paar Details wurden geändert, um die Anonymität der Personen zu schützen.

Missverstehen Sie uns nicht: An diesen beiden Geschichten gibt es nichts, was darauf hinweist, dass entweder Stephanie oder Alex im Leben ein schlechtes Geschäft gemacht oder eine irrationale Wahl getroffen hätten. Auch ist es nicht so, dass der Aufstieg zur Geschäftsführerin oder das Taxifahren per se mehr Glück oder Unglück einbringen. Vielleicht wäre die Leitung einer Firma ein Wahnsinnspaß für Sie, und andere umherzufahren wäre schrecklich – oder umgekehrt. Der schickste Job kann eine Enttäuschung oder ein Triumph sein, und ein »gewöhnlicher« Job mit bescheidener Bezahlung kann erfreulich oder schrecklich sein. Die Entscheidung, daheim zu bleiben und die Kinder großzuziehen, wenn Sie es sich leisten können, kann wunderbar sein – oder nicht. In Rente gehen kann Ihr Glücklichsein steigern oder senken.

Eine Karriere aufzubauen, die Sie glücklicher macht, bedeutet, sich selbst zu verstehen. Es bedeutet, der Chef Ihres eigenen Lebens zu sein, selbst wenn Sie praktisch gesehen nicht der Chef auf der Arbeit sind. Dies zu tun bedeutet, vier große Herausforderungen in den Griff zu bekommen – was Alex bewältigte und so zu einem viel größeren Glücklichsein gelangte, Stephanie jedoch nicht.

Herausforderung 1

Karriereziele

Vielleicht sind Sie jemand, der seine oder ihre Arbeit absolut liebt, eine völlig gesunde Work-Life-Balance hat und sich nichts anderes vorstellen kann, was diesen Teil des Lebens verbessern könnte. Moment mal … das sind Sie *nicht?*

In Wahrheit sind die meisten Menschen mehr oder weniger zufrieden mit ihrem Job, sehen in ihm jedoch keine großartige Quelle der Zufriedenheit. Sie wissen aber nicht, wie sie alles stark verbessern können, und lassen daher diesen Teil des Lebens »gut genug« sein. So waren zum Beispiel im Jahr 2022 nur 16 Prozent der Beschäftigten »sehr zufrieden« mit ihrer Arbeit.[4] 37 Prozent waren »eher zufrieden«. Alle anderen sagten, sie waren »eher unzufrieden« oder »sehr unzufrieden«, oder sie sagten: »Ich bin bloß froh, einen Job zu haben.« Wie würden Sie antworten?

Dies zu verbessern, wie Alex es tat, fängt damit an, dass Sie Ihre Ziele eindeutig definieren. Wenn Ihre Antwort auf die vorangegangene Frage war: »Ich bin bloß froh, einen Job zu haben«, könnten Sie von der Bestrebung motiviert sein, nicht arbeitslos zu werden – eine Bedrohung, die eine der größten Quellen fürs Unglücklichsein ist, der sich Menschen gegenübersehen. Erwachsene Amerikaner, die berichteten, sie würden 2018 »sehr« oder »ziemlich« wahrscheinlich ihre Stelle verlieren, sagten mit mehr als dreimal so hoher Wahrscheinlichkeit aus, »nicht allzu glücklich« mit ihrem Leben zu sein, verglichen mit Menschen, denen ein Jobverlust »nicht wahrscheinlich« erschien.[5] 2014 fanden Ökonomen heraus, dass eine Steigerung der Zahl von unbeschäftigten Arbeitern um 1 Prozent das nationale Wohlbefinden mehr als fünfmal so stark senken würde wie eine Steigerung von 1 Prozent bei der Inflationsrate.[6]

Wenn Sie nicht unmittelbar von Arbeitslosigkeit bedroht sind, können Sie Ihre Ziele höherschrauben. Wie Sozialwissenschaftler bemerken, sind Lohn und Zusatzleistungen zwar *notwendig,* aber nicht *hinreichend.* Lohn und Zusatzleistungen sind wie Essen und Schlafen für Ihre Gesundheit. Sie benötigen beides unbedingt, und wenn Sie allzu viel Schindluder damit treiben, werden schlimme Dinge geschehen, aber wenn Sie sich nur noch auf diese Dinge fokussieren, werden Sie am Ende krank und unglücklich sein.

Ihr Lohn und Ihre Zusatzleistungen sind das, was extrinsische Belohnungen genannt wird. Sie kommen von außen. Wenn Sie jemand sind, der einen Hochleistungsjob mit hohem Prestige hat, würde das ebenso in diese Kategorie fallen. Unterdessen hat Ihr Job auch intrinsische Belohnungen, die aus Ihrem Innern kommen – die inhärente Erfüllung und Freude, die Sie erhalten, wenn Sie Ihre Arbeit erledigen. Sie benötigen extrinsische Belohnungen, um über die Runden zu kommen, aber Sie benötigen intrinsische Belohnungen, um glücklicher zu werden.

In einer klassischen Studie über extrinsische und intrinsische Belohnungen aus dem Jahr 1973 ließen Forscher aus Stanford und von der University of Michigan eine Gruppe von Kindern ihre bevorzugten Spiele aussuchen – zum Beispiel Zeichnen mit Buntstiften –, was sie fröhlich und aus Spaß an der Freude taten (intrinsische Belohnungen).[7] Später wurden die Kinder für diese Tätigkeit mit einem Zertifikat belohnt, das ein goldenes Siegel und eine Schleife wie bei einer Urkunde trug (extrinsische Belohnungen). Die Forscher fanden heraus, dass die Kinder, nachdem sie das Zertifikat überreicht bekommen hatten, nur noch etwa halb so wahrscheinlich zeichnen wollten wie diejenigen, die keines erhalten hatten. Während der folgenden Jahrzehnte haben viele Studien dasselbe Muster für eine breite Palette an Aktivitäten gezeigt, bei vielen demografischen Gruppen.[8]

Wir Menschen haben eine komische Neigung, das, was wir tun, anhand dessen wertzuschätzen, was uns andere Menschen dafür geben. Wenn uns jemand bezahlt, muss es schwierig sein – ansonsten muss man es nicht tun. Deswegen sank die Befriedigung in den Experimenten, als die Wissenschaftler eine Entlohnung einführten. Das soll offensichtlich nicht bedeuten, dass wir alle kostenlos arbeiten sollen; vielmehr soll es einfach darauf hinweisen, dass sich fürs Glücklichsein unsere Ziele nicht nur auf maximale extrinsische Belohnungen beschränken sollten. Wir sollten auch bewusst weiterhin intrinsische Ziele in die erste Reihe stellen.

Wie setzen wir uns also Ziele, um intrinsische Belohnungen bei der Arbeit zu erhalten, während wir unseren Lebensunterhalt verdienen? Eine Antwort könnte lauten, dass wir versuchen sollten, einen Job zu finden, der dem Rat der Sprecher bei der Schulabschlussfeier folgt, die anscheinend immer sagen: »Sucht einen Job, den ihr liebt, und Ihr werdet im ganzen Leben keinen einzigen Tag arbeiten.« Das klingt danach, als wäre die richtige intrinsische Belohnung die, einen Job zu haben, der jeden Tag einen Wahnsinnsspaß macht.

Einen solchen Job haben wir im wahren Leben noch nie gesehen. Weiterhin könnten Sie diesen Rat ein wenig verdächtig finden angesichts dessen, dass er stets von unglaublich erfolgreichen Leuten kommt, die sich, sieht man sich ihren Hintergrund an, zu Beginn ihrer Karriere fast zu Tode geackert und oft einen gewaltigen persönlichen Preis in ihren Beziehungen gezahlt haben, um ganz nach oben zu kommen. Sie haben gewiss nicht ihren eigenen Rat beherzigt.

Offensichtlich sollten Sie keinen Vertrag für etwas unterschreiben, was Ihnen völlig widerstrebt, aber die richtige intrinsische Belohnung ist nicht ein »Riesenspaß jeden Tag«. Die Suche danach wird Sie auf eine weitere Expedition nach Eldorado und zu etwas Nicht-Existentem sowie zu Frustration führen. Statt unerbittlich einen Job zu suchen, der »absolut passt«, ist eine bessere Herangehensweise, flexibel im Job zu bleiben, während Sie nach zwei großen Dingen Ausschau halten.

Das Erste ist *verdienter Erfolg*. Sie können sich das als das Gegenteil von erlernter Hilflosigkeit vorstellen, ein Ausdruck, der vom Psychologen Martin Seligman geprägt wurde, um die Resignation zu bezeichnen, die Menschen erfahren, wenn sie wiederholt unangenehme Situationen erleben, die außerhalb ihrer Kontrolle liegen.[9] Verdienter Erfolg hingegen verleiht Ihnen ein Gefühl von Vollendung und professioneller Effizienz (die Vorstellung, dass Sie in Ihrem Job effizient sind, was die Hingabe an Ihre Beschäftigung beflügelt – ebenfalls ein guter Maßstab für Zufriedenheit im Job).[10]

Die beste Möglichkeit, einen verdienten Erfolg zu genießen, ist die, Wege zu finden, wie Sie besser in Ihrem Job werden, ob dies nun zu Beförderungen und höherer Bezahlung führt oder nicht. Offensichtlich ist es großartig, Arbeit zu haben, auf die extrinsische Belohnungen folgen. Arbeitgeber, die klare Anweisungen und Rückmeldungen geben, Verdienste belohnen und ihre Angestellten dazu ermutigen, neue Fertigkeiten zu entwickeln, sind die besten Arbeitgeber. Selbst wenn Sie keinen Job mit dieser Art von extrinsischer Belohnung haben, sollten Sie sich selbst exzellente Ziele setzen, wie zum Beispiel: »Ich werde dafür sorgen, dass sich jeder meiner Kunden heute als etwas ganz Besonderes fühlt.«

Und dies führt zum zweiten, dazu in Beziehung stehenden intrinsischen Ziel, dem *Dienst an anderen* – das Gefühl, dass Ihr Job die Welt zu einem besseren Ort macht. Was nicht heißt, dass Sie freiwillig Sozialarbeit leisten sollen, um glücklich zu sein (die Forschung hat gezeigt, dass unentgeltliche Arbeit nicht aus sich selbst heraus zufriedenstellender ist als Arbeit für ein gewinnorientiertes Unternehmen oder die Regierung).[11] Im Gegenteil, Sie können dieses Gefühl, etwas zurückzugeben, in fast jedem Job finden.

Dies hat ein junger Mann genau auf den Punkt gebracht. In einer Kolumne erklärte er, warum er lieber als Kellner in einem Restaurant in

Barcelona arbeitete, obwohl er einen Master of Business Administration hatte.[12] Er drückte es so aus, dass seine Kunden »alle wichtig und gleich sind. Sie sind gleich, wenn sie am Tisch sitzen, und müssen im Auge des Kellners alle gleich sein … Es ist eine großartige Sache, wenn man in der Lage ist, den Politiker von der Titelseite der Zeitung ebenso gut zu bedienen wie den Jungen, der die Nachrichten durchblättert, während er auf seine Freundin wartet.« Dieser junge Mann brauchte extrinsische Belohnungen, um seinen Lebensunterhalt zu verdienen, aber er zog es vor, dafür nicht das Maximum herauszuholen, wobei seine intrinsischen Belohnungen auf der Strecke bleiben würden.

Verdienter Erfolg und Dienst am anderen sind in einigen Jobs leichter zu vereinen als in anderen. Wenn Sie zum Beispiel einen Beruf ausüben, von dem Sie denken, dass er andere verletzt, wird dies schwer zu erreichen sein. Deswegen ist es eine gute Faustregel, dass die Werte eines Arbeitgebers mit Ihren eigenen grundsätzlich übereinstimmen sollten. Wenn Menschen an die Mission ihres Arbeitgebers glauben, haben sie jede Menge intrinsischer Motivation für ihre Arbeit.[13] Dies trifft insbesondere dann zu, wenn die Werte besondere moralische, philosophische oder spirituelle Bedeutung haben, und das bleibt sogar dann so, wenn ein Job erschöpfend oder hart ist. So hat zum Beispiel eine Studie von 2012 mit Krankenpflegerinnen und -pflegern herausgefunden, dass die glücklichsten von ihnen daran glaubten, dass ihre Arbeit »ein himmlischer Beruf und ein Mittel war, durch das sie spirituellen Genuss und Befriedigung«[14] erhalten konnten.

Wir wissen genau, dass diese Ziele nicht immer einfach zu erreichen sind, und selbst unter den besten Umständen kann das an gewissen Tagen der Fall sein. Selbst wenn Sie den Arbeitgeber finden, an den Sie glauben, der Ihre Verdienste belohnt und bei dem Sie den ganzen Tag lang Menschen dienen können, werden Sie an einigen Tagen unerfüllt und frustriert von Ihrer Arbeit heimkehren. Stellen Sie sich das wie eine Tour in einem Segelboot vor. Sie wissen, dass der Wind Sie ziemlich regelmäßig vom Kurs fortwehen wird, aber wenn Sie die richtigen Koordinaten haben, werden Sie immer imstande sein, sich wieder zu orientieren.

Herausforderung 2

Karriereweg

Sich auf extrinsische Belohnungen zu verlassen, senkt die Zufriedenheit. Es kann Sie sogar in den kommenden Jahrzehnten auf dem falschen Karriereweg festhalten. Und zwar weil Sie dadurch möglicherweise einem Karriereweg folgen, der der falsche für Sie ist.

Ob Sie viel Geld verdienen oder nur wenig, die Welt sagt Ihnen, dass es nur eine verantwortungsvolle Art von Karriereweg gibt: Sie suchen eine Karriere aus, Sie finden einen Job, und Sie wechseln Ihren Job nur, wenn Ihnen etwas Besseres auf Ihrem Gebiet über den Weg läuft. Sagen wir, Sie kommen von der Highschool und nehmen einen Job als Rezeptionist in einer Anwaltskanzlei an. Sie kündigen nicht einfach, wenn er langweilig oder stressig ist; Sie bleiben dort, bis jemand Sie für einen besseren Job anheuert. Es ist überall dasselbe System, egal ob Sie Collegeprofessor sind oder Gastgeberin einer Talkshow. Sie bleiben beim Job, bis Ihnen etwas über den Weg läuft, was schicker ist und besser bezahlt wird. So etwas nennen Psychologen das »lineare« Karrieremodell.[15]

Für einige Menschen ist so etwas sinnvoll, aber für andere ist es ein gewaltiges Problem. Vielleicht haben Sie jede Menge unterschiedlicher Interessen, denen Sie gern nachgehen würden, und Sie glauben, für eine neue Karriere auf die Schulbank zurückzukehren, könnte interessant sein und Spaß machen. Oder Sie schätzen einen Lebensstil, bei dem Sie gut in dem sind, was Sie tun, aber Sie möchten nicht bis spät abends arbeiten oder Überstunden anhäufen, selbst wenn das bedeutet, die Karriereleiter nicht emporzuklettern. Ein linearer Weg ist nichts für diese Präferenzen. Vielleicht sind Sie eine bestens ausgebildete Frau mit einem großartigen Job, aber Sie möchten zu Hause bleiben, wenn Ihre Kinder auf der Welt sind. Die lineare Karriere sagt: »Tut mir leid, das kannst du nicht.«

Zum Glück gibt es drei andere Karrieremodelle. Sogenannte Steady-State-Karrieren (oder auch Expertenkarrieren) sind solche, die mit einem über Jahrzehnte ausgeübten Job verbunden werden, bei dem man nicht weiter aufsteigt, jedoch Erfahrung hinzugewinnt. Dies gilt gewöhnlich für Menschen, die Sicherheit im Job sehr wertschätzen, sich jedoch nicht jeden Tag heftig ins Zeug legen, um voranzukommen. So etwas gab es in der Vergangenheit wesentlich häufiger als heutzutage. Es kann jedoch für Sie das Richtige sein, wenn Sie Stabilität wirklich lieben und einen Job möchten, der, auch wenn er Sie nicht reich macht, für finanzielle Sicherheit sorgt und Ihnen erlaubt, Ihr Leben mit den Dingen zu verbringen, die Ihnen außerhalb der Arbeit wichtig sind.

Ein weiteres Modell ist die »transitorische Karriere«, bei der Sie überall herumspringen. Von außen her gesehen wirkt das chaotisch: Sie waren Bedienung in Denver und arbeiten jetzt für ein Umzugsunternehmen in Tucson. In ein paar Jahren könnten Sie einen Truck in Seattle fahren. Das ist jedoch kein Chaos; es ist das Profil von jemandem, der liebend gern neue Dinge ausprobiert und der auf Basis von Kriterien außerhalb des konkreten Jobs, wie Lifestyle, Ort oder gesellschaftlichem Leben, herumzieht.

»Rotationskarrieren« (oder »spirale Karrieren«) sind die letzte Kategorie. Sie sind wie eine Reihe kleinerer Karrieren. Menschen in diesem Modell vollführen vielleicht alle zehn Jahre einen drastischen Karrieresprung – und so verrückt es wirken mag, hat es doch Methode. Sie nutzen ihre Fertigkeiten und ihr Wissen auf einem Gebiet und wenden diese auf ein anderes an, während sie zu ihrer eigenen Erfüllung eine Vielzahl von Erfahrungen machen. So könnten Sie beispielsweise nach dem College ein Jahrzehnt lang etwas machen, was mit dem zu tun hat, was Sie studiert haben. Dann könnten Sie Ihr Gehalt kürzen, weil Sie Ihre Fertigkeiten auf einem anderen Gebiet nutzen. Oder Sie könnten Ihr eigenes Geschäft starten. Oder Sie entziehen sich zehn Jahre lang dem Arbeitsmarkt, kümmern sich um Ihre Kinder und kehren in einen völlig anderen Bereich zurück.

Sie könnten nun also fragen, welcher der richtige Weg für Sie ist. Im Herzen wissen Sie das wahrscheinlich bereits. Bei einem der von uns gerade beschriebenen Modelle werden Sie völlig aufgeregt, und es jagt

Ihnen vielleicht ein wenig Angst ein. Ein weiteres lässt Sie innerlich völlig kalt. Und dies ist im Allgemeinen die Methode, mithilfe derer Sie wissen, wie Sie in Ihrem Leben auf dem Berufsweg voranschreiten sollten. Folgen Sie stets den Signalen, die Sie innerlich selbst hervorbringen – und das könnte unangenehm sein. Wenn Sie über eine berufliche Gelegenheit nachdenken, nehmen Sie sich eine Ruhephase von ein paar Tagen oder Wochen, um sich den Job oder die Karriere im Detail vorzustellen. Dann nehmen Sie wahr, wie Sie sich dabei fühlen. Werden Sie ganz aufgeregt beim Gedanken an diese Gelegenheit, erschreckt sie Sie oder bleiben Sie ungerührt?

Sagen wir zum Beispiel, Ihnen wird ein Job im Management Ihrer Firma angeboten. Ihnen gefällt Ihre gegenwärtige Arbeit, Sie mögen Ihre Kollegen und machen sich Sorgen, dass eine große Beförderung dazu führen könnte, dass Sie Ihre Arbeit weniger genießen und Ihre Work-Life-Balance durcheinandergerät. Aber es ist eine große Gelegenheit und bringt wesentlich mehr Geld. Fast alle ermutigen Sie, die Gelegenheit zu ergreifen. Wenn sie Sie in große Aufregung versetzt und ein wenig erschreckt, ist dies ein Signal dafür, weiterzugehen. Wenn sie Sie nur erschreckt, benötigen Sie wesentlich mehr Informationen. Und wenn Sie die Vorstellung kaltlässt, den neuen Job auszuüben, dann ist die Antwort eindeutig: Lehnen Sie ab.

Herausforderung 3

Sucht

Wenn Sie die richtigen Ziele herausbekommen und Ihren beruflichen Weg gefunden haben, Glückwunsch – aber der Weg, um diesen Teil Ihres Lebens aufzubauen, geht noch ein Stück weiter. Tatsächlich gibt es eine Anzahl von Gefahren, derer Sie sich bewusst sein müssen, da sie insbesondere hart arbeitenden Menschen mit großem Ehrgeiz drohen. Die erste ist die Neigung zur Arbeitssucht, der Menschen verfallen, wenn sie sich vom Schmerz in ihrem Leben ablenken wollen. Sie geht nicht die Wurzel des Problems an und macht alles sogar noch schlimmer, indem sie familiäre Beziehungen schädigt.

Betrachten Sie den Fall von Winston Churchill, dem Staatsmann, Soldaten und Schriftsteller. Er war eines der ersten Staatsoberhäupter, die in den 1930er-Jahren die Alarmglocke aufgrund der Bedrohung durch die Nazis läuteten, und danach errang er globale Aufmerksamkeit in der Rolle eines Anführers gegen die Achsenmächte im Zweiten Weltkrieg. In seiner Zeit als Premierminister des Vereinigten Königreichs während des Krieges hielt er einen erdrückenden Tagesablauf ein und arbeitete oft achtzehn Stunden am Tag. Er krönte das alles noch mit einem Buch nach dem nächsten, während er im Büro war. Am Ende seines Lebens hatte er dreiundvierzig Werke verfasst, die zweiundsiebzig Bände füllen.[16]

Wahrscheinlich bewundern Sie Churchill, und das aus gutem Grund, aber Sie sollten ihn nicht beneiden. Er litt unter niederschmetternder Depression, die er seinen *»black dog«*, seinen »schwarzen Hund« nannte und die ihn immer wieder heimsuchte. Einmal sagte er seinem Arzt: »Ich stehe nicht gern an der Reling eines Schiffs und blicke ins Wasser hinab. Eine Handlung von einer Sekunde, und alles wäre vorüber.«[17]

Es erscheint beinahe unglaublich, dass Churchill so produktiv sein konnte, während er an einem so dunklen Ort weilte. Einige Stimmen sagen, seine Depression sei bipolar gewesen und Fenster von Manie hätten ihm erlaubt, so viel zu arbeiten, wie er es tat. Ein paar seiner Biografen erklären es anders: Churchill war nicht trotz seines Leidens arbeitssüchtig, sondern teilweise *deswegen.*[18] Er lenkte sich von seinen Problemen mit Arbeit ab. Das ist nicht so weit hergeholt, wie Sie vielleicht glauben. Heutige Forscher stellen fest, dass Arbeitssucht zu den Süchten gehört, die häufig als Reaktion auf emotionale Bedrängnis entstehen. Und wie so viele Süchte wird sie die Situation verschlimmern, die sie erleichtern sollte.

2018 analysierten Wissenschaftler Daten aus zehn Jahren und fanden heraus, dass sich 24 Prozent der Menschen mit einer Angststörung und annähernd 22 Prozent der Menschen mit einer affektiven Störung (wie einer größeren Depression oder bipolaren Störung) mit Alkohol oder Drogen selbst behandeln.[19] Menschen, die sich selbst behandelten, entwickelten weitaus wahrscheinlicher Abhängigkeiten. So haben zum Beispiel epidemiologische Daten gezeigt, dass Menschen, die sich mittels Alkohol wegen Angstvorstellungen selbst behandelten, mehr als sechsmal so wahrscheinlich eine dauerhafte Alkoholabhängigkeit entwickelten als solche, die sich nicht selbst behandelten.[20]

Es gibt überzeugende Belege dafür, dass einige Menschen ihre emotionalen Probleme ebenso mit Arbeit behandeln. Das kann zu einer eigenen Art von Sucht führen. Viele Studien haben gezeigt, dass eine starke Beziehung zwischen Arbeitssucht und den Symptomen psychischer Störungen wie Angststörung und Depression besteht, und es wird allgemein angenommen, dass zwanghafte Arbeit zu diesen Krankheiten führt.[21] Aber einige Psychologen haben kürzlich einen umgekehrten Ursache-Wirkungs-Mechanismus ins Spiel gebracht – dass Menschen ihre Depressionen und Angststörungen mit dem Verhalten als Workaholic behandeln.[22] Wie die Autoren einer Studie von 2016, über die weithin berichtet wurde, schrieben: »Arbeitssucht entwickelt sich (unter Umständen) als Versuch, unangenehme Gefühle von Angst und Depression zu reduzieren.«[23]

Dies erklärt vielleicht, weswegen so viele Menschen während der Covidpandemie ihre Arbeitszeit erhöht haben.[24] Während der ersten Lockdowns sahen sich die Menschen viele Monate lang Langeweile, Einsamkeit und Angst gegenüber; Ende Mai 2020 zeigten die Daten des US Centers for Disease Control, dass fast ein Viertel der erwachsenen Amerikaner Symptome von Depression gezeigt hatte.[25] (Im Jahr 2019 lag diese Zahl bei 6,5 Prozent.) Vielleicht hat ein Teil der arbeitenden Bevölkerung sich dadurch selbst behandelt, dass sie doppelt so viel Zeit in ihre Jobs steckte, um das Gefühl zu haben, beschäftigt und produktiv zu sein.

Menschen, die mit Arbeitssucht zu kämpfen haben, können leicht leugnen, dass dies ein Problem darstellt. Dadurch entgehen ihnen jedoch die zugrunde liegenden Probleme, die sie selbst behandeln. Wie kann Arbeit etwas Schlimmes sein? Wie die Psychiaterin Anna Lembke von der Stanford University, Autorin von *Dopamine Nation: Finding*

Balance in the Age of Indulgence (deutsch: Die Dopamin-Nation), es ausdrückt: »Selbst zuvor gesundes und anpassungsfähiges Verhalten – Verhalten, das wir meiner Ansicht nach in unserer Kultur als gesundes und vorteilhaftes Verhalten erachten – ist jetzt völlig drogifiziert, damit es potenter, leichter zugänglich, neuer und weiter verbreitet wird.«[26] Wenn Sie sich zu Hause heimlich ins Bad schleichen, um ihre E-Mails von der Arbeit auf Ihrem iPhone zu überprüfen, dann spricht sie von Ihnen.

Darüber hinaus belohnen die Menschen Sie für Ihr Suchtverhalten, wenn es um die Arbeit geht. Niemand sagt: »Wow, eine ganze Flasche Gin in einer Nacht? Du bist ein herausragender Trinker.« Aber arbeiten Sie sechzehn Stunden am Tag, und Sie erhalten wahrscheinlich eine Beförderung.

Trotz der hochgelobten Tugend maximaler Hingabe bei der Arbeit werden die Kosten fast sicher den Nutzen übertreffen, wie sie es gewöhnlich bei Selbstmedikation tun. Der Burn-out, die Depression, der Stress im Job und der Konflikt in der Work-Life-Balance, all das wird schlimmer werden, nicht besser.[27] Und wie Lembke ebenfalls bemerkt, kann Arbeitssucht zu sekundären Abhängigkeiten führen, wie zum Beispiel Drogen, Alkohol oder Pornografie, was Betroffene zur Selbstmedikation für die Probleme nutzen, die von der primären Sucht verursacht wurden, oftmals mit katastrophalen persönlichen Konsequenzen.

Laut der Harvard-Professorin Ashley Whillans gibt es Lösungen für Arbeitssucht.[28] Sie empfiehlt drei Methoden, beginnend mit einem Zeitenprotokoll. Führen Sie ein paar Tage lang Buch über Ihre größeren Aktivitäten – Arbeit, Freizeit, Besorgungen – und darüber, wie viel Zeit Sie für jede aufwenden und wie Sie sich gefühlt haben. Notieren Sie die Aktivitäten, die Sie in die positivste Stimmung bringen und den positivsten Sinn ergeben. Dadurch erhalten Sie zweierlei Informationen: wie viel Sie arbeiten (damit Leugnen unmöglich wird) und was Sie gerne tun, wenn Sie nicht arbeiten (damit Erholung attraktiver wird).

Als Nächstes empfiehlt Professor Whillans, Ihre Auszeit einzuplanen. Workaholics neigen dazu, ihre Aktivitäten, die nichts mit der Arbeit zu tun haben, als »schön, aber nicht zwingend notwendig«

herunterzuspielen und sie folglich mit Arbeit aus ihrem Alltag zu verdrängen. Auf diese Weise ersetzt die vierzehnte Arbeitsstunde, die selten Produktives hervorbringt, eine Stunde, die Sie vielleicht mit Ihren Kindern hätten verbringen können. Blockieren Sie Zeit in Ihrem Tag für Aktivitäten, die nichts mit der Arbeit zu tun haben, ebenso wie Sie Zeit für Besprechungen blockieren.

Planen Sie schließlich fest Ihre Freizeit ein. Nehmen Sie diese Zeiten nicht zu locker. Unstrukturierte Zeit ist eine Einladung, an die Arbeit zurückzukehren oder zu passiven Aktivitäten überzugehen, die nicht gut fürs Wohlbefinden sind, wie beispielsweise durch die sozialen Medien zu scrollen oder sich vor den Fernseher zu setzen. Wahrscheinlich haben Sie eine Liste mit Dingen, die nach Priorität zu erledigen sind. Tun Sie dasselbe mit Ihrer Freizeit, planen Sie aktiven Zeitvertreib, der Ihnen etwas wert ist. Wenn Sie gern Ihren Freund anrufen, überlassen Sie das nicht einem Moment, wenn Sie Zeit dafür haben – planen Sie den Anruf ein und halten Sie sich an den Plan. Behandeln Sie Ihre Spaziergänge, Gebetszeiten und sportlichen Aktivitäten, als ob es Besprechungen mit dem Präsidenten wären.

Eine Arbeitssucht gezielt anzugehen, kann in unserem Leben einen echten Unterschied bedeuten. Es bringt Zeit für Familie und Freunde. Es lässt Zeitvertreib zu, der nicht nützlich ist, sondern einfach nur Spaß macht. Es ermöglicht, dass wir uns besser um uns selbst kümmern, zum Beispiel durch Training. Es wurde gezeigt, dass all diese Dinge Glücklichsein steigern und Unglücklichsein herabsetzen.

Beim Umgang mit Arbeitssucht bleibt nach wie vor die Frage, welches Problem ihr zugrunde liegt, das die harte Arbeit beheben sollte. Vielleicht werden Sie ebenfalls von Churchills schwarzem Hund heimgesucht. Oder vielleicht ist Ihr Hund anders gefärbt: eine zerrüttete Ehe; ein chronisches Gefühl von Unzulänglichkeit; vielleicht sogar ADHS oder eine Zwangsstörung, die mit Überarbeitung in Zusammenhang steht.[29] Wenn Sie aufhören, sich mittels Arbeit davon abzulenken, ist dies eine Gelegenheit, sich Ihren Problemen zu stellen, vielleicht mit Hilfe, und so das Problem zu lösen, das Sie ursprünglich an exzessive Arbeit gekettet hat.

Dem Hund ins Gesicht zu sehen, mag furchterregender erscheinen, als sich einfach an die alten Hundefänger zu wenden: Ihren Chef, Ihre Kollegen, Ihre Karriere. Anders als Churchill könnten Sie jedoch auch eine Möglichkeit finden, diesen Köter für immer loszuwerden.

Herausforderung 4

Identität

Gleich, ob Sie auf einem linearen, einem Steady-State-, transitorischen oder Rotationskarriereweg sind, die Chancen sind hoch, dass Ihnen die Arbeit viel bedeutet. Wenn Menschen Sie fragen, was Sie tun, werden Sie ihnen begeistert von Ihrem Beruf erzählen. Auf viele Weisen ist Ihr Job ein großer Teil Ihrer Identität. Dies trifft besonders auf Menschen zu, die an Selbstverbesserung interessiert sind.

Nichts ist daran falsch, sich stark mit Ihrem Beruf zu identifizieren und stolz auf Ihre Arbeit zu sein. Berufliche Exzellenz ist eine große Tugend, und wir haben auch dafür gearbeitet, in dem exzellent zu sein, womit wir unseren Lebensunterhalt bestreiten. Aber hier besteht eine Gefahr: Es ist allzu leicht, Ihr wahres Selbst an eine Darstellung Ihrer Person zu verlieren, die nur Ihren Jobtitel oder Ihre Pflichten einschließt. Sie sind dann nicht Mary, Mutter dreier Kinder, oder John, hingebungsvoller Ehegatte; zuallererst sind Sie Mary, Regional-Managerin, oder John, Studienrat. Dies wird *Selbst-Objektifizierung* genannt.

Objektifizierung anderer Menschen ist offensichtlich problematisch. Die Forschung zeigt, dass es zu geringerem Selbstvertrauen und geringerer Leistungsfähigkeit beim Erledigen von Aufgaben führen kann, wenn Menschen von anderen durch objektifizierende Blicke oder Belästigung auf zum Beispiel körperliche Attribute reduziert werden.[30] Der Philosoph Immanuel Kant sprach davon, »ein Objekt des Appetits [eines anderen]« zu werden, an welchem Punkt »alle Triebfedern der sittlichen Verhältnisse weg[fallen].«[31]

Körperliche Objektifizierung ist nur ein Typus. Objektifizierung auf der Arbeit ist eine andere und eine besonders gefährliche. 2021 haben Forscher die Objektifizierung am Arbeitsplatz gemessen. Sie fanden heraus, dass sie zu Burn-out, Unglücklichsein mit der eigenen Arbeit und Depression führen kann.[32] Dies kann vorkommen, wenn ein Chef seine Angestellten lediglich als ersetzbare Arbeiter behandelt, oder sogar, wenn Angestellte in ihrem Chef nichts weiter als einen Geldversorger sehen.

Also ist es ziemlich einfach, zu erkennen, warum wir andere nicht objektifizieren sollten. Weniger offensichtlich, jedoch gleichermaßen schädigend, ist es, wenn Objektifizierender und die Person, die objektifiziert wird, ein und dieselbe sind – wenn Sie sich selbst objektifizieren. Menschen sind imstande, sich selbst in vielerlei Hinsicht zu objektifizieren – indem sie zum Beispiel ihren Selbstwert in Kategorien ihres körperlichen Erscheinungsbilds, ihrer ökonomischen Stellung oder politischen Ansichten beschreiben –, jedoch lassen sich alle Varianten auf einen abträglichen Kern herunterbrechen: die eigene Menschlichkeit auf ein einziges Charakteristikum reduzieren und auf diese Weise andere ermutigen, dies ebenso zu tun. Im Fall der Arbeit könnte dies bedeuten: Ihr eigener Selbstwert basiert auf Ihrer Bezahlung oder Ihrem Prestige.

Ebenso, wie soziale Medien uns dazu ermutigen, uns körperlich selbst zu objektifizieren, drängt uns unsere Arbeitskultur, uns beruflich selbst zu objektifizieren. Amerikaner neigen dazu, Menschen zu bewundern, die geschäftig und ehrgeizig sind, also fällt es leicht, die Arbeit praktisch jeden Augenblick Ihres Lebens übernehmen zu lassen. Wir kennen viele Menschen, die von beinahe nichts anderem reden als von ihrer Arbeit und im Wesentlichen sagen: »Ich bin mein Job.« Das fühlt sich vielleicht humanisierender und stärkender an als zu sagen: »Ich bin das Werkzeug meines Chefs«, aber dieser Gedankengang weist einen fatalen Fehler auf: Theoretisch können Sie Ihren Chef fallen lassen und sich einen neuen Job suchen. Sie können nicht *sich selbst* fallen lassen. Bedenken Sie immer: *Sie sind Ihr eigener Geschäftsführer.*

Selbst-Objektifizierung am Arbeitsplatz ist eine Form der Tyrannei. Wir werden ein schrecklicher Chef unserer selbst, mit wenig Gnade oder Liebe. Freie Tage rufen Schuldgefühle und ein Gefühl des Faulseins hervor, und das ist eine Methode, um uns selbst zu verurteilen und kleinzumachen. Auf die Frage: »Bin ich schon erfolgreich genug?«, lautet die Antwort stets: »Nein – arbeite härter.« Und dann, wenn das Ende unausweichlich naht, wenn der berufliche Abstieg einsetzt oder wir in unserer Karriere einen Rückschlag erleiden, bleiben wir beraubt und ausgelaugt zurück.

Sind Sie ein Selbst-Objektifizierer in Ihrem Job oder Ihrer Karriere? Wenn Sie dem zustimmen, erkennen Sie, dass Sie niemals zufrieden sein werden, solange Sie sich selbst objektifizieren. Ihre Karriere oder Ihr Job sollte eine Erweiterung Ihrer selbst sein, nicht umgekehrt. Zwei Übungen können Ihnen helfen, Ihre Prioritäten neu zu ordnen.

Erstens: Legen Sie eine gewisse Distanz zwischen Ihren Job und Ihr Leben. Vielleicht sind Sie in einer oder zwei ungesunden Beziehungen in Ihrem Leben, erkennen dies jedoch erst, wenn Sie sich von einer lösen, egal ob freiwillig oder unfreiwillig. In der Tat trägt diese menschliche Neigung zu der Tatsache bei, dass die meisten probeweisen Trennungen zur Scheidung führen, insbesondere dann, wenn sie länger als ein Jahr dauern.[33] Entfernung ergibt Perspektive.

Nutzen Sie dieses Prinzip in Ihrem Berufsleben. Zuallererst sollte das Hauptziel Ihrer Ferien sein, eine Pause von Ihrer Arbeit zu haben und Zeit mit Ihren Angehörigen zu verbringen. So offensichtlich sich das anhören mag, es bedeutet: *Ferien machen,* nicht: die ganze Zeit durcharbeiten. Ihr Arbeitgeber sollte dankbar dafür sein, dass Sie dies tun, weil die Menschen besser arbeiten, wenn sie sich erholt haben.

Damit in Zusammenhang steht die uralte Idee der Schabbatruhe oder jede Woche regelmäßig von der Arbeit Abstand zu nehmen. In religiösen Traditionen ist Ruhe nicht bloß ein nettes, aber optionales Extra; sie ist zentral, um Gott und uns selbst zu verstehen. »Gott vollendete am sechsten Tag sein Werk, das er verrichtet hatte, und ruhte am siebten Tage von all seinem Werke, das er vollbracht hatte«, heißt es im ersten Buch Mose. »Und Gott segnete den siebten Tag und heiligte ihn.« Wenn Gott von seinem Werk ausruhte, sollten Sie es vielleicht auch tun.

Eine solche Praxis muss nicht religiös sein, und sie kann auf viele Weisen erfolgen, abgesehen davon, einfach am Samstag oder Sonntag nicht zu arbeiten.[34] So können Sie zum Beispiel jeden Abend einen kleinen Schabbat einlegen, indem Sie die Arbeit meiden und alle Ihre Aktivitäten Beziehungen und Freizeit widmen. (Was bedeutet, nicht die E-Mails von Ihrer Arbeit zu überprüfen!)

Schließen Sie ein paar Freundschaften, in denen Sie nicht als professionelles Objekt betrachtet werden. Viele berufliche Selbst-Objektifizierer suchen nach anderen, die sie allein dafür bewundern, was sie bei der Arbeit vollbracht haben. Das ist ziemlich natürlich, aber es kann leicht zu einer Barriere bei der Ausbildung echter Freundschaften werden, die wir alle brauchen. Durch Selbst-Objektifizierung in Ihren Freundschaften können Sie es Ihren Freunden leichter machen, Sie zu objektifizieren.

Deswegen ist es so wichtig, Freunde außerhalb Ihres beruflichen Umkreises zu haben. Freundschaften mit Menschen zu schließen, die keine Verbindung zu Ihrem Berufsleben haben, ermutigt Sie, Interessen und Tugenden außerhalb der Arbeit zu entwickeln und so ein erfüllterer Mensch zu werden. Die Art und Weise, dies zu tun, geht Hand in Hand mit Empfehlung Nummer eins: Verbringen Sie nicht bloß Zeit außerhalb Ihrer Arbeit; verbringen Sie sie mit Menschen, die keine Verbindung zu Ihrer Arbeit haben. (Wenn Ihre Arbeit darin besteht, sich um Ihre Familie zu kümmern, trifft dieses Prinzip nach wie vor zu. Sie müssen Beziehungen zu Menschen haben, die in Ihnen mehr als einen Versorger und Hüter sehen.)

Vielleicht verursacht es Ihnen Unbehagen, Ihre Selbst-Objektifizierung herauszufordern. Der Grund ist einfach: Wir alle möchten in irgendeiner Weise herausragen, und härter zu arbeiten als andere und besser in unserem Job zu sein, erscheint wie ein unmittelbarer Weg hierzu. Dies ist ein normaler menschlicher Trieb, kann jedoch trotzdem zu einem destruktiven Ende führen.[35] Viele erfolgreiche Menschen gestehen ein, dass sie statt »besonders« lieber »glücklich« wären.[36]

Die große Ironie liegt darin, dass wir beim Versuch, besonders zu sein, am Ende unser Selbst auf eine einzige Eigenschaft reduzieren und uns selbst zu Rädchen in einer Maschine machen, die wir eigenhändig hergestellt haben. In dem berühmten griechischen Mythos verliebt sich Narziss nicht in sich selbst, sondern in sein Spiegelbild. Und so ist es, wenn wir uns beruflich selbst objektifizieren: Wir lernen, das Spiegelbild unseres beruflichen Selbst zu lieben, nicht uns selbst, wie wir wirklich im Leben sind.

Begehen Sie nicht diesen Fehler. Sie sind nicht Ihr Job, und wir sind nicht unserer. Wenden Sie Ihren Blick von dem verzerrten Spiegelbild ab und haben Sie den Mut, Ihr volles Leben und wahres Selbst zu erfahren.

Sichtbar gemachte Liebe

Wenn es dazu kommt, das Leben zu errichten, das Sie sich wünschen, müssen Sie dazu kommen, Ihre Arbeit auf die richtige Weise zum Teil Ihres Lebens zu machen. Überlegen Sie: Wahrscheinlich verbringen Sie *ein Drittel Ihres Lebens* mit der Arbeit – ob das eine formelle Beschäftigung ist, ob Sie sich um Ihre Familie kümmern oder ob Sie etwas anderes tun.

Während Sie Ihre Talente untersuchen und über Veränderungen nachdenken, behalten Sie die vier in diesem Kapitel angesprochenen Herausforderungen im Hinterkopf; ebenso die Lektionen, die Ihnen dabei helfen, sie in großartige Gelegenheiten zu verwandeln, das Glücklichsein zu steigern.

1. Suchen Sie intrinsische Belohnungen für Ihre Arbeit. Die richtigen Ziele, um die größte Zufriedenheit aus der Arbeit herauszuholen, sind nicht Geld und Macht, sondern vielmehr verdienter Erfolg und Dienst am anderen. Suchen Sie diese Dinge, und Sie werden ein Arbeitsleben errichten, das Ihnen und anderen beständig Freude bringt.
2. Es gibt nicht bloß einen Weg zur erfolgreichen Karriere und zum Glück. Finden Sie heraus, ob Sie ein linearer, ein Steady-State-,

transitorischer oder ein Rotationskarrieretyp sind. Dann folgen Sie diesem Weg, wobei Sie auf Ihre inneren Signale achten.

3. Für viele Millionen Amerikaner und andere auf der ganzen Welt ist Arbeitssucht kein Scherz. Werfen Sie einen ehrlichen Blick auf Ihre eigenen Muster und schätzen Sie ein, wie gesund Ihre Gewohnheiten sind.
4. Sie sind nicht Ihr Job. Selbst-Objektifizierung wird zu Unglück führen. Sorgen Sie dafür, dass Sie Abstand zur Arbeit haben, und haben Sie Menschen in Ihrem Leben, die Sie als Person sehen, nicht bloß als Berufsmenschen.

Wiederum können wir nicht einfach jedem sagen, welcher spezielle Job das größte Glück bringt. Das hängt von Ihnen ab. Was alle glücklichen Jobs gemeinsam haben, ist, dass für Sie die Arbeit etwas Besseres ist als bloß ein Mittel für ein physisches Ergebnis. Deswegen haben wir dieses Kapitel »Arbeit als sichtbar gemachte Liebe« genannt.

Dies alles kann eine große Aufgabe sein. Es gibt Tage, an denen sich Ihre Arbeit nicht wie sichtbar oder unsichtbar gemachte oder überhaupt nach Liebe anfühlt. Der Trick besteht nicht darin, bei irgendeiner weit entfernt liegenden Perfektion anzukommen, sondern darin, auf ein Besserwerden hinzuarbeiten. Um glücklicher zu werden, streben Sie das Ziel an, Ihrer Arbeit Bedeutung zu verleihen.

Für Menschen mit spiritueller oder religiöser Neigung kann der Trick darin bestehen, ihre physische Arbeit mit der metaphysischen zu verbinden. Dies war die fundamentale Philosophie des spanischen katholischen Heiligen Josemaría Escrivá. Sein Argument war, dass wir durch unsere Arbeit leidenschaftlich die Welt lieben: »Gott wartet Tag für Tag auf uns. Im Labor, im Operationssaal eines Krankenhauses, in der Kaserne, auf dem Lehrstuhl einer Universität, in der Fabrik, in der Werkstatt, auf dem Acker, im Haushalt, in diesem ganzen, unendlichen Feld der menschlichen Arbeit. Seid davon überzeugt: Jede noch so alltägliche Situation birgt etwas Heiliges, etwas Göttliches in sich, und euch ist aufgegeben, das zu entdecken.«[37]

Vielleicht lesen Sie diese Worte und staunen darüber, dass jemand Heiligkeit in einem profanen Job wie dem Ihren finden kann – oder in irgendeinem Teil des gewöhnlichen Lebens. Es ist möglich, und Sie können das auch, ob Sie nun traditionell religiös sind oder nicht. Aber das erfordert ein Verständnis für die nächste Säule zum Bau des Lebens, das Sie möchten: *Finden Sie Ihren Weg zum Transzendenten.*

Acht

»Amazing Grace« – Ihr transzendentaler Weg

»Amazing Grace« ist das populärste jemals geschriebene christliche Lied, und es gibt über siebentausend Aufnahmen davon.[1] Sie kennen gewiss die Melodie und wahrscheinlich sogar den Text der ersten Strophe auswendig:

Amazing grace, how sweet the sound
That saved a wretch like me
I once was lost, but now I'm found
Was blind but now I see.

Was Sie vielleicht nicht kennen, ist die Geschichte hinter diesem berühmten Lied, das um 1772 von einem Briten namens John Newton verfasst wurde. Newton war siebenundvierzig, als er es schrieb, nachdem er ein Leben – wie er es später charakterisierte – der Ausschweifung und Sünde geführt hatte, jeglichen religiösen Glaubens und jeglicher moralischer Prinzipien beraubt.[2] Er verdiente sich seinen Lebensunterhalt durch den Transport versklavter Menschen, nachdem er selbst der erzwungenen Rekrutierung durch die British Royal Navy entkommen war.

Eines Nachts, als Newton an Bord eines Schiffes war, das nach London zurückkehrte, brach ein Sturm los, der viele seiner Kameraden ins Meer hinausschleuderte und ihn beinahe auch. Als er später über den

Grund für sein Überleben nachsann, kam er zu dem Schluss, dass es die Hand Gottes gewesen war, dass es einen Plan für sein Leben gab und seine Aufgabe darin bestand, diesen Plan zu entdecken. Sein Verhalten und sein Glaube änderten sich, als er seinen Fokus auf die göttliche Liebe richtete. Er heiratete und wurde schließlich Geistlicher und leidenschaftlicher Gegner der Sklaverei. Heute wird er als einer derjenigen angesehen, die hauptsächlich für das gesetzliche Ende dieser Institution in Großbritannien verantwortlich sind.

Newtons Glaube war es, der ihn seiner Überzeugung nach zum ersten Mal in seinem Leben wahrhaft frei machte. Gewiss ist er nicht der erste Mensch, der das behauptet. In seiner berühmten Hymne stellt er jedoch zwei überraschende Behauptungen auf. Erstens: Er hat seinen Glauben nicht gefunden; er wurde *von ihm gefunden.* Und dieses Glück rührte nicht daher, dass er die Wahrheiten des Lebens ausblendete. Im Gegenteil, sein Glücklichsein kam erst, als er endlich imstande war, die Wahrheit *zu sehen.*

Folgende kühne Behauptung stellte er in jener berühmten Hymne auf: Eine Suche nach der transzendenten Wahrheit – in Newtons Fall die christliche Religion, breiter gefasst nach etwas jenseits des Hier und Jetzt – erleuchtet das Leben. Sie gestattet Ihnen, die Wirklichkeit tatsächlich *zu sehen.* Und dies führt zu einer neuen Art von Freude, die aus einer anderen Quelle nicht zu erhalten ist.

Wie absurd, mögen einige antworten. Um die Wirklichkeit zu sehen, sollen wir uns auf das Unsichtbare und Unbewiesene fokussieren? Vernunft erfordert Glaube? Das ist wie die Behauptung, dass das Feuer Wasser erfordert oder Licht die Dunkelheit.

Tatsächlich ist die Wissenschaft kristallklar. Transzendentaler Glaube und transzendentale Erfahrungen helfen uns dramatisch in unserem Bemühen, glücklicher zu werden. Warum? Auf uns selbst gestellt fokussieren wir uns immer auf die Details unseres individuellen Lebens. Das ist nur natürlich. Unsere Aufmerksamkeit ist von unserem Job gefesselt, unserem Heim, unserem Geld, unseren Accounts bei den sozialen Medien, unserem Mittagessen und so weiter. Der größte Teil hiervon ist nicht unwichtig, aber wenn wir uns nur auf uns selbst fokussieren und unsere Interessen einengen, wird es, nun ja, *langweilig*. Wir verlieren eine Lebensperspektive.

Einem metaphysischen Weg zu folgen, erlaubt uns eine akkuratere Perspektive auf das Leben, wenn wir unsere täglichen Sorgen und Nöte ausblenden. Das macht uns dadurch glücklicher, dass wir den Fokus von uns selbst weglenken und ihn stattdessen auf die Erhabenheit des Universums richten. Es macht uns auch freundlicher und großzügiger anderen gegenüber – weniger besessen davon, etwas zu bekommen und Dinge für uns zu behalten, und mehr im Einklang mit den Bedürfnissen einer Welt, von der wir nur ein Teil sind. Am wichtigsten ist, dass der Weg der Transzendenz ein Abenteuer ist, eine spirituelle Expedition. Sie kann unserem Leben eine Art Aufregung hinzufügen, die jenseits von allem liegt, was wir jemals erfahren haben.

Aber die Welt – und unsere Emotionen – halten uns zurück. Die Menschen schämen sich angesichts der Behauptung, dass das Innenleben unwissenschaftlich sei und das Fehlen von Beweisen für unsichtbare Dinge Beweis dafür, dass transzendentale Glaubensansichten nichts weiter als eine Form von Aberglaube sind. Sie welken unter einer Kultur, die an jeder Ecke Glaube und Spiritualität verunglimpft. Und sie finden ihre eigenen Zweifel überwältigend – sie *spüren* das Innenleben einfach nicht oft genug und kommen zu dem Schluss, dass es dumm sei.

In Wahrheit haben spirituelle Erfahrungen, wie Sie in diesem Kapitel sehen werden, eine tiefgreifende wissenschaftliche Basis, und transzendentale Erfahrungen stellen uns wichtige Informationen über das Leben zur Verfügung, die wir auf andere Weise nicht erhalten können. Diese Erfahrungen zu erlangen, erfordert jedoch Mühe und Hingabe. Die Herausforderungen, denen wir alle uns dabei im Allgemeinen gegenübersehen – und die Lösungen –, sind Inhalt dieses Kapitels.

Über den Glauben zu schreiben ist knifflig

Für uns beide sind Spiritualität und Glaube zentral in unserem Leben. Wir wollen in diesem Kapitel keinesfalls den Versuch unternehmen, Sie zu irgendeiner speziellen Glaubensrichtung zu bekehren, auch nicht zu unserer eigenen; aber wir sollten damit beginnen, zu offenbaren, woran wir glauben, damit Sie dieses Kapitel mit dieser Information im Hinterkopf lesen können.

Arthur C. Brooks: Mein Glaube ist der wichtigste Teil meines Lebens. Ich wurde als Protestant erzogen, bin jedoch als Teenager zum Katholizismus konvertiert, nachdem ich ein mystisches Erlebnis am Schrein Unserer Lieben Frau von Guadalupe in Mexico City hatte. (Meine Eltern waren nicht begeistert, dachten jedoch, dass es sich um die Rebellion eines Heranwachsenden handelte, was wahrscheinlich besser als Drogen war.) Als Erwachsener habe ich meinen Glauben immer mehr praktiziert, insbesondere als ich mich auf das Studium des Glücks spezialisiert habe. Heutzutage gehe ich täglich zur Messe und bete jeden Abend den Rosenkranz – ein uraltes katholisches meditatives Gebet – mit meiner Frau Ester.

Trotz meines tiefen christlichen Glaubens und der Praxis studiere ich ernsthaft andere Traditionen, sowohl westliche als auch östliche, und ich stehe in enger Verbindung mit den Oberhäuptern vieler Glaubensrichtungen. Ich habe mit Gelehrten des Hinduismus, Buddhismus, Islams und Judentums gearbeitet, die mich Gott nähergebracht, mich viele Wahrheiten gelehrt, meine Glaubenspraxis verbessert und meine Seele bereichert haben. Ich habe auch viel von weltlichen Philosophien wie dem Stoizismus in meinen Glauben übernommen.

Oprah Winfrey: Ich bin mein ganzes Leben lang von einer göttlichen Hand geleitet worden. Ich nenne diese Hand Gott. Ich praktiziere und ehre den christlichen Glauben, bleibe jedoch offen für das Mysterium aller Verbindungen, für das Einssein, das wir alle teilen und das aus der Quelle aller Existenz kommt. Mit den Worten des Theologen und Philosophen Pierre Teilhard de Chardin glaube ich, dass wir spirituelle Wesen sind, die diese menschliche Erfahrung machen, und wir alle sind irgendwie miteinander in der Natur verbunden, durch das, was ich für das Leben halte.

In meinen *Super-Soul*-Fernsehshows und -Podcasts habe ich Hunderte spirituelle Lehrer und führende Köpfe jeder Religion und ohne Glaubensrichtung interviewt, und alle betonten, dass der spirituelle Weg die endgültige Fahrt ist. Was ich in Tausenden von Gesprächen beobachtet habe, ist, dass das Leben stets zu uns spricht und versucht, uns zur besten Version unserer selbst zu drängen. Eine spirituelle Praxis zu haben, hat sich für mich als beschleunigte Route zum Aufbau des Lebens erwiesen, das ich wollte.

Wir beide haben eine gewaltige Liebe und Wertschätzung für Menschen aller Glaubensrichtungen – und ohne Glaubensrichtung –, die ernsthaft darum bemüht sind, andere aufzurichten und die Welt für alle Menschen besser zu machen. Wiederum ist unser Ziel in diesem Kapitel *nicht,* Sie von der Richtigkeit einer bestimmten Glaubensrichtung und -praxis zu überzeugen. Vielmehr soll es Ihnen zeigen, wie es Ihre Existenz unermesslich bereichern und anderen ebenso helfen kann, wenn Sie Einsicht in die transzendenten und metaphysischen Aspekte Ihres Lebens nehmen.

Ihr spirituelles Gehirn

Warum praktizieren religiöse und spirituelle Menschen? Fragen Sie sie, und sie werden selten antworten: »Damit ich glücklicher sein kann.« Vielmehr werden sie Ihnen höchstwahrscheinlich sagen, wie John Newton, dass diese Praxis ihnen erlaubt, ihrem Leben in einer verwirrenden Welt einen Sinn zu geben. Sie haben entdeckt, dass durch ihre gewohnte Routine Einsicht ebenso wenig erhältlich ist wie durch weltliche Zerstreuungen wie Unterhaltung und Konsum. Viele suchen eine Quelle von Erfahrungen, die »größer« als das sind, was uns das tägliche Leben bieten kann, wie zum Beispiel ein Gefühl von Ehrfurcht, ein Gefühl von Einssein mit anderen oder dem Göttlichen und einen Verlust der Grenzen von Raum und Zeit.

Das ist kein Zuckerschlecken. Menschen berichten von intensivem Unbehagen, wenn sie eine transzendentale Praxis annehmen, weil sie ein helles Licht auf sie selbst wirft. Anfänger in der Meditation waren häufig noch nie allein mit ihren Gedanken. Konvertiten in vielen Religionen müssen sich ihren Sünden stellen. Das Studium der Philosophen und die Anwendung ihrer Einsichten im Leben bringen Furcht und Opfer mit sich. Einer spirituellen Praxis zu folgen, gleich welcher, bedeutet fast immer, zu sagen: »Ich werde zugeben, dass ich nicht alles weiß und dass ich diese schwierige Sache tue, von der die Welt sagt, sie sei unheimlich und dumm.«

Das Ergebnis wird lebensverändernd sein, angefangen bei unserer Physiologie. Die Psychologin Lisa Miller, Autorin des Buches *The Awakend Brain* (deutsch: *Das erwachte Gehirn),* hat zusammen mit ihren Kollegen eine groß angelegte Arbeit über die neurologischen Mechanismen transzendentaler Erfahrungen durchgeführt. Sie hat zum Beispiel herausgefunden, dass im Vergleich zur Erinnerung an eine stressige Erfahrung die Erinnerung an eine spirituelle Erfahrung die Aktivität im medialen Thalamus und Nucleus caudatus reduziert – den Gehirnbereichen, die mit Verarbeitung von sensorischen und emotionalen Eindrücken verbunden sind; das hilft Menschen potenziell dabei, dem Gefängnis von zu viel Nachdenken und Grübelei zu entrinnen.[3] Durch das Studium des Verhaltens von Menschen mit Gehirnschädigungen haben andere Wissenschaftler selbst berichtete Spiritualität mit Aktivität im periaquäduktalen Grau in Zusammenhang gebracht – der Region des Gehirnstamms, die (unter anderem) mit der Verarbeitung von Furcht und Schmerz und Gefühlen der Liebe verknüpft ist.[4]

Erinnerungen an besonders starke spirituelle Begegnungen – wie zum Beispiel eine Vereinigung mit Gott – sind mittels Elektroenzephalogramm beobachtet worden. In einem Experiment mit katholischen Karmeliterinnen verglichen Neurowissenschaftler im Jahr 2008 die Gehirnaktivität der Schwestern, wenn sie die Anweisung erhielten, sich an die mystischsten Erfahrungen ihres Lebens zu erinnern, beziehungsweise wenn sie aufgefordert wurden, sich an ihren intensivsten Zustand bei der Einigkeit mit einem anderen Menschen zu erinnern.[5] Der mystische Zustand (verglichen mit dem Kontrollzustand) führte zu einem signifikanten Anstieg bei den Thetawellen des Gehirns, einem Muster, das auch mit Träumen zusammenhängt.[6] In nachfolgenden Gesprächen sprachen die Nonnen davon, Gottes Gegenwart während der ursprünglichen Erfahrungen gespürt zu haben, ebenso wie eine bedingungslose und unendliche Liebe.

Religiöser Glaube korreliert stark mit der Suche nach – und dem Finden von – einem Sinn im Leben. 2017 maßen Psychologen bei 442 Probanden den Status religiöser Hingabe und entdeckten eine starke Korrelation mit ihrem Gefühl von Sinnhaftigkeit.[7] Vielleicht nicht überraschend angesichts der starken Verbindung zwischen dem Gefühl von Sinn und dem Glücklichsein: Es wurde gezeigt, dass Religion und Spiritualität davor schützen, erneut an Depression zu erkranken und Angst davor zu haben, Fehler zu begehen.[8]

Wissenschaftler haben dasselbe Muster für körperliche Leiden aufgezeigt. Patienten, die sich der Behandlung einer schweren Erkrankung unterzogen, bei der professionelle Geistliche (wie zum Beispiel Seelsorger) zusammen mit Ärzten und Pflegern involviert waren, berichteten von einer besseren Lebensqualität als jene, deren spirituelle Bedürfnisse beim Behandlungsplan außer Acht gelassen wurden.[9]

Religion und Spiritualität, ausgeübt in Gemeinschaft mit anderen, kann auch das Gefühl von Isolation bei Menschen herabsetzen. Das ist vielleicht insofern offensichtlich, als Menschen dazu tendieren, Religion in Gemeinschaft auszuüben, und es gibt viele Hinweise darauf, dass dies soziale Bande stärkt.[10] Aber Spiritualität an sich scheint Einsamkeit ebenfalls zu mildern. 2019 haben Wissenschaftler 319 Probanden gebeten, Statements wie die folgenden zu bewerten: »Ich habe eine persönliche, bedeutungsvolle Beziehung zu Gott.« Sie entdeckten eine starke negative Korrelation zwischen spirituellen Bekräftigungen und Einsamkeit, was zu größerer geistiger Gesundheit führte.[11]

Zusammenfassend lässt sich sagen: Spirituelle, religiöse und andere metaphysische Erfahrungen sind keine eingebildeten Phänomene. Sie stellen etwas mit Ihrem Gehirn an und verschaffen Ihnen Zugriff auf Einsichten und Wissen, die Sie auf andere Weise nicht erhalten können.

Aber dieser Weg ist voller Herausforderungen. Die drei häufigsten sind: unsere Schwierigkeit, uns zu konzentrieren; unseren Weg zu finden; und die richtigen Motive zu haben. Dies sind die Herausforderungen, denen wir uns in diesem Kapitel widmen.

Herausforderung 1

Ihr Affengehirn

Eines der größten Probleme im Leben ist, dass uns, nun ja, zu viel davon entgeht. Natürlich nicht buchstäblich, aber überlegen Sie mal: Wie viel von Ihrer Zeit sind Sie wirklich gegenwärtig? Wir sind uns die meiste Zeit im Alltagsleben des gegenwärtigen Augenblicks nicht bewusst. Ein guter Teil unserer Aufmerksamkeit ist auf die Vergangenheit und die Zukunft gerichtet – auf Kosten dessen, achtsam im Hier und Jetzt zu sein. Wenn Sie's nicht glauben, beobachten Sie einfach Ihre Gedanken: In jedem Augenblick springen sie wie ein verrückter Affe umher. In der einen Minute grübeln Sie darüber, was Ihnen jemand vergangene Woche gesagt hat; in der nächsten denken Sie daran, was Sie am Wochenende planen. In der Zwischenzeit entgeht Ihnen das Leben des Jetzt.

Schließen Sie jetzt die Augen in Meditation oder im Gebet. Sie werden sich wahrlich dieses Augenblicks Ihres Lebens gegenwärtig – Sie sind achtsam. Mit anderen Worten: Das Transzendente schenkt Ihnen mehr von dem, was Sie im Leben erfahren können.

Doch wir tun das nicht häufig. Menschen verfügen über eine bemerkenswerte Fähigkeit, dem Leben im gegenwärtigen Augenblick

Widerstand zu leisten. Was die Menschlichkeit unseres Geistes ausmacht, ist in der Quintessenz die Fähigkeit, vergangene Ereignisse erneut zu durchleben und zukünftige Szenarien vorwegzunehmen. Was natürlich ein großer Segen ist, da es uns ermöglicht, maximal aus unseren Erfahrungen zu lernen und effektiv für die Zukunft zu üben. Doch es ist auch ein Fluch. Der vietnamesische buddhistische Mönch Thích Nhất Hạnh erklärt dies in seinem Buch *The Miracle of Mindfulness (deutsch: Das Wunder der Achtsamkeit)* so: »Während man das Geschirr spült, sollte man nur das Geschirr spülen, was bedeutet, dass man sich während des Spülens völlig der Tatsache bewusst sein sollte, dass man das Geschirr spült.«[12] Wenn wir an die Vergangenheit oder Zukunft denken, »sind wir nicht am Leben, während wir Geschirr spülen«.

Sie müssen kein Jünger Buddhas sein, um zu wissen, dass Achtsamkeit der letzte Schrei ist. Auf Dutzenden von Apps und Websites können Sie die neuesten Techniken erlernen. Abgesehen davon, Sie ins Hier und Jetzt zu bringen, stellt die Forschung fest, dass Achtsamkeit vielleicht Abhilfe für viele persönliche Probleme schafft. Es wurde gezeigt, dass sie Depression lindert, Angstgefühle herabsetzt, das Gedächtnis fördert und Rückenschmerzen verringert.[13] Sie kann sogar Testergebnisse verbessern.[14]

Wenn Achtsamkeit so großartig ist, warum praktizieren wir sie nicht jeden Tag? Warum verbringen wir so viel Zeit damit, die Vergangenheit zu romantisieren oder zu bedauern und die Zukunft zu erwarten? Die Antwortet lautet, dass Achtsamkeit nichts Naturgegebenes und tatsächlich ziemlich schwierig umzusetzen ist. Viele Psychologen glauben, dass der Mensch als Spezies sich nicht dazu entwickelt hat, das Hier und Jetzt zu genießen. Wir sind vielmehr so verdrahtet, dass wir an die Vergangenheit und insbesondere an die Zukunft denken, um neue Szenarien in Betracht zu ziehen und neue Ideen auszuprobieren. Der Psychologe Martin Seligman geht so weit, unsere Spezies *Homo prospectus* zu nennen, was bedeutet, wir leben von Natur aus in der Zukunft.[15]

Achtsamkeit zu vermeiden kann auch eine effektive Möglichkeit sein, sich von Schmerzen abzulenken. Forscher haben gezeigt, dass die Gedanken der Menschen signifikant wahrscheinlicher umherwandern, wenn sie schlechter Stimmung sind, als wenn sie sich in einer positiven Stimmung befinden.[16] Einige Quellen des Unglücklichseins, die zur Ablenkung und zum Umherschweifen von Gedanken führen, sind Furcht, Angst, Neurotizismus und natürlich Langeweile.[17] Haben Sie eine negative Selbstwahrnehmung – Sie schämen sich zum Beispiel Ihrer selbst –, so führt dies wahrscheinlich ebenfalls zur Ablenkung vom Hier und Jetzt. Wissenschaftler haben gezeigt, dass Menschen, die häufig unter einem Schamgefühl litten, dazu neigten, ihre Gedanken beträchtlich mehr umherschweifen zu lassen als jene, bei denen dies nicht der Fall war.[18]

Wenn Sie um Achtsamkeit ringen, sind vielleicht zwei darunterliegende Probleme schuld daran: Sie wissen nicht, wie Sie sich in Ihrem Kopf zu Hause fühlen sollen, oder Sie *wissen* es und sind zu dem Schluss gekommen, dass das Zuhause kein erfreuliches ist. Wenn es Ersteres ist, was Sie behindert, dann stürzen Sie sich auf jeden Fall in die umfangreiche und wachsende Technologie und Literatur über Achtsamkeit. Sie könnten formelle Meditation ausprobieren oder einfach Ihrer gegenwärtigen Umgebung mehr Aufmerksamkeit widmen.

Wenn Ihr Problem Letzteres ist, müssen Sie sich der Quelle von Furcht und Unbehagen unmittelbar stellen. Sich selbst zu meiden, wird auf lange Sicht gesehen nicht funktionieren; tatsächlich zeigen viele Untersuchungen, dass das Schweifenlassen von Gedanken, um Emotionen zu vermeiden, die Dinge schlimmer macht statt besser.[19] Sie könnten die Quelle Ihres Unglücklichseins im Hier und Jetzt mit professioneller Hilfe angehen, ebenso wie Sie vielleicht Hilfe durch eine Eheberatung wegen eines Eheproblems in Anspruch nehmen. Aber selbst Ihre unangenehmen Gefühle erst einmal nur zu akzeptieren – Ihre Furcht, Ihr Scham- oder Schuldgefühl, Ihre Trauer oder Wut –, kann der Anfang der Lösung insofern sein, als es Sie dazu ermutigt, sich Ihrem Widerstand gegen das Erfahren dieser Gefühle zu stellen. Es könnte weniger unangenehm sein, als Sie glauben.

Beachten Sie, dass Achtsamkeit nicht dasselbe ist wie Nabelschau. Im Jetzt zu sein, bedeutet nicht, sich obsessiv mit sich selbst und den eigenen Problemen zu beschäftigen und andere zu missachten.

Wissenschaftler haben gezeigt, dass exzessive Sorge um sich selbst Abwehrhaltung und Negativität steigern kann.[20] Achtsamkeit sollte stattdessen zu einem Gefühl für Sie selbst als Teil der weiteren Welt und zu einer Beobachtung Ihrer Emotionen führen, ohne sie zu beurteilen. Wenn Sie daran arbeiten, sich auf die Gegenwart zu fokussieren, denken Sie immer an zwei Dinge: Sie sind nur einer von acht Milliarden Menschen; und Ihre Emotionen werden als ein normaler Teil des Lebens kommen und gehen. Die Werkzeuge der Metakognition, die wir weiter vorn in diesem Buch besprochen haben, sollten eine große Hilfe sein, wenn Sie daran arbeiten, achtsamer zu werden.

Es wird nach wie vor Zeiten geben, in denen Sie abgelenkt sind – schließlich sind Sie nur ein Mensch. Und hin und wieder möchten Sie das absichtlich tun. Sie möchten zum Beispiel eine Zeitschrift lesen, während Sie beim Zahnarzt warten, damit Sie nicht an Ihre unmittelbar bevorstehende Wurzelkanalbehandlung denken müssen. Der Schlüssel besteht hier darin, dass Sie gelegentlich eine Entscheidung treffen, was heißt, dass Sie tatsächlich Ihre Emotionen im Griff behalten, statt sich ihrem Griff zu ergeben. In diesem Fall ist die Ablenkung ein Werkzeug in Ihrem emotionalen Arsenal, das nur selten benutzt wird – aber Achtsamkeit sollte stets Ihre Grundeinstellung sein.

Herausforderung 2

Anfangen

Der wichtigste Teil des Anfangens (oder energischen Losstürmens), wenn es um eine transzendentale Reise geht, ist, nun ja, genau das: *damit anzufangen.* Menschen hegen ihr ganzes Leben lang den *Wunsch,* einen Glauben zu haben, packen aber nicht die nötige Arbeit an. Die Erleuchtung kommt nicht einfach so wie eine Wetteränderung. Sie erfordert ernsthafte Aufmerksamkeit. Und wie bei allem anderen – aufs College gehen, körperlich besser in Form kommen – besteht der schwierigste Teil darin, einfach zu beginnen, und das ist eine Entscheidung.

Im Folgenden ein paar Ideen, die helfen können.

Erstens: Fangen Sie einfach an. Gute professionelle Fitnesstrainer, die sich auf Kunden spezialisiert haben, die seit vielen Jahren nicht mehr trainiert haben (oder vielleicht überhaupt nie), legen niemals mit einer komplizierten Reihe von Tests und einem schrittweisen Protokoll von Übungen los. In den ersten paar Wochen werden die Kunden ermutigt, etwas Leichtes zu tun und eine Stunde pro Tag aktiv zu sein. Gewöhnlich heißt das, einen Spaziergang zu unternehmen. (Mehr darüber gleich.) Ähnlich lautet die beste Antwort, wenn Menschen fragen, wie man einen spirituellen Weg angeht, nicht mit einem dreißigtägigen Schweigeaufenthalt im Himalaya zu beginnen und in der Lotusposition zu verharren – das wäre genauso, als würden Sie das Äquivalent Ihres Körpergewichts beim ersten Besuch des Fitnessstudios heben wollen. Vielmehr sollte es etwas Leichtes und Einfaches sein – wie zum Beispiel, in eine Messfeier zu schlüpfen, sich hinten hinzusetzen und ohne Urteil oder Erwartung zu beobachten.

Zweitens: Mehr lesen. Eine transzendentale Praxis erfordert lernen. Fangen sie breit gestreut an mit der Weisheitsliteratur, auch aus Ihrer eigenen Tradition, wenn Sie eine haben. In einem ähnlichen Geist wie bei unserem letzten Ratschlag sollten Sie nicht mit dem dichtesten Text beginnen. Statt zu versuchen, die Lehrreden Buddhas im originalen Pali durchzuackern oder Thomas von Aquins *Summa Theologiae*, versuchen Sie es mit einem populäreren Titel über Buddhismus oder Christentum aus ihrer Bibliothek oder Buchhandlung.[21]

Drittens: Loslassen. Ihnen ist es auferlegt, Ihr eigenes Leben in den Griff zu bekommen. Sie sind willens, die Arbeit zu tun, um glücklicher zu werden, was großartig ist. Aber diese Neigung wird womöglich etwas kosten. Insbesondere könnten Sie die Neigung entwickeln, Dinge kontrollieren zu wollen. Ein Bedürfnis, alles zu kontrollieren, kann ein Hindernis auf Ihrer spirituellen Reise sein, die oft eine intuitive Haltung erfordert – damit Sie auf eine kindliche Weise Erfahrungen machen können, die Sie nicht verstehen, statt sie mit Fakten und Wissen zu strangulieren. Das in einem Buch über die Wissenschaft des Glücklichseins zu erwähnen, hat natürlich eine gewisse Ironie. Aber

Wissenschaftler haben gezeigt, dass Menschen, die einen eher intuitiven vernunftmäßigen Stil haben – die Fragen basierend auf einem »Gefühl« beantworten –, von stärkerem religiösem Glauben berichten als jene, die eher analytisch veranlagt sind.[22] Dieser Befund war unabhängig von Unterschieden in Ausbildung, Einkommen, politischen Ansichten und Intelligenz. Mit anderen Worten: Schließen Sie etwas nicht aus, weil Sie es nicht erklären können.

Vielleicht haben Sie bis hierher gelesen, werfen nun die Hände in die Luft und sagen: »Ich kapier's nicht. Ich bin einfach kein spirituell veranlagter Mensch.« Na gut, schön. Dann tun Sie einfach eines: Gehen Sie hinaus und verbinden Sie sich mit der Außenwelt. Dies ist eine der am längsten erprobten Methoden, eine transzendentale Erfahrung zu haben.

Leider wird sie zunehmend seltener praktiziert. Schließlich fiel der Anteil der Amerikaner, die im Freien arbeiten, von 90 Prozent zu Beginn des neunzehnten Jahrhunderts auf weniger als 20 Prozent zum Ende des zwanzigsten.[23] Wir zeigen dasselbe Muster bei unseren Freizeitaktivitäten: Amerikaner gingen 2018 eine Milliarde Mal weniger hinaus in die Natur als 2008.[24] Heutzutage sagen 85 Prozent der Erwachsenen, dass sie als Kinder mehr Zeit draußen verbracht haben als die Kinder von heute.[25] Der Trend weg von der Natur in den letzten paar Jahrhunderten und insbesondere in den letzten paar Jahrzehnten lässt sich ziemlich direkt erklären. Zunächst einmal hat sich die Weltbevölkerung urbanisiert, also steht weniger Natur zur Verfügung. Um 1800 lebten laut der Zensusdaten in den USA 6,1 Prozent der amerikanischen Bevölkerung in Stadtgebieten; im Jahr 2000 waren es 79 Prozent.[26] Zweitens: Ungeachtet dessen, wo Sie leben, verdrängt die Technologie das Außen aus Ihrer Aufmerksamkeit. Eine Studie von 2017 fand heraus, dass die Zeit am Bildschirm bei allen Altersgruppen rapide ansteigt – für Erwachsene beträgt sie im Jahr 2016 zehn Stunden und neununddreißig Minuten pro Tag –, und gleichzeitig ist die Zeit für Jagd, Fischen, Camping und Kinderspiele im Freien beträchtlich gesunken.[27]

Vielleicht sind Sie ein Stadtmensch mit einem Bürojob und Tag und Nacht an Ihre Endgeräte gebunden – und abgesehen vom Gang von

Ihrem Haus zum Auto oder zum Zug haben Sie seit Monaten oder Jahren keine längere Zeit mehr in der Natur verbracht. Trifft das zu, dann leiden Sie wahrscheinlich an einer spürbaren Belastung wie Stress, Angst oder sogar an einer Erkrankung wie Depression. In einer Studie aus dem Jahr 2015 wiesen Forscher Probanden an, fünfzig Minuten entweder in der Natur oder einer städtischen Umgebung spazieren zu gehen.[28] Die Spaziergänger in der Natur hatten weniger Angst, waren besser gestimmt und verfügten über ein besseres Arbeitsgedächtnis. Sie waren auch viel weniger geneigt, Aussagen zuzustimmen wie: »Ich denke oft über Episoden meines Lebens nach, um die ich mir nicht länger Sorgen machen sollte.«

Eine Konzentration aufs Metaphysische veranlasst Sie dazu, sich viel weniger Sorgen um die Meinungen anderer zu machen. Es ist nicht überraschend, dass der Einfluss von Natur dasselbe bewirkt. 2008 haben Forscher herausgefunden, dass Menschen, die fünfzehn Minuten durch die Stadt gegangen waren, mit 39 Prozent höherer Wahrscheinlichkeit mit der Aussage übereinstimmten »Gerade im Augenblick mache ich mir Sorgen, wie ich mich darstelle« als Menschen, die dieselbe Zeit mit einem Spaziergang in der Natur verbracht hatten.[29]

Wenn Sie immer noch überzeugt werden müssen, werden vielleicht ein paar Worte des amerikanischen Schriftstellers Henry David Thoreau – der an die transzendentale Macht der Natur glaubte – helfen. »Ich ging über eine Wiese, wo ein kleiner Bach entsprang, als die Sonne, kurz bevor sie nach einem kalten, grauen Tag unterging, schließlich eine klare Luftschicht am Horizont erreichte«, schrieb er 1862.[30] In dieser gewöhnlichen Erfahrung fand er das Erhabene, als ob er zum Heiligen Land schritte – »bis die Sonne eines Tages noch heller scheinen wird als je zuvor, vielleicht auch in unsere Sinne und Herzen hinein, und unser ganzes Leben mit einem großen, erweckenden Licht aufleuchten lassen wird, so warm und heiter und golden wie an einem Bachufer im Herbst.«

Thoreau glaubte, dass die Natur über Macht jenseits unseres Verständnisses verfügt – dass der Kontakt mit der Erde uns verwandelt. Moderne Wissenschaftler sagen, dass er wahrscheinlich recht hatte.[31]

Forscher haben herausgefunden, dass sich Ihre innere Uhr an das Auf- und Untergehen der Sonne anpasst, wenn Sie dem natürlichen Licht (nicht jedoch künstlichem) ausgesetzt werden.[32] (Stellen Sie Ihre Endgeräte und sogar das künstliche Licht ein paar Tage lang beiseite, und der natürliche Schlaf wird leichter denn je sein.) Ähnlich haben einige kleinere Experimente ergeben, dass Menschen von einer Verbesserung der Gesundheit und der Stimmung berichten, wenn sie in physischem Kontakt mit der Erde stehen, selbst auf so simple Weise wie draußen barfuß umherzugehen – was bekannt ist als »Erden« des menschlichen Körpers. Wenn Sie sich besser fühlen wollen, ziehen Sie Ihre Schuhe aus und verbringen Sie den Tag draußen; es hilft vielleicht.[33]

Zusammengefasst heißt das: Es gibt jede Menge Möglichkeiten, sich auf eine transzendentale Reise zu begeben. Es muss nicht kompliziert oder esoterisch sein; in der Tat sollte es bescheiden und einfach anfangen. Beten Sie ein wenig, lesen Sie ein wenig, lassen Sie los, machen Sie draußen einen Spaziergang ohne technische Geräte. Das Wichtigste ist: anfangen.

Herausforderung 3

Der richtige Fokus

Der größte Fehler, den Menschen auf der Suche nach einem spirituellen Weg begehen, ist der, dass sie ein persönliches Ziel suchen. Die vorherigen Kapitel über Familie und Freundschaft haben auf ein Paradoxon hingewiesen: Wir erhalten am meisten Liebe, wenn wir sie frei verschenken. Glaube und Spiritualität weisen ein ähnliches Paradoxon auf. Denn Sie erhalten den größten persönlichen Nutzen, wenn dieser Nutzen *nicht* das Ziel ist.

Ein tibetanischer buddhistischer Mönch hat einmal darauf hingewiesen, als er viele amerikanische Praktiker des Buddhismus ermahnte:[34] »So viele amerikanische Buddhisten praktizieren, um ihre persönlichen Probleme zu lösen«, sagte er. »Sie verstehen nicht, dass der wahre Sinn darin liegt, die Wahrheit zu suchen und das Leiden anderer zu lindern.« Um genauer zu sein: Im Buddhismus ist das Ziel des Praktikers nicht, ein Bodhisattva zu sein – eine Buddha-Natur anzunehmen und solchermaßen aus dem endlosen Kreis des Leidens von Geburt und Tod auszubrechen; vielmehr gilt es, dies absichtlich nicht zu tun, also in diesem Kreis des Lebens zu verbleiben und anderen dabei zu helfen, ebenso größere Erleuchtung zu erlangen.

Die japanischen Zen-Buddhisten lehren ihren Glauben mittels Koans oder Rätseln, um darüber zu meditieren. Eines der berühmtesten ist: »Welches Geräusch ergibt das Klatschen mit einer Hand?« Dies erscheint wie eine unsinnige Frage, bis Sie die Antwort verstehen: »Eine Illusion.« Eine Hand in einer Klatschbewegung kann Sie dazu bringen, sich ein Klatschgeräusch vorzustellen, aber es entsteht kein richtiges Geräusch, bis eine zweite Hand hinzugefügt wird. Dies illustriert das buddhistische Konzept der Leere – dass jeder von uns bedeutungsleer ist, bis wir mit anderen kommunizieren. Um sich der Liebe zu erfreuen, müssen Sie andere lieben und von ihnen geliebt werden. Deswegen meditiert ein Bodhisattva – nicht um seinen eigenen Stress und seine eigene Angst abzubauen, sondern um sich auf den Stress und die Angst anderer zu fokussieren.

Dies ist die mythische Wahrheit hinter fast allen Glaubensrichtungen und Traditionen. Diene den Lehren des Göttlichen, suche die letzte Wahrheit und arbeite so daran, andere glücklicher zu machen statt deiner selbst. Nur *dann* wirst du erfolgreicher auf deiner eigenen Fahrt sein.

Dieses Paradoxon hat C. S. Lewis in seinem berühmten Buch *Mere Christianity* (deutsch: *Pardon, ich bin Christ*) zusammengefasst, und zwar in seiner Beschreibung eines Mannes namens Dick, der glücklich und gut sein möchte: »Hier stoßen wir auf ein Paradox. Solange Dick sich nicht Gott zuwendet, glaubt er, seine Nettigkeit gehöre ihm, und solange er das denkt, gehört sie ihm gerade nicht. Erst wenn Dick erkennt, dass seine Nettigkeit nicht sein Eigentum ist, sondern ein Geschenk Gottes, und er dieses Geschenk Gott wieder darbietet – erst dann fängt es an, ihm wirklich zu gehören. Denn nun fängt Dick an, sich an seiner eigenen Erschaffung zu beteiligen. Die einzigen Dinge, die wir je behalten können, sind die Dinge, die wir aus freien Stücken an Gott abgeben. Das, was wir für uns zu behalten versuchen, werden wir mit Sicherheit verlieren.«[35]

Wenn Sie den transzendentalen Weg gehen, werden Sie glücklicher werden, aber nur, wenn glücklicher zu werden nicht Ihr Ziel ist. Ihr Ziel muss die Suche nach der Wahrheit und dem Guten in anderen sein.

Der Weg voran

Wir können Ihnen nicht sagen, worin Ihr transzendentaler Weg bestehen soll, aber wir können Ihnen sagen, dass Sie sich ein besseres Leben errichten werden, wenn Sie einen verfolgen. Die Wissenschaft zeigt ganz klar, dass metaphysische Erfahrungen nicht abergläubischer Unsinn sind, sondern vielmehr einen Nutzen für Ihr Glücklichsein haben, den Sie nirgendwo anders bekommen können. Ihren Pfad zu finden und ihm zu folgen bringt natürlich Herausforderungen mit sich, von denen wir die drei größten dargestellt haben. Beherzigen Sie die folgenden Lektionen, und Sie werden mithilfe Ihrer (Selbst-)Managementfähigkeiten den größten Gewinn einfahren.

1. Ein spirituelles Leben kann schwierig sein, weil es sich gegen die Stimuli unserer Umgebung wendet, die beständig unsere Aufmerksamkeit ablenken. Wir müssen arbeiten, um gegenwärtig und achtsam zu sein, und wir können darin besser werden, wenn wir dies tun.
2. Es ist ein Irrweg, zu warten und darauf zu hoffen, dass uns eine spirituelle Praxis findet; das wird aller Wahrscheinlichkeit nach nicht geschehen. Wir müssen die Arbeit erledigen, um eine spirituelle Praxis aufzubauen, ebenso wie alles andere von Wert. Der allerwichtigste Schritt ist der erste.
3. Die Konzentration auf einen Glauben oder eine spirituelle Praxis darf nicht vorrangig nach innen gerichtet sein. Der Nutzen

> für uns selbst ist gewaltig, aber das Motiv muss eine Suche nach Wahrheit und die Liebe zu anderen sein.

Anders als die Lektionen in den vorangegangenen Kapiteln sind diese schwieriger mit sofortigen Ergebnissen unmittelbar in die Praxis umzusetzen. Fügen wir also eine vierte Lektion hinzu, um die ersten drei über die kommenden Monate und Jahre Ihres Lebens zu geleiten: Widmen Sie eine bestimmte Zeitspanne jedes Tages Ihrem spirituellen oder philosophischen Leben. Fangen Sie zum Beispiel Ihren Morgen damit an, dass Sie bloß fünfzehn Minuten lang Weisheitsliteratur lesen und in Kontemplation oder im Gebet dasitzen. Wenn Ihr Haus dafür zu chaotisch ist, suchen Sie sich eine Zeitspanne während Ihrer Mittagspause oder am Abend. Anfangs werden sich fünfzehn Minuten sehr lang anfühlen, aber es wird im Laufe der Zeit einfacher werden, und wenn Sie dabeibleiben, werden Sie den Zeitraum ausdehnen wollen. Der Schlüssel zum Erfolg am Anfang ist jedoch Beständigkeit. Bloß fünfzehn Minuten, jeden Tag.

Was uns zum Ende der zweiten Phase im Plan führt, das Leben aufzubauen, welches Sie sich wünschen. Achten Sie auf das, was zählt, und bekommen Sie es in den Griff – die vier fundamentalen Säulen von Familie, Freundschaft, Arbeit und Glaube –, indem Sie die größten Herausforderungen eine nach der anderen angehen.

In diesen acht Kapiteln haben wir eine gewaltige Menge an Wissen abgedeckt, das buchstäblich Tausende von wissenschaftlichen Studien umfasst. Zweifellos haben viele der Lektionen und Konzepte Sie überrascht. Viele weitere waren Ihnen bekannt, aber Sie mussten Ihnen ins Gedächtnis zurückgerufen werden. Wahrscheinlich jedoch sind alle davon im Grunde sinnvoll. Allgemein gesprochen sollten Glückslektionen stets den »Oma-Test« bestehen. (Wenn Oma sagt: »Das ist Unsinn«, sollten Sie *sehr* skeptisch sein; der Test wird übrigens auch »Allgemeinverständlichkeits-Test« genannt.)

Die Herausforderung besteht jetzt darin, die Lektionen präsent zu halten. Den meisten Menschen fällt es leicht, angesichts der Komplikationen des Lebens die neuen Ideen zu vergessen und in alte Muster zurückzufallen. Aus diesem Grund endet dieses Buch mit einem wahrlich bombenfesten Weg, die Prinzipien des Aufbaus Ihres Lebens festzuklopfen und glücklicher zu werden: Werden Sie selbst zum Lehrer.

Eine Zwischenbemerkung von Oprah Winfrey

Seit ich ein kleines Mädchen war, habe ich es geliebt, Neues zu lernen. Ich habe es ebenfalls geliebt, zu teilen, was ich gelernt habe. Tatsächlich erscheint es mir so, während ich dies schreibe, dass Wissen niemals wirklich vollständig ist, solange es nicht *geteilt* wird.

Für mich war die *Oprah Winfrey Show* im Kern immer eine Art Klassenzimmer. Ich war neugierig auf so viele Dinge, angefangen von den Feinheiten des Verdauungssystems bis hin zum Sinn des Lebens. Es gab so viel, was ich wissen wollte, so viele Fragen waren zu stellen und zu beantworten – und ich dachte, dass andere Menschen ähnlich neugierig und voller Fragen waren, also lud ich Gäste ein, damit sie zu uns kämen als unsere Lehrer. Natürlich stellte sich heraus, dass viele Menschen im Publikum ebenfalls über Weisheiten verfügten, die sie teilen konnten. So viele Menschen kamen in die Sendung und teilten so viel.

Die Freude mitgeteilten Wissens erklärt ebenfalls, warum ich einen Buchclub gegründet habe. Die Romane und Memoiren, die mir am meisten bedeuten, sind diejenigen, die mir die Augen für die tieferen Wahrheiten und neue Erfahrungen öffnen oder bedeutende Ideen schärfer in den Fokus bringen – und es liegt nicht in meiner Natur, diese Wahrheiten, Erfahrungen und Ideen für mich zu behalten! Noch während ich ein Buch lese, das mir gefällt, stelle ich mir vor, wie ich darüber mit anderen Menschen spreche, und das steigert meine Freude zusätzlich.

In Wahrheit habe ich mich stets berufen gefühlt, Lehrerin zu sein, und ich sage das ohne Hybris im Herzen. Meiner Ansicht nach ist ein Lehrer nicht derjenige, der alles weiß; es ist einfach derjenige, der teilt, was er gelernt hat.

Ich habe Klassen und Workshops in meiner Mädchenschule in Südafrika geleitet, aber meine Rolle dort ist größtenteils die einer Mentorin. (Nun ja, Mentorin und Schülerin. Ich könnte ein Buch über die harten Lektionen schreiben, die ich im Prozess des Schulaufbaus gelernt habe. Ganz zu schweigen von den Lektionen, die die Mädchen selbst mich beständig lehren. Ihre schiere Anzahl – inzwischen Hunderte – bestärkt die Lektion der losgelösten Bindung, die ich zuvor schon erwähnt habe. Es ist einfach unmöglich, für so viele Mädchen dieselben konkreten Ergebnisse anzustreben, wo doch jede ihren eigenen Hintergrund, ihre eigenen Fähigkeiten, Träume und Wünsche hat. Mein Auftrag ist es, ihnen die Türen zu öffnen; nur sie können entscheiden, was sie tun, wenn sie hindurchgehen.)

Wenn ich »meine Mädchen« betreue, lege ich gern Nachdruck darauf, dass der Erfolg im Leben nicht so sehr darin besteht, die richtigen Antworten zu haben, sondern eher darin, die guten Fragen zu stellen: Was bedeutet es, ein gutes Leben zu führen – für mich, nicht nach dem Modell eines anderen –, und wie gelingt es mir? Wonach sollte man wirklich streben? Was kann ich bieten und wie kann ich anderen dienen? Welche Lektionen kann ich aus meinen Erfahrungen herausholen, insbesondere aus den härtesten? Wie kann ich das Beste aus meiner begrenzten Zeit auf dieser Erde machen?

Es ist kein Zufall, dass dies genau dieselben Fragen sind, die Arthur Brooks in diesem Buch erforscht hat. Sie treffen ins Herz dessen, was es bedeutet, glücklicher zu sein. Sie erkennen an, dass es ein aktiver Prozess ist, keine Sache des Seins, sondern des Werdens. Und sie erhellen den wichtigsten Teil des Prozesses: Ihre Handlungsmacht. Sie erkennen, dass die Person, die Ihr Glück in der Hand hat – Ihr *größeres Glücklichsein* –, auf immer Sie sind und sein werden.

Ich erkenne mich selbst in so vielen Teilen dieses Buches. Und ich habe die Vermutung, dass Sie sich selbst ebenfalls darin erkennen. Nicht bloß der Mensch, der Sie gewesen sind, sondern der wahrhaft glücklichere Mensch, der Sie werden können. Während ich den Prinzipien folge, die Arthur vorstellt, *werde ich* glücklicher. Ich habe tatsächlich Spaß – ein Wort, dass zuvor in meinem Wortschatz nicht existierte, weil ich so auf die Arbeit fokussiert war. Jetzt reise ich, riskiere etwas, sage Ja zu neuen Erfahrungen – weil ich es will, und nicht, weil ich mich dazu verpflichtet fühle. Und ich habe oftmals für wahr befunden, dass Glück sich vervielfacht, wenn wir es teilen. Ich hoffe, dieses Buch sorgt dafür, dass Sie zu teilen beginnen.

Wenn du lernst, lehre. Wenn du bekommst, gib.

Maya Angelou
US-amerikanische Schriftstellerin,
Professorin und Bürgerrechtlerin (1928–2014)

Schluss

Werden Sie jetzt zum Lehrer

Sie haben dieses Buch ausgesucht, um ein glücklicheres Leben aufzubauen, und Sie haben von vielen Ideen gelesen, wie Ihnen das gelingen kann. Um Ideen in die Praxis umzusetzen, müssen Sie sie im Gedächtnis behalten. Hierfür gibt es eine gute Methode: Bringen Sie einem Plastik-Schnabeltier bei, was Sie gelernt haben.

Na gut, hier ist wohl eine Erklärung angebracht: Im angelsächsischen Raum gibt es eine Lern- und Lehrtechnik, die *»plastic platypus learning«* genannt wird (wörtlich: »Plastik-Schnabeltier-Lernen«). Dabei erhalten Leute die Anweisung, etwas zu erklären, was sie gelernt haben, und zwar einem leblosen Ding, wie … nun ja, einem Plastik-Schnabeltier. Es könnte auch eine Gummiente oder eine Bowlingkugel sein – darauf kommt es nicht an. Was die Forschung zu dieser Technik aufzeigt, ist, dass Sie, wenn Sie etwas zusammenhängend erklären, die Information aufnehmen und im Gedächtnis abspeichern. Der Grund ist ziemlich simpel, und Sie kennen ihn bereits. Sie müssen *metakognitiv* mit der Information umgehen – Ihren präfrontalen Cortex einsetzen –, damit Sie sie verstehen und anwenden können. Und die beste Methode, dies zu tun, ist, sie deutlich zu erklären.

Noch besser als ein Schnabeltier aus Plastik ist allerdings ein echter Mensch, und es gibt zahlreiche Forschungsergebnisse, die zeigen, dass das Lehren eines Themas der zuverlässigste Weg ist, um es gründlich zu lernen. Dies wurde erstmals von dem berühmten Sprachlehrer Jean-Pol Martin demonstriert, der erfolgreich Fremdsprachen unterrichtete, indem er seine Schüler dazu brachte, sich gegenseitig zu unterrichten.[1] Spätere Forschungen veranschaulichten dieses Konzept in Experimenten, bei denen eine Gruppe von Schülern den Stoff selbst studierte, während eine zweite Gruppe ihn den anderen erklärte.[2] (Beide Gruppen hatten die gleiche Zeit zur Verfügung.) Die zweite Gruppe (die Schüler-Lehrer) verstand den Stoff besser und behielt ihn besser im Gedächtnis als die erste Gruppe.

Andere zu lehren, wie sie glücklicher werden können, ist mehr, als bloß die Ideen in Ihrem eigenen Kopf zu verfestigen. Mit dem Niedergang des Glücklichseins fast überall und insbesondere in den Vereinigten Staaten braucht unsere Welt Advokaten und Kämpfer, die den Millionen helfen, welche ohne Erleichterung leiden. So viele glauben immer noch daran, dass keine Hoffnung besteht, solange es Schmerz in ihrem Leben gibt. Finden Sie die Menschen in Ihrem Leben, die in dieser Situation sind. Seien Sie deren Hoffnung.

Jetzt könnten Sie vielleicht sagen: »Wie kann ich jemand anderem helfen, das Leben aufzubauen, wenn das meine immer noch dabei ist, aufgebaut zu werden?« Dies ist *genau* der Zeitpunkt und Grund, an und aus dem Sie der effektivste Lehrer sind. Die besten Glückslehrer sind diejenigen, welche sich das Wissen erarbeiten mussten, das sie bieten, nicht die Glücklichen, die jeden Tag in prächtiger Laune aus dem Bett fallen. Diese wenigen Glücklichen sind wie die Fitness-Influencer auf Instagram, die großartige Gene haben, essen, was sie möchten, und keine Ahnung haben, worin die Herausforderungen für den Rest von uns bestehen.

Verbergen Sie nicht, dass Sie selbst zu kämpfen haben. Nutzen Sie dies, um anderen beim Verständnis zu helfen, dass sie nicht allein sind und dass es möglich ist, glücklicher zu werden. Ihr Schmerz verleiht Ihnen Glaubwürdigkeit, und Ihr Fortschritt macht Sie zu einer Inspiration. Und das Teilen mit anderen steigert diesen Fortschritt und macht das Ganze zu einem perfekten beidseitigen Gewinn.

Älter, weiser, glücklicher

Glücklichsein zu lehren ist ebenfalls die beste Strategie, im Laufe der Zeit glücklicher zu werden. Eine der größten Quellen des Leidens für viele Menschen mittleren Alters ist die Erkenntnis, dass sie irgendwie in ihren Fähigkeiten nachlassen, während sie noch viele Lebensjahre vor sich haben. Dies trifft besonders auf Menschen zu, die viel in ihre Fähig- und Fertigkeiten investiert haben.

Wenn Sie das Gefühl haben, dass Sie im mittleren Alter nicht mehr so gut dabei oder etwas ausgebrannt sind, dann ist das normal. Forscher haben schon lange bemerkt, dass viele Fähigkeiten – zum Beispiel Analyse und Innovation – in sehr frühen Lebensjahren rasch zu- und dann in den Dreißigern und Vierzigern wieder abnehmen. Dies wird flüssige oder fluide Intelligenz genannt. Sie macht Sie gut in dem, was Sie als junger Erwachsener tun, und Sie bemerken es erst dann wirklich, wenn sie wieder abnimmt, was gewöhnlich früher der Fall ist, als Sie erwarten.[3]

Es gibt eine andere Art von Intelligenz, die später kommt und kristalline Intelligenz genannt wird. Sie äußert sich in einem zunehmenden Händchen für die Kombination komplexer Ideen, dem Verständnis dessen, was sie bedeuten, dem Wiedererkennen von Mustern und dem Lehren anderer. Sie wächst während des mittleren Alters und kann bis ins hohe Alter auf hohem Niveau bleiben. Wenn Sie über fünfzig sind und bemerken, dass Sie besser darin sind, Muster zu erkennen und anderen Menschen Ideen zu erklären, als es früher der Fall war, dann deshalb, weil Ihre kristalline Intelligenz höher ist.

Die Forschung an fluider und kristalliner Intelligenz weist darauf hin, dass Menschen verschiedene Rollen in ihrem Leben einnehmen sollten, die jeden Typ von Intelligenz ergänzen – aber stets die Tendenz haben sollten, andere zu lehren und zu betreuen, während die Jahre dahingehen, weil das ihre zunehmende natürliche Stärke ist. Vielleicht bedeutet das einen Wechsel im Job oder in der Karriere oder einen anderen Schwerpunkt bei dem, was Sie in Ihrem regulären Beruf tun. Das sehen wir oft bei Menschen, die sich eine Auszeit von der Arbeit nehmen, um ihre Kinder großzuziehen. Wenn das Nest leer ist und sie wieder arbeiten gehen, nehmen sie eine andere Rolle ein als diejenige, die sie vor Jahren verlassen haben.

Dies ist übrigens nicht bloß ein professioneller Rat. Im Leben läuft es für uns am besten und wir sind am glücklichsten, wenn wir uns mit zunehmendem Alter mehr auf unsere Weisheit verlassen. Einer der Gründe, weswegen Menschen so gerne Großeltern sind – neben der Tatsache, dass sie die Kinder den ganzen Tag über verwöhnen können und sie dann nach Hause gehen! –, liegt in ihrer kristallinen Intelligenz. Großeltern verlassen sich auf ihre Erfahrung und Weisheit und neigen dazu, sich nicht über jede Kleinigkeit aufzuregen, was alles einfacher und mehr Spaß macht.

Und das bringt uns zurück zum Lehren der Lektion, glücklicher zu werden. Mit zunehmendem Alter wird es sich immer natürlicher für Sie anfühlen, ein Glückslehrer zu werden. Je älter Sie werden, desto mehr werden diese Lektionen wahrhaft zu den Ihren. Andere werden Sie aufsuchen, um sie zu erlernen.

Der wichtigste Baustein von allen

Beim Lesen dieses Buches ist Ihnen vielleicht ein durchgehendes Thema aufgefallen: Jede Praxis, die Ihnen dabei hilft, das Leben aufzubauen, das Sie möchten, basiert auf einer Sache:

Liebe.

Sich auf das Projekt des Glücklicher-Werdens einlassen und sich an die Arbeit begeben, Ihre Emotionen in den Griff zu bekommen, bedeutet zu sagen, dass Sie sich selbst genügend lieben, um diese Investition zu tätigen. Auch bei allen Säulen des Glücks geht es um Liebe: Liebe zu Ihrer Familie, Liebe zu Ihren Freunden, sichtbar gemachte Liebe dadurch, dass Sie Ihr bestes Selbst zur Arbeit mitbringen, und Liebe zum Göttlichen durch Ihre transzendentale Reise. Und ein Lehrer dessen zu werden, was Sie gelernt haben, ist ein Akt überquellender Liebe zu allen Menschen in Ihrem Leben.

Wie das Glücklichsein ist auch die Liebe kein Gefühl. Wie es Martin Luther King im Jahr 1957 ausgedrückt hat: »Liebe ist nicht dieses sentimentale Etwas, von dem wir reden. Sie ist nicht bloß ein emotionales Etwas. Liebe ist schöpferisches, verständnisvolles Wohlwollen für alle.«[4] Liebe ist Hingabe, ein Akt des Willens und der Disziplin. Liebe ist wie glücklicher werden: etwas, in dem Sie durch die Praxis besser werden. Sie wird durch die Wiederholung automatischer. Sie wird im Laufe der Zeit zur Gewohnheit. Und wenn es so weit ist, ergibt sich alles andere von selbst.

Fangen Sie jeden Tag mit den Worten an: »Ich weiß nicht, was dieser Tag bringen wird, aber ich werde andere lieben und mir selbst erlauben, geliebt zu werden.« Jedes Mal, wenn Sie überlegen, was Sie in einer bestimmten Situation tun sollen – ob es eine große Entscheidung ist, wie zum Beispiel, ob Sie eine neue Stelle annehmen, oder eine kleine, wie zum Beispiel, jemanden vor Ihnen in die Spur einbiegen zu lassen –, dann fragen Sie sich: »Was ist das Liebevollste, das gerade jetzt zu tun ist?« Gerüstet mit dem Wissen, das Sie in diesem Buch erworben haben, werden Sie niemals falschliegen.

Natürlich sind Sie nicht aus Stein, und selbst wenn Sie sich dem emotionalen Selbstmanagement und dem Aufbau Ihrer Familie, Freundschaften, Arbeit und Ihres Glaubens widmen, werden Sie immer noch Tage haben, an denen Liebe außer Reichweite scheint. Sie werden nicht gut auf jemanden reagieren; Sie werden sich von Ihren Gefühlen überwältigen lassen; Sie werden enttäuscht die Hände in die Luft werfen. Das ist nur natürlich. Der Schlüssel zum Fortschritt ist nicht Perfektion, er ist, wieder und wieder und wieder zu beginnen. Jeder Tag ist ein neuer Tag und eine weitere Gelegenheit, den Hammer zu ergreifen und erneut an die Arbeit zu gehen. Vergessen Sie nur nicht, dass das Leben, das Sie sich wünschen, auf Liebe aufgebaut ist, und fangen Sie wieder an.

Wir beide tun dasselbe in unserem Leben. Wir sind Teil desselben Projekts – dadurch glücklicher zu werden, dass wir unser Leben auf dem Fundament von Liebe errichten. Dieses Prinzip hat uns in dieser Partnerschaft zusammengebracht, um das vorliegende Buch zu schreiben.

Denken Sie also einfach daran, dass wir an Ihrer Seite sind und Ihnen alles Gute auf Ihrer Reise wünschen. Und wir bitten Sie, dasselbe für uns zu tun. Einander stärkend, können wir einander dabei helfen, das Leben aufzubauen, was wir wollen. Und gemeinsam können wir vielleicht sogar dabei helfen, ebenso die Welt aufzubauen, die wir wollen.

Für weitere Informationen, wie Sie das Leben aufbauen, das Sie sich wünschen, und wie Sie andere lehren können, dasselbe zu tun, besuchen Sie die Website www.arthurbrooks.com/build (in englischer Sprache).

Danksagung

Wir haben gern zusammen an diesem Buch gearbeitet. Jedoch haben wir uns nicht einfach in Oprahs Haus verkrochen und selbst das ganze Manuskript in die Tasten gehauen. Viele andere haben es mit ihren Ideen, ihrer harten Arbeit und ihrer Unterstützung ermöglicht.

Wir danken unserem Rechercheteam: Rena Rudavsky, Reece Brown und Bryce Fuemmeler, die Tausende von Referenzen gesucht und Fakt um Fakt überprüft haben. Professor Joshua Greene von der Harvard überprüfte die neurowissenschaftlichen Teile in diesem Buch und gab uns Rückmeldung, die das Manuskript verbessert hat. Oprah dankt Deborah Way für ihre Hilfe dabei, die Worte und Sprache einzuhegen, um vom Glücklichsein zu sprechen. Unterdessen halfen Tara Montgomery, Candice Gayl und Bob Greene mit ihrer Kritik und hielten das Buch während eines chaotischen Terminplans auf Kurs. Nicole Nichols, Chelsea Hettrick und Nicole Marostica hielten die Kommunikation aufrecht und stellten sicher, dass die Welt von dem Projekt erfährt. Und nichts wäre gelaufen, wäre da nicht die Unterstützung vieler Kollegen bei Harpo und ACB Ideas gewesen, insbesondere durch Rachel Ayerst Manfredi, Molly Glaeser, Olivia Ladner, Joanna Moss, Samantha Ray und Mary Riner.

Dank schulden wir für ständige Ermutigung und Anleitung: Bria Sandford, unserer Lektorin bei Portfolio; Anthony Mattero, Arthurs Literaturagent bei der Creative Artists Agency; und unseren Anwälten Marc Chamlin und Ken Weinrib.

Arthur dankt der Leitung und seinen Kollegen von der Harvard Kennedy School und Harvard Business School für die Bereitstellung einer unterstützenden und kreativen akademischen Heimat, wo diese Arbeit gedeihen kann. Die MBA-Studenten in seinen

Leadership-and-Happiness-Seminaren an der HBS und die Teilnehmer und Unterstützer des Leadership-and-Happiness-Labors an der HKS sind eine inspirierende Erinnerung daran, dass Glücklichsein etwas ist, was wir steigern und teilen können. Arthur ist *The Atlantic* Dank schuldig, wo viele der Ideen und einige Passagen dieses Buchs ursprünglich in seiner wöchentlichen Kolumne »How to Build a Life« erschienen sind. Besonderer Dank gilt Jeff Goldberg, Rachel Gutman-Wei, Julie Beck und Ena Alvarado-Esteller, die die Kolumne jede Woche ermöglichen. Arthurs Forschung wird großzügig unterstützt von Dan D'Aniello, Ravenel Curry, Tully Friedman, Cindy und Chris Galvin und Eric Schmidt.

Wie wir in diesem Buch verdeutlicht haben, wird Glück daheim erbaut, in den Banden, auf die wir in guten und schlechten Zeiten zählen können. Wir könnten kaum jemandem raten, glücklicher zu werden, gäbe es nicht die Liebe und Unterstützung unserer Familien. Für Arthur beginnt dies mit Ester Munt-Brooks, Arthurs Frau und spirituellem Guru; hinzu kommen Joaquim, Carlos, Marina, Jessica und Caitlin Brooks. Von Oprah: Danke an alle meine Lieben – ihr wisst, wen ich meine –, die mich jeden Tag glücklicher machen.

Anmerkungen

Einführung: Albinas Geheimnis

Bei den Geschichten aus dem wahren Leben in dieser Einführung werden, außer es wird speziell darauf hingewiesen, fiktionale Namen verwendet, und einige Details wurden geändert, um die Anonymität der erwähnten Menschen zu schützen.

1 Michael Davern, Rene Bautista, Jeremy Freese, Stephen L. Morgan und Tom W. Smith, General Social Surveys, 1972–2021 Cross-section, NORC, University of Chicago, gssdataexplorer.norc.org.

2 Renee D. Goodwin, Lisa C. Dierker, Melody Wu, Sandro Galea, Christina W. Hoven und Andrea H. Weinberger, »Trends in US Depression Prevalence from 2015 to 2020: The Widening Treatment Gap«, *American Journal of Preventive Medicine* 63, Nr. 5 (2022): 726–33.

3 Davern et al., General Social Surveys, 1972–2021 Cross-section.

4 *Global Happiness Study: What Makes People Happy around the World*, Ipsos Global Advisor, August 2019.

Eins: Glücklichsein ist nicht das Ziel und Unglück nicht der Feind

In diesem Kapitel werden Ideen und Passagen aus den folgenden Essays adaptiert und übernommen:

Arthur C. Brooks, »Sit with Negative Emotions, Don't Push Them Away«, How to Build a Life, *The Atlantic*, 18. Juni 2020; Arthur C. Brooks, »Measuring Your Happiness Can Help Improve It«, How to Build a Life, *The Atlantic*, 3. Dezember 2020; Arthur C. Brooks, »There

Are Two Kinds of Happy People«, How to Build a Life, *The Atlantic*, 28. Januar 2021; Arthur C. Brooks, »Different Cultures Define Happiness Differently«, How to Build a Life, *The Atlantic*, 15. Juli 2021; Arthur C. Brooks, »The Meaning of Life Is Surprisingly Simple«, How to Build a Life, *The Atlantic*, 21. Oktober 2021; Arthur C. Brooks, »The Problem with 'No Regrets'«, How to Build a Life, *The Atlantic*, 3. Februar 2022; Arthur C. Brooks, »How to Want Less«, How to Build a Life, *The Atlantic*, 8. Februar 2022; Arthur C. Brooks, »Choose Enjoyment over Pleasure«, How to Build a Life, *The Atlantic*, 24. März 2022; Arthur C. Brooks, »What the Second-Happiest People Get Right«, How to Build a Life, *The Atlantic*, 31. März 2022; Arthur C. Brooks, »How to Stop Freaking Out«, How to Build a Life, *The Atlantic*, 28. April 2022; Arthur C. Brooks, »A Happiness Columnist's Three Biggest Happiness Rules«, How to Build a Life, *The Atlantic*, 21. Juli 2022; Arthur C. Brooks, »America Is Pursuing Happiness in All the Wrong Places«, *The Atlantic*, 16. November 2022.

[1] Jeffrey Zaslow, »A Beloved Professor Delivers the Lecture of a Lifetime«, *Wall Street Journal*, 20. September 2007.

[2] Saint Augustine, *The City of God*, Buch XI, Hrsg. und Übers. Marcus Dods (Edinburgh: T. & T. Clark, 1871), Kapitel 26, online veröffentlicht durch Projekt Gutenberg. Dt.: Augustinus: *Über den Gottesstaat* (verschiedene Ausgaben; hier übers. v. A. W.).

[3] E. E. Hewitt, »Sunshine in the Soul«, Hymnary.org.

[4] Yukiko Uchida und Yuji Ogihara, »Personal or Interpersonal Construal of Happiness: A Cultural Psychological Perspective«, *International Journal of Wellbeing* 2, Nr. 4 (2012): 354–369.

[5] Shigehiro Oishi, Jesse Graham, Selin Kesebir und Iolanda Costa Galinha, »Concepts of Happiness across Time and Cultures«, *Personality and Social Psychology Bulletin* 39, Nr. 5 (2013): 559–77.

[6] Dictionary.com, s. v. »happiness«, www.dictionary.com/browse/happiness; Duden.de, s. v. »Glück«, https://www.duden.de/rechtschreibung/Glueck.

[7] Anna J. Clark, *Divine Qualities: Cult and Community in Republican Rome* (Oxford, UK: Oxford University Press, 2007).

8 Anna Altman, »The Year of Hygge, the Danish Obsession with Getting Cozy«, *New Yorker*, 18. Dezember 2016.

9 Philip Brickman und Donald T. Campbell, »Hedonic Relativism and Planning the Good Society«, in *Adaptation Level Theory*, Hrsg. M. H. Appley (New York: Academic Press, 1971): 287–301.

10 Viktor E. Frankl, *Man's Search for Meaning* (Boston: Beacon Press, 1946), xvii. Hier zitiert nach der deutschen Ausgabe: Viktor E. Frankl, »... trotzdem Ja zum Leben sagen. Ein Psychologe erlebt das Konzentrationslager«, Penguin, 2018, S. 104.

11 Catherine J. Norris, Jackie Gollan, Gary G. Berntson und John T. Cacioppo, »The Current Status of Research on the Structure of Evaluative Space«, *Biological Psychology* 84, Nr. 3 (2010): 422–36.

12 Jordi Quoidbach, June Gruber, Moïra Mikolajczak, Alexsandr Kogan, Ilios Kotsou und Michael I. Norton, »Emodiversity and the Emotional Ecosystem«, *Journal of Experimental Psychology: General* 143, Nr. 6 (2014): 2057–66.

13 Richard J. Davidson, Alexander J. Shackman und Jeffrey S. Maxwell, »Asymmetries in Face and Brain Related to Emotion«, *Trends in Cognitive Sciences* 8, Nr. 9 (2004): 389–91.

14 Debra Trampe, Jordi Quoidbach und Maxime Taquet, »Emotions in Everyday Life«, *PLoS One* 10, Nr. 12 (2015): e0145450.

15 Daniel Kahneman, Alan B. Krueger, David A. Schkade, Norbert Schwarz und Arthur A. Stone, »A Survey Method for Characterizing Daily Life Experience: The Day Reconstruction Method«, *Science* 306, Nr. 5702 (2004): 1776–80.

16 David Watson, Lee Anna Clark und Auke Tellegen, »Development and Validation of Brief Measures of Positive and Negative Affect: The PANAS Scales«, *Journal of Personality and Social Psychology* 54, Nr. 6 (1988): 1063–70. Der Test ist in englischer Sprache verfügbar unter www.authentichappiness.sas.upenn.edu/testcenter. Die deutsche Fassung des Tests – GESIS – kann hier eingesehen werden: B. Breyer und M. Bluemke (2016), Deutsche Version der Positive and Negative Effect Schedule PANAS (GESIS Panel); Zusammenstellung sozialwissenschaftlicher Items und Skalen; doi: 10.6102/zis242.

17 Die Durchschnittswerte sind den originalen Forschungsergebnissen von Watson, Clark und Tellegen (1988) entnommen.

18 Kristen A. Lindquist, Ajay B. Satpute, Tor D. Wager, Jochen Weber und Lisa Feldman Barrett, »The Brain Basis of Positive and Negative Affect: Evidence from a Meta-analysis of the Human Neuroimaging Literature«, *Cerebral Cortex* 26, Nr. 5 (2016): 1910–22.

19 Paul Rozin und Edward B. Royzman, »Negativity Bias, Negativity Dominance, and Contagion«, *Personality and Social Psychology Review* 5, Nr. 4 (2001): 296–320.

20 Emmy Gut, »Productive and Unproductive Depression: Interference in the Adaptive Function of the Basic Depressed Response«, *British Journal of Psychotherapy* 2, Nr. 2 (1985): 95–113.

21 Neal J. Roese, Kai Epstude, Florian Fessel, Mike Morrison, Rachel Smallman, Amy Summerville, Adam D. Galinsky und Suzanne Segerstrom, »Repetitive Regret, Depression, and Anxiety: Findings from a Nationally Representative Survey«, *Journal of Social and Clinical Psychology* 28, Nr. 6 (2009): 671–88.

22 Melanie Greenberg, »The Psychology of Regret: Should We Really Aim to Live Our Lives with No Regrets?«, *Psychology Today*, 16. Mai 2012.

23 Daniel H. Pink, *The Power of Regret: How Looking Backward Moves Us Forward* (New York: Penguin, 2022). Dieses Zitat wurde einer E-Mail des Autors entnommen. Dt. : *Die Kraft der Reue: Wie der Blick zurück uns hilft, nach vorne zu schauen – Eine völlig neue Perspektive auf eine unterschätzte Emotion*, Übers. Ursula Pesch (Berlin: Allegria, 2022), hier übers. v. A. W.

24 John Keats, *The Letters of John Keats to His Family and Friends*, Hrsg. Sidney Colvin (London: Macmillan and Co., 1925), online veröffentlicht durch Projekt Gutenberg . Hier übers. v. A. W.

25 Karol Jan Borowiecki, »How Are You, My Dearest Mozart? Well-being and Creativity of Three Famous Composers Based on Their Letters«, *Review of Economics and Statistics* 99, Nr. 4 (2017): 591–605.

26 Paul W. Andrews und J. Anderson Thomson Jr., »The Bright Side of Being Blue: Depression as an Adaptation for Analyzing Complex Problems«, *Psychological Review* 116, Nr. 3 (2009): 620–54.

27 Shigehiro Oishi, Ed Diener und Richard E. Lucas, »The Optimum Level of Well-being: Can People Be Too Happy?«, in *The Science of WellBeing: The Collected Works of Ed Diener*, Hrsg. Ed Diener (Heidelberg, London und New York: Springer Dordrecht, 2009): 175–200.

28 June Gruber, Iris B. Mauss und Maya Tamir, »A Dark Side of Happiness? How, When, and Why Happiness Is Not Always Good«, *Perspectives on Psychological Science* 6, Nr. 3 (2011): 222–33.

Zwei: Die Macht der Metakognition

In diesem Kapitel werden Ideen und Passagen aus den folgenden Essays adaptiert und übernommen:

Arthur C. Brooks, »When You Can't Change the World, Change Your Feelings«, How to Build a Life, *The Atlantic*, 2. Dezember 2021; Arthur C. Brooks, »How to Stop Freaking Out«, How to Build a Life, *The Atlantic*, 28. April 2022; Arthur C. Brooks, »How to Make the Baggage of Your Past Easier to Carry«, How to Build a Life, *The Atlantic*, 16. Juni 2022.

1 »Viktor Emil Frankl«, Viktor Frankl Institut, www.viktorfrankl.org/biography.html.

2 Antonio Semerari, Antonino Carcione, Giancarlo Dimaggio, Maurizio Falcone, Giuseppe Nicolò, Michele Procacci und Giorgio Alleva, »How to Evaluate Metacognitive Functioning in Psychotherapy? The Metacognition Assessment Scale and Its Applications«, *Clinical Psychology & Psychotherapy* 10, Nr. 4 (2003): 238–61.

3 Paul D. MacLean, T. J. Boag und D. Campbell, *A Triune Concept of the Brain and Behaviour: Hincks Memorial Lectures* (Toronto: University of Toronto Press, 1973).

4 Patrick R. Steffen, Dawson Hedges und Rebekka Matheson, »The Brain Is Adaptive Not Triune: How the Brain Responds to Threat, Challenge, and Change«, *Frontiers in Psychiatry* 13 (2022).

5 Trevor Huff, Navid Mahabadi und Prasanna Tadi, »Neuroanatomy, Visual Cortex«, StatPearls (2022).

6 Joseph LeDoux und Nathaniel D. Daw, »Surviving Threats: Neural Circuit and Computational Implications of a New Taxonomy of Defensive Behaviour«, *Nature Reviews Neuroscience* 19, Nr. 5 (2018): 269– 82; »Understanding the Stress Response«, Harvard Health Publishing, 6. Juli 2020; Sean M. Smith und Wylie W. Vale, »The Role of the Hypothalamic-Pituitary-Adrenal Axis in Neuroendocrine Responses to Stress«, *Dialogues in Clinical Neuroscience* 8, Nr. 4 (2006): 383–95.

7 LeDoux und Daw, »Surviving Threats«.

8 Carroll E. Izard, »Emotion Theory and Research: Highlights, Unanswered Questions, and Emerging Issues«, *Annual Review of Psychology* 60 (2009): 1–25.

9 APA Dictionary of Psychology, s. v. »joy«, American Psychological Association, abgerufen am 2. Dezember 2022, www.dictionary.apa.org/joy. Auf Deutsch siehe dazu auch den Essay »Emotionen« von Rüdiger Vaas in: https://www.spektrum.de/lexikon/neurowissenschaft/emotionen/3405 (abgerufen am 15. August 2023).

10 »From Thomas Jefferson to Thomas Jefferson Smith, 21 February 1825«, Founders Online.

11 Jeffrey M. Osgood und Mark Muraven, »Does Counting to Ten Increase or Decrease Aggression? The Role of State Self-Control (Ego-Depletion) and Consequences«, *Journal of Applied Social Psychology* 46, Nr. 2 (2016): 105–13.

12 Boethius, *The Consolation of Philosophy*, Übers. H. R. James (London: Elliot Stock, 1897), published online by Projekt Gutenberg. Dt.: *Trost der Philosophie*; mehrere Ausgaben (hier übers. v. A. W.).

13 Amy Loughman, »Ancient Stress Response vs Modern Life«, Mind Body Microbiome, 9. Januar 2020.

14 Jeremy Sutton, »Maladaptive Coping: 15 Examples & How to Break the Cycle«, PositivePsychology.com, October 28, 2020.

15 Philip Phillips, »Boethius«, Oxford Bibliographies, zuletzt überarbeitet am 30. März 2017.

16 Boethius, *Consolation of Philosophy*. auf Deutsch: Trost der Philosophie; mehrere deutschsprachige Ausgaben (hier übers. v. A.W.)

17 Ralph Waldo Emerson, »Self-Reliance«, in *Essays: First Series* (Boston: J. Munroe and Company, 1841). Dt.: *Essays*, Erster Teil, Übers. Karl Federn, Halle a. S., o. J.

18 Daniel L. Schacter, Donna Rose Addis und Randy L. Buckner, »Remembering the Past to Imagine the Future: The Prospective Brain«, *Nature Reviews Neuroscience* 8, Nr. 9 (2007): 657–61.

19 Marcus Raichle, »The Brain's Default Mode Network«, *Annual Review of Neuroscience* 38 (2015): 433–47.

20 Ulric Neisser und Nicole Harsch, »Phantom Flashbulbs: False Recollections of Hearing the News about Challenger«, in *Affect and Accuracy in Recall:*

Studies of »Flashbulb« Memories, Hrsg. E. Winograd und U. Neisser (Cambridge, UK: Cambridge University Press, 1992).

21 Melissa Fay Greene, »You Won't Remember the Pandemic the Way You Think You Will«, *The Atlantic*, Mai 2021; Alisha C. Holland und Elizabeth A. Kensinger, »Emotion and Autobiographical Memory«, *Physics of Life Reviews* 7, Nr. 1 (2010): 88–131.

22 Linda J. Levine und David A. Pizarro, »Emotion and Memory Research: A Grumpy Overview«, *Social Cognitio* 22, Nr. 5 (2004): 530–54.

23 »Maha-satipatthana Sutta: The Great Frames of Reference«, Übers. Thanissaro Bhikkhu, Access to Insight, 2000.

24 James W. Pennebaker, *Opening Up: The Healing Power of Expressing Emotions* (New York: Guilford Press, 2012).

25 Dorit Alt und Nirit Raichel, »Reflective Journaling and Metacognitive Awareness: Insights from a Longitudinal Study in Higher Education«, *Reflective Practice* 21, Nr. 2 (2020): 145–58.

26 Seth J. Gillihan, Jennifer Kessler und Martha J. Farah, »Memories Affect Mood: Evidence from Covert Experimental Assignment to Positive, Neutral, and Negative Memory Recall«, *Acta Psychologica* 125, Nr. 2 (2007): 144–54.

27 Nic M. Westrate und Judith Glück, »Hard-Earned Wisdom: Exploratory Processing of Difficult Life Experience Is Positively Associated with Wisdom«, *Developmental Psychology* 53, Nr. 4 (2017): 800–14.

Drei: Eine bessere Emotion wählen

In diesem Kapitel werden Ideen und Passagen aus den folgenden Essays adaptiert und übernommen:

Arthur C. Brooks, »Don't Wish for Happiness. Work for It«, How to Build a Life, *The Atlantic*, 22. April 2021; Arthur C. Brooks, »The Link between Happiness and a Sense of Humor«, How to Build a Life, *The Atlantic*, 12. August 2021; Arthur C. Brooks, »The Difference between Hope and Optimism«, How to Build a Life, *The Atlantic*, 23. September 2021; Arthur C. Brooks, »How to Be Thankful When You Don't Feel Thankful«, How to Build a Life, *The Atlantic*, 24. November 2021; Arthur C. Brooks, »How to Stop Dating People Who Are Wrong for You«, How to Build a Life, *The Atlantic*, 23. Juni 2022.

1 Diane C. Mitchell, Carol A. Knight, Jon Hockenberry, Robyn Teplansky und Terryl J. Hartman, »Beverage Caffeine Intakes in the US«, *Food and Chemical Toxicology* 63 (2014): 136–42.

2 Brian Fiani, Lawretarhu, Brian L. Musch, Sean Briceno, Ross Andel, Nasreen Sadeq und Ali Z. Ansari, »The Neurophysiology of Caffeine as a Central Nervous System Stimulant and the Resultant Effects on Cognitive Function«, *Cureus* 13, Nr. 5 (2021): e15032; Thomas V. Dunwiddie und Susan A. Masino, »The Role and Regulation of Adenosine in the Central Nervous System«, *Annual Review of Neuroscience* 24, Nr. 1 (2001): 31–55; Leeana Aarthi Bagwath Persad, »Energy Drinks and the Neurophysiological Impact of Caffeine«, *Frontiers in Neuroscience* 5 (2011): 116.

3 Paul Rozin und Edward B. Royzman, »Negativity Bias, Negativity Dominance, and Contagion«, *Personality and Social Psychology Review* 5, Nr. 4 (2001): 296–320.

4 Charlotte vanOyen Witvliet, Fallon J. Richie, Lindsey M. Root Luna und Daryl R. Van Tongeren, »Gratitude Predicts Hope and Happiness: A Two-Study Assessment of Traits and States«, *Journal of Positive Psychology* 14, Nr. 3 (2019): 271–82.

5 Glenn R. Fox, Jonas Kaplan, Hanna Damasio und Antonio Damasio, »Neural Correlates of Gratitude«, *Frontiers in Psychology* 6 (2015): 1491; Kent C. Berridge und Morten L. Kringelbach, »Pleasure Systems in the Brain«, *Neuron* 86, Nr. 3 (2015): 646–64.

6 Jane Taylor Wilson, »Brightening the Mind: The Impact of Practicing Gratitude on Focus and Resilience in Learning«, *Journal of the Scholarship of Teaching and Learning* 16, Nr. 4 (2016): 1–13; Nathaniel M. Lambert und Frank D. Fincham, »Expressing Gratitude to a Partner Leads to More Relationship Maintenance Behavior«, *Emotion* 11, Nr. 1 (2011): 52–60; Sara B. Algoe, Barbara L. Fredrickson und Shelly L. Gable, »The Social Functions of the Emotion of Gratitude Via Expression«, *Emotion* 13, Nr. 4 (2013): 605–9; Maggie Stoeckel, Carol Weissbrod und Anthony Ahrens, »The Adolescent Response to Parental Illness: The Influence of Dispositional Gratitude«, *Journal of Child and Family Studies* 24, Nr. 5 (2014): 1501–9.

7 Anna L. Boggiss, Nathan S. Consedine, Jennifer M. Brenton-Peters, Paul L. Hofman und Anna S. Serlachius, »A Systematic Review of Gratitude Interventions: Effects on Physical Health and Health Behaviors«, *Journal of Psychosomatic Research* 135 (2020): 110165; Megan M. Fritz, Christina N.

Armenta, Lisa C. Walsh und Sonja Lyubomirsky, »Gratitude Facilitates Healthy Eating Behavior in Adolescents and Young Adults«, *Journal of Experimental Social Psychology* 81 (2019): 4–14.

8 M. Tullius Cicero, *The Orations of Marcus Tullius Cicero*, Übers. C. D. Yonge (London: George Bell & Sons, 1891). Dt./latein.: *Orationes*, mehrere Ausgaben (hier übers. v. A. W.)

9 David DeSteno, Monica Y. Bartlett, Jolie Baumann, Lisa A. Williams und Leah Dickens, »Gratitude as Moral Sentiment: Emotion-Guided Cooperation in Economic Exchange«, *Emotion* 10, Nr. 2 (2010): 289–93; David DeSteno, Ye Li, Leah Dickens und Jennifer S. Lerner, »Gratitude: A Tool for Reducing Economic Impatience«, *Psychological Science* 25, Nr. 6 (2014): 1262–7; Jo-Ann Tsang, Thomas P. Carpenter, James A. Roberts, Michael B. Frisch und Robert D. Carlisle, »Why Are Materialists Less Happy? The Role of Gratitude and Need Satisfaction in the Relationship between Materialism and Life Satisfaction«, *Personality and Individual Differences* 64 (2014): 62–6.

10 Nathaniel M. Lambert, Frank D. Fincham und Tyler F. Stillman, »Gratitude and Depressive Symptoms: The Role of Positive Reframing and Positive Emotion«, *Cognition & Emotion* 26, Nr. 4 (2012): 615–33.

11 Kristin Layous und Sonja Lyubomirsky, »Benefits, Mechanisms, and New Directions for Teaching Gratitude to Children«, *School Psychology Review* 43, Nr. 2 (2014): 153–9.

12 Nathaniel M. Lambert, Frank D. Fincham, Scott R. Braithwaite, Steven M. Graham und Steven R. H. Beach, »Can Prayer Increase Gratitude?«, *Psychology of Religion and Spirituality* 1, Nr. 3 (2009): 139–49.

13 Araceli Frias, Philip C. Watkins, Amy C. Webber und Jeffrey J. Froh, »Death and Gratitude: Death Reflection Enhances Gratitude«, *Journal of Positive Psychology* 6, Nr. 2 (2011): 154–62.

14 Ru H. Dai, Hsueh-Chih Chen, Yu C. Chan, Ching-Lin Wu, Ping Li, Shu L. Cho und Jon-Fan Hu, »To Resolve or Not to Resolve, That Is the Question: The Dual-Path Model of Incongruity Resolution and Absurd Verbal Humor by f MRI«, *Frontiers in Psychology* 8 (2017): 498; Takeshi Satow, Keiko Usui, Masao Matsuhashi, J. Yamamoto, Tahamina Begum, Hiroshi Shibasaki, A. Ikeda, N. Mikuni, S. Miyamoto und Naoya Hashimoto, »Mirth and Laughter Arising from Human Temporal Cortex«, *Journal of Neurology, Neurosurgery & Psychiatry* 74, Nr. 7 (2003): 1004–5.

15 E. B. White und Katherine S. White, Hrsg., *A Subtreasury of American Humor* (New York: Coward-McCann, 1941).

16 Mimi M. Y. Tse, Anna P. K. Lo, Tracy L. Y. Cheng, Eva K. K. Chan, Annie H. Y. Chan und Helena S. W. Chung, »Humor Therapy: Relieving Chronic Pain and Enhancing Happiness for Older Adults«, *Journal of Aging Research* 2010 (2010): 343574.

17 Kim R. Edwards und Rod A. Martin, »Humor Creation Ability and Mental Health: Are Funny People More Psychologically Healthy?«, *Europe's Journal of Psychology* 6, Nr. 3 (2010): 196–212.

18 Victoria Ando, Gordon Claridge und Ken Clark, »Psychotic Traits in Comedians«, *British Journal of Psychiatry* 204, Nr. 5 (2014): 341–5.

19 Giovanni Boccaccio, *The Decameron of Giovanni Boccaccio*, Übers. John Payne (New York: Walter J. Black), online veröffentlicht durch Projekt Gutenberg. Verschiedene dt. Ausgaben, z. B.: *Das Dekameron*, nach der Übers. von Karl Witte (Frankfurt a. M.: Fischer Taschenbuch, 2008).

20 John Morreall, »Religious Faith, Militarism, and Humorlessness«, *Europe's Journal of Psychology* 1, Nr. 3 (2005).

21 Ori Amir und Irving Biederman, »The Neural Correlates of Humor Creativity«, *Frontiers in Human Neuroscience* 10 (2016): 597; Alan Feingold und Ronald Mazzella, »Psychometric Intelligence and Verbal Humor Ability«, *Personality and Individual Differences* 12, Nr. 5 (1991): 427–35.

22 Edwards und Martin, »Humor Creation Ability«.

23 David Hecht, »The Neural Basis of Optimism and Pessimism«, *Experimental Neurobiology* 22, Nr. 3 (2013): 173–99.

24 Wissenschaftler haben herausgefunden, dass Optimismus die Wahrnehmung der Realität sogar noch stärker verzerren kann. Hecht, »The Neural Basis of Optimism and Pessimism«.

25 Jim Collins, *Good to Great: Why Some Companies Make the Leap . . . and Others Don't* (New York: HarperBusiness, 2001), 85. Dt: *Der Weg zu den Besten: Die sieben Management-Prinzipien für dauerhaften Unternehmenserfolg*, Übers. Martin Baltes, Fritz Böhler (Campus Verlag, 2020; hier übers. s. o.).

26 Fred B. Bryant und Jamie A. Cvengros, »Distinguishing Hope and Optimism: Two Sides of a Coin, or Two Separate Coins?«, *Journal of Social and Clinical Psychology* 23, Nr. 2 (2004): 273–302.

27 Anthony Scioli, Christine M. Chamberlin, Cindi M. Samor, Anne B. Lapointe, Tamara L. Campbell, Alex R. Macleod und Jennifer McLenon, »A Prospective Study of Hope, Optimism, and Health«, *Psychological Reports* 81, Nr. 3 (1997): 723–33.

28 Rebecca J. Reichard, James B. Avey, Shane Lopez und Maren Dollwet, »Having the Will and Finding the Way: A Review and Metaanalysis of Hope at Work«, *Journal of Positive Psychology* 8, Nr. 4 (2013): 292–304.

29 Liz Day, Katie Hanson, John Maltby, Carmel Proctor und Alex Wood, »Hope Uniquely Predicts Objective Academic Achievement above Intelligence, Personality, and Previous Academic Achievement«, *Journal of Research in Personality* 44, Nr. 4 (2010): 550–3.

30 Stephen L. Stern, Rahul Dhanda und Helen P. Hazuda, »Hopelessness Predicts Mortality in Older Mexican and European Americans«, *Psychosomatic Medicine* 63, Nr. 3 (2001): 344–51.

31 Miriam A. Mosing, Brendan P. Zietsch, Sri N. Shekar, Margaret J. Wright und Nicholas G. Martin, »Genetic and Environmental Influences on Optimism and Its Relationship to Mental and Self-Rated Health: A Study of Aging Twins«, *Behavior Genetics* 39, Nr. 6 (2009): 597–604.

32 Dictionary.com, s. v. »empath«, www.dictionary.com/browse/empath.

33 Psychiatric Medical Care Communications Team, »The Difference between Empathy and Sympathy«, Psychiatric Medical Care.

34 Dana Brown, »The New Science of Empathy and Empaths (drjudithorloff.com)«, *PACEsConnection* (Blog), 4. Januar 2018; Ryszard Praszkier, »Empathy, Mirror Neurons and SYNC«, *Mind & Society* 15, Nr. 1 (2016): 1–25.

35 Camille Fauchon, I. Faillenot, A. M. Perrin, C. Borg, Vincent Pichot, Florian Chouchou, Luis Garcia-Larrea und Roland Peyron, »Does an Observer's Empathy Influence My Pain? Effect of Perceived Empathetic or Unempathetic Support on a Pain Test«, *European Journal of Neuroscience* 46, Nr. 10 (2017): 2629–37.

36 Frans Derksen, Tim C. Olde Hartman, Annelies van Dijk, Annette Plouvier, Jozien Bensing und Antoine Lagro-Janssen, »Consequences of the Presence and Absence of Empathy during Consultations in Primary Care: A Focus Group Study with Patients«, *Patient Education and Counseling* 100, Nr. 5 (2017): 987–93.

37 Olga M. Klimecki, Susanne Leiberg, Matthieu Ricard und Tania Singer, »Differential Pattern of Functional Brain Plasticity after Compassion and

Empathy Training«, *Social Cognitive and Affective Neuroscience* 9, Nr. 6 (2014): 873–9.

38 Paul Bloom, *Against Empathy: The Case for Rational Compassion* (New York: Random House, 2017), 2. Vgl. hierzu auch: Fritz Breithaupt, *Die dunklen Seiten der Empathie* (Berlin: Suhrkamp, 2017).

39 Clara Strauss, Billie Lever Taylor, Jenny Gu, Willem Kuyken, Ruth Baer, Fergal Jones und Kate Cavanagh, »What Is Compassion and How Can We Measure It? A Review of Definitions and Measures«, *Clinical Psychology Review* 47 (2016): 15–27.

40 Klimecki et al., »Differential Pattern«.

41 Yawei Cheng, Ching-Po Lin, Ho-Ling Liu, Yuan-Yu Hsu, Kun-Eng Lim, Daisy Hung und Jean Decety, »Expertise Modulates the Perception of Pain in Others«, *Current Biology* 17, Nr. 19 (2007): 1708–13.

42 Varun Warrier, Roberto Toro, Bhismadev Chakrabarti, Anders D. Børglum, Jakob Grove, David A. Hinds, Thomas Bourgeron und Simon Baron-Cohen, »Genome-Wide Analyses of Self-Reported Empathy: Correlations with Autism, Schizophrenia, and Anorexia Nervosa«, *Translational Psychiatry* 8, Nr. 1 (2018): 1–10; Aleksandr Kogan, Laura R. Saslow, Emily A. Impett und Sarina Rodrigues Saturn, »Thin-Slicing Study of the Oxytocin Receptor (OXTR) Gene and the Evaluation and Expression of the Prosocial Disposition«, *Proceedings of the National Academy of Sciences* 108, Nr. 48 (2011): 19189–92.

43 Hooria Jazaieri, Geshe Thupten Jinpa, Kelly McGonigal, Erika L. Rosenberg, Joel Finkelstein, Emiliana Simon-Thomas, Margaret Cullen, James R. Doty, James J. Gross und Philippe R. Goldin, »Enhancing Compassion: A Randomized Controlled Trial of a Compassion Cultivation Training Program«, *Journal of Happiness Studies* 14, Nr. 4 (2012): 1113–26.

44 Carrie Mok, Nirmal B. Shah, Stephen F. Goldberg, Amir C. Dayan und Jaime L. Baratta, »Patient Perceptions and Expectations about Postoperative Analgesia« (Präsentation, Thomas Jefferson University Hospital, Philadelphia, 2018).

Vier: Konzentrieren Sie sich weniger auf sich selbst

In diesem Kapitel werden Ideen und Passagen aus den folgenden Essays adaptiert und übernommen:

Arthur C. Brooks, »No One Cares«, How to Build a Life, *The Atlantic*, 11. November 2021; Arthur C. Brooks, »Quit Lying to Yourself«, How to Build a Life, *The Atlantic*, 18. November 2021; Arthur C. Brooks, »How to Stop Freaking Out«, How to Build a Life, *The Atlantic*, 28. April 2022; Arthur C. Brooks, »Don't Surround Yourself with Admirers«, How to Build a Life, *The Atlantic*, 30. Juni 2022; Arthur C. Brooks, »Honesty Is Love«, How to Build a Life, *The Atlantic*, 18. August 2022; Arthur C. Brooks, »A Shortcut for Feeling Just a Little Happier«, How to Build a Life, *The Atlantic*, 25. August 2022; Arthur C. Brooks, »Envy, the Happiness Killer«, How to Build a Life, *The Atlantic*, 20. Oktober 2022.

1 Adam Waytz und Wilhelm Hofmann, »Nudging the Better Angels of Our Nature: A Field Experiment on Morality and Well-being«, *Emotion* 20, Nr. 5 (2020): 904–9.

2 William James, *The Principles of Psychology* (New York: H. Holt and Company, 1890).

3 Michael Dambrun, »Self-Centeredness and Selflessness: Happiness Correlates and Mediating Psychological Processes«, *PeerJ* 5 (2017): e3306.

4 Olga Khazan, »The Self-Confidence Tipping Point«, *The Atlantic*, 11. Oktober 2019; Leon F. Seltzer, »Self-Absorption: The Root of All (Psychological) Evil?«, *Psychology Today*, 24. August 2016.

5 Marius Golubickis und C. Neil Macrae, »Sticky Me: Self-Relevance Slows Reinforcement Learning«, *Cognition* 227 (2022): 105207.

6 Daisetz Teitaro Suzuki, *An Introduction to Zen Buddhism* (New York: Grove Press, 1991), 64.

7 Zitiert aus einer E-Mail an einen der Autoren.

8 David Veale und Susan Riley, »Mirror, Mirror on the Wall, Who Is the Ugliest of Them All? The Psychopathology of Mirror Gazing in Body Dysmorphic Disorder«, *Behaviour Research and Therapy* 39, Nr. 12 (2001): 1381–93.

9 Der Mann erzählte Arthur C. Brooks diese Geschichte.

10 Dacher Keltner, »Why Do We Feel Awe?«, *Greater Good Magazine*, 10. Mai 2016.

11 Michelle N. Shiota, Dacher Keltner und Amanda Mossman, »The Nature of Awe: Elicitors, Appraisals, and Effects on Self-Concept«, *Cognition and Emotion* 21, Nr. 5 (2007): 944–63.

12 Wanshi Shôgaku, *Shôyôroku (Book of Equanimity): Introductions, Cases, Verses Selection of 100 Cases with Verses*, Übers. Sanbô Kyôdan Society (2014). Dt.: *Shoyo-Roku (Das Buch des Gleichmuts) Koan-Sammlung Fall 1-100*, Übers. Brigitte D'Ortschy (hier übersetzt von A. W.).

13 Matthäus 7:1 (Basis-Bibel).

14 Marcus Aurelius, *Meditations: A New Translation* (London: Random House UK, 2002), 162. Dt.: *Selbstbetrachtungen*, neu übers. und mit zahlreichen Erklärungen von Guido Bellberg versehen (hier übersetzt von A. W.).

15 Richard Foley, *Intellectual Trust in Oneself and Others* (Cambridge, UK: Cambridge University Press, 2001).

16 Matthew D. Lieberman und Naomi I. Eisenberger, »The Dorsal Anterior Cingulate Cortex Is Selective for Pain: Results from Large-Scale Reverse Inference«, *Proceedings of the National Academy of Sciences* 112, Nr. 49 (2015): 15250–5; Ruohe Zhao, Hang Zhou, Lianyan Huang, Zhongcong Xie, Jing Wang, Wen-Biao Gan und Guang Yang, »Neuropathic Pain Causes Pyramidal Neuronal Hyperactivity in the Anterior Cingulate Cortex«, *Frontiers in Cellular Neuroscience* 12 (2018): 107.

17 C. Nathan DeWall, Geoff MacDonald, Gregory D. Webster, Carrie L. Masten, Roy F. Baumeister, Caitlin Powell, David Combs, David R. Schurtz, Tyler F. Stillman, Dianne M. Tice und Naomi I. Eisenberger, »Acetaminophen Reduces Social Pain: Behavioral and Neural Evidence«, *Psychological Science* 21, Nr. 7 (2010): 931–7.

18 »Allodoxaphobia (a Complete Guide)«, OptimistMinds, zuletzt überarbeitet am 3. Februar 2023.

19 APA Dictionary of Psychology, s. v. »behavioral inhibition system«, American Psychological Association, www.dictionary.apa.org/behavioral-inhibition-system; Marion R. M. Scholten et al., »Behavioral Inhibition System (BIS), Behavioral Activation System (BAS) and Schizophrenia: Relationship with Psychopathology and Physiology«, *Journal of Psychiatric Research* 40, Nr. 7 (2006): 638–45.

20 Kees van den Bos, »Meaning Making Following Activation of the Behavioral Inhibition System: How Caring Less about What Others Think May Help

Us to Make Sense of What Is Going On«, in *The Psychology of Meaning*, Hrsg. K. D. Markman, T. Proulx und M. J. Lindberg (Washington, DC: American Psychological Association, 2013), 359–80.

21 Annette Kämmerer, »The Scientific Underpinnings and Impacts of Shame«, *Scientific American*, 9. August 2019; Jay Boll, »Shame: The Other Emotion in Depression & Anxiety«, Hope to Cope, 8. März 2021.

22 Lao Tzu, *Tao Te Ching: A New English Version*, Übers. Stephen Mitchell (New York: Harper Perennial, 1992), Gedicht 9. Dt.: Lao-tse: *Tao-Tê-King*, Übers.: Günther Debon (Stuttgart: Reclam, 2012), hier übers. v. A. W.

23 Zweifellos würden Sie gern damit aufhören, sich darum Sorgen zu machen, was andere denken; es verursacht Ihnen Schmerz. Aber hier liegt das Problem: Wie bei üblichem Schmerz – gleich ob körperlich oder emotional – wäre es schlecht, ihn völlig auszulöschen. Das wäre anomal und gefährlich; diese Neigung könnte zu etwas führen, was Psychologen das »Hybris-Syndrom« nennen, oder sogar ein Beleg für eine antisoziale Persönlichkeitsstörung sein. Siehe David Owen und Jonathan Davidson, »Hubris Syndrome: An Acquired Personality Disorder? A Study of US Presidents and UK Prime Ministers over the Last 100 Years«, *Brain* 132, Nr. 5 (2009): 1396– 406; Robert J. Blair, »The Amygdala and Ventromedial Prefrontal Cortex in Morality and Psychopathy«, *Trends in Cognitive Sciences* 11, Nr. 9 (2007): 387–92.

24 Kenneth Savitsky, Nicholas Epley und Thomas Gilovich, »Do Others Judge Us as Harshly as We Think? Overestimating the Impact of Our Failures, Shortcomings, and Mishaps«, *Journal of Personality and Social Psychology* 81, Nr. 1 (2001): 44–56.

25 Dante Alighieri, *The Divine Comedy*, Übers. Henry Wadsworth Longfellow (Boston: 1867), online veröffentlicht durch Projekt Gutenberg. Dt.: *Commedia: In deutscher Prosa von Kurt Flasch*, (Frankfurt a. M.: Fischer Taschenbuch, 2015), hier übers. v. A. W.

26 Joseph Epstein, *Envy: The Seven Deadly Sins*, Band 1 (Oxford, UK: Oxford University Press, 2003), 1. Dt.: *Neid: Die böseste Todsünde*, Übers. Matthias Wolf (Berlin: Wagenbach 2010), hier übers. v. A. W.

27 Jan Crusius, Manuel F. Gonzalez, Jens Lange und Yochi Cohen-Charash, »Envy: An Adversarial Review and Comparison of Two Competing Views«, *Emotion Review* 12, Nr. 1 (2020): 3–21.

28 Henrietta Bolló, Dzsenifer Roxána Háger, Manuel Galvan und Gábor Orosz, »The Role of Subjective and Objective Social Status in the Generation of Envy«, *Frontiers in Psychology* 11 (2020): 513495.

29 Hidehiko Takahashi, Motoichiro Kato, Masato Matsuura, Dean Mobbs, Tetsuya Suhara und Yoshiro Okubo, »When Your Gain Is My Pain and Your Pain Is My Gain: Neural Correlates of Envy and Schadenfreude«, *Science* 323, Nr. 5916 (2009): 937–9.

30 Redzo Mujcic und Andrew J. Oswald, »Is Envy Harmful to a Society's Psychological Health and Wellbeing? A Longitudinal Study of 18,000 Adults«, *Social Science & Medicine* 198 (2018): 103–11.

31 Nicole E. Henniger und Christine R. Harris, »Envy across Adulthood: The What and the Who«, *Basic and Applied Social Psychology* 37, Nr. 6 (2015): 303–18.

32 Edson C. Tandoc Jr., Patrick Ferrucci und Margaret Duffy, »Facebook Use, Envy, and Depression among College Students: Is Facebooking Depressing?«, *Computers in Human Behavior* 43 (2015): 139–46.

33 Philippe Verduyn, David Seungjae Lee, Jiyoung Park, Holly Shablack, Ariana Orvell, Joseph Bayer, Oscar Ybarra, John Jonides und Ethan Kross, »Passive Facebook Usage Undermines Affective Well-being: Experimental and Longitudinal Evidence«, *Journal of Experimental Psychology: General* 144, Nr. 2 (2015): 480–8.

34 Cosimo de' Medici, Piero de' Medici und Lorenzo de' Medici, *Lives of the Early Medici: As Told in Their Correspondence* (Boston: R. G. Badger, 1911).

35 Ed O'Brien, Alexander C. Kristal, Phoebe C. Ellsworth und Norbert Schwarz, »(Mis)imagining the Good Life and the Bad Life: Envy and Pity as a Function of the Focusing Illusion«, *Journal of Experimental Social Psychology* 75 (2018): 41–53.

36 Alexandra Samuel, »What to Do When Social Media Inspires Envy«, *JSTOR Daily*, 6. Februar 2018.

37 Alison Wood Brooks, Karen Huang, Nicole Abi-Esber, Ryan W. Buell, Laura Huang und Brian Hall, »Mitigating Malicious Envy: Why Successful Individuals Should Reveal Their Failures«, *Journal of Experimental Psychology: General* 148, Nr. 4 (2019): 667–87.

38 Ovul Sezer, Francesca Gino und Michael I. Norton, »Humblebragging: A Distinct—and Ineffective—Self-Presentation Strategy«, *Journal of Personality and Social Psychology* 114, Nr. 1 (2018): 52–74.

Fünf: Erschaffen Sie Ihre unvollkommene Familie

In diesem Kapitel werden Ideen und Passagen aus den folgenden Essays adaptiert und übernommen:

Arthur C. Brooks, »Love Is Medicine for Fear«, How to Build a Life, *The Atlantic*, 16. Juli 2020; Arthur C. Brooks, »There Are Two Kinds of Happy People«, How to Build a Life, *The Atlantic*, 28. Januar 2021; Arthur C. Brooks, »Don't Wish for Happiness. Work for It«, How to Build a Life, *The Atlantic*, 22. April 2021; Arthur C. Brooks, »How Adult Children Affect Their Mother's Happiness«, How to Build a Life, *The Atlantic*, 6. Mai 2021; Arthur C. Brooks, »Dads Just Want to Help«, How to Build a Life, *The Atlantic*, 17. Juni 2021; Arthur C. Brooks, »Those Who Share a Roof Share Emotions«, How to Build a Life, *The Atlantic*, 22. Juli 2021; Arthur C. Brooks, »Fake Forgiveness Is Toxic for Relationships«, How to Build a Life, *The Atlantic*, 19. August 2021; Arthur C. Brooks, »Quit Lying to Yourself«, How to Build a Life, *The Atlantic*, 18. November 2021; Arthur C. Brooks, »The Common Dating Strategy That's Totally Wrong«, How to Build a Life, *The Atlantic*, 10. Februar 2022; Arthur C. Brooks, »The Key to a Good Parent-Child Relationship? Low Expectations«, How to Build a Life, *The Atlantic*, 12. Mai 2022; Arthur C. Brooks, »Honesty Is Love«, How to Build a Life, *The Atlantic*, 18. August 2022.

1 Laura Silver, Patrick van Kessel, Christine Huang, Laura Clancy und Sneha Gubbala, »What Makes Life Meaningful? Views from 17 Advanced Economies«, Pew Research Center, 18. November 2021.

2 Christian Grevin, »The Chapman University Survey of American Fears, Wave 9« (Orange, CA: Earl Babbie Research Center, Chapman University, 2022).

3 Merril Silverstein und Roseann Giarrusso, »Aging and Family Life: A Decade Review«, *Journal of Marriage and Family* 72, Nr. 5 (2010): 1039–58.

4 Leo Tolstoy, *Anna Karenina*, Übers. Constance Garnett (1901), online veröffentlicht durch Projekt Gutenberg. Zitiert nach: *Anna Karenina*, Übers. August Scholz (Zürich: Atrium Verlag).

5 Adam Shapiro, »Revisiting the Generation Gap: Exploring the Relationships of Parent/Adult-Child Dyads«, *International Journal of Aging and Human Development* 58, Nr. 2 (2004): 127–46.

6 Shapiro, »Revisiting the Generation Gap«.

7 Joshua Coleman, »A Shift in American Family Values Is Fueling Estrangement«, *The Atlantic*, 10. Januar 2021; Megan Gilligan, J. Jill Suitor und Karl Pillemer, »Estrangement between Mothers and Adult Children: The Role of Norms and Values«, *Journal of Marriage and Family* 77, Nr. 4 (2015): 908–20.

8 Kira S. Birditt, Laura M. Miller, Karen L. Fingerman und Eva S. Lefkowitz, »Tensions in the Parent and Adult Child Relationship: Links to Solidarity and Ambivalence«, *Psychology and Aging* 24, Nr. 2 (2009): 287–95

9 Chris Segrin, Alesia Woszidlo, Michelle Givertz, Amy Bauer und Melissa Taylor Murphy, »The Association between Overparenting, Parent-Child Communication, and Entitlement and Adaptive Traits in Adult Children«, *Family Relations* 61, Nr. 2 (2012): 237–52.

10 Rhaina Cohen, »The Secret to a Fight-Free Relationship«, *The Atlantic*, 13. September 2021.

11 Shapiro, »Revisiting the Generation Gap«.

12 Kira S. Birditt, Karen L. Fingerman, Eva S. Lefkowitz und Claire M. Kamp Dush, »Parents Perceived as Peers: Filial Maturity in Adulthood«, *Journal of Adult Development* 15, Nr. 1 (2008): 1–12.

13 Ashley Fetters und Kaitlyn Tiffany, »The ›Dating Market‹ Is Getting Worse«, *The Atlantic*, 25. Februar 2020.

14 Anna Brown, »Nearly Half of U.S. Adults Say Dating Has Gotten Harder for Most People in the Last 10 Years«, Pew Research Center, 20. August 2020.

15 Michael Davern, Rene Bautista, Jeremy Freese, Stephen L. Morgan und Tom W. Smith, General Social Surveys, 1972–2021 Cross-section, NORC, University of Chicago, gssdataexplorer.norc.org.

16 Christopher Ingraham, »The Share of Americans Not Having Sex Has Reached a Record High«, *Washington Post*, 29. März 2019; Kate Julian, »Why Are Young People Having So Little Sex?«, *The Atlantic*, 15. Dezember 2018.

17 Gregory A. Huber und Neil Malhotra, »Political Homophily in Social Relationships: Evidence from Online Dating Behavior«, *Journal of Politics* 79, Nr. 1 (2017): 269–83.

18 Cat Hofacker, »OkCupid: Millennials Say Personal Politics Can Make or Break a Relationship«, *USA Today*, 16. Oktober 2018.

19 Neal Rothschild, »Young Dems More Likely to Despise the Other Party«, *Axios*, 7. Dezember 2021.

20 »Is Education Doing Favors for Your Dating Life?«, *GCU Experience* (Blog), Grand Canyon University, 22. Juni 2021.

21 Robert F. Winch, »The Theory of Complementary Needs in Mate-Selection: A Test of One Kind of Complementariness«, *American Sociological Review* 20, Nr. 1 (1955): 52–6.

22 Pamela Sadler und Erik Woody, »Is Who You Are Who You're Talking To? Interpersonal Style and Complementarity in Mixed-Sex Interactions«, *Journal of Personality and Social Psychology* 84, Nr. 1 (2003): 80–96.

23 Aurelio José Figueredo, Jon Adam Sefcek und Daniel Nelson Jones, »The Ideal Romantic Partner Personality«, *Personality and Individual Differences* 41, Nr. 3 (2006): 431–41.

24 Marc Spehr, Kevin R. Kelliher, Xiao-Hong Li, Thomas Boehm, Trese Leinders-Zufall und Frank Zufall, »Essential Role of the Main Olfactory System in Social Recognition of Major Histocompatibility Complex Peptide Ligands«, *Journal of Neuroscience* 26, Nr. 7 (2006): 1961–70.

25 Claus Wedekind, Thomas Seebeck, Florence Bettens und Alexander J. Paepke, »MHC-Dependent Mate Preferences in Humans«, *Proceedings of the Royal Society B: Biological Sciences* 260, Nr. 1359 (1995): 245–9.

26 Pablo Sandro Carvalho Santos, Juliano Augusto Schinemann, Juarez Gabardo und Maria da Graça Bicalho, »New Evidence That the MHC Influences Odor Perception in Humans: A Study with 58 Southern Brazilian Students«, *Hormones and Behavior* 47, Nr. 4 (2005): 384–8.

27 Michael J. Rosenfeld, Reuben J. Thomas und Sonia Hausen, »Disintermediating Your Friends: How Online Dating in the United States Displaces Other Ways of Meeting«, *Proceedings of the National Academy of Sciences* 116, Nr. 36 (2019): 17753–8.

28 Jon Levy, Devin Markell und Moran Cerf, »Polar Similars: Using Massive Mobile Dating Data to Predict Synchronization and Similarity in Dating Preferences«, *Frontiers in Psychology* 10 (2019): 2010.

29 C. Price, »43 % of Americans Have Gone on a Blind Date«, Dating-Advice.com, 6. August 2022.

30 Elaine Hatfield, John T. Cacioppo und Richard L. Rapson, »Emotional Contagion«, *Current Directions in Psychological Science* 2, Nr. 3 (1993): 96–9.

31 James H. Fowler und Nicholas A. Christakis, »Dynamic Spread of Happiness in a Large Social Network: Longitudinal Analysis over 20 Years in the Framingham Heart Study«, *BMJ* 337 (2008): a2338.

32 Alison L. Hill, David G. Rand, Martin A. Nowak und Nicholas A. Christakis, »Emotions as Infectious Diseases in a Large Social Network: The SISa Model«, *Proceedings of the Royal Society B: Biological Sciences* 277, Nr. 1701 (2010): 3827–35.

33 Elaine Hatfield, Lisamarie Bensman, Paul D. Thornton und Richard L. Rapson, »New Perspectives on Emotional Contagion: A Review of Classic and Recent Research on Facial Mimicry and Contagion«, *Interpersona: An International Journal on Personal Relationships* 8, Nr. 2 (2014): 159–79.

34 Bruno Wicker, Christian Keysers, Jane Plailly, Jean-Pierre Royet, Vittorio Gallese und Giacomo Rizzolatti, »Both of Us Disgusted in My Insula: The Common Neural Basis of Seeing and Feeling Disgust«, *Neuron* 40, Nr. 3 (2003): 655–64.

35 India Morrison, Donna Lloyd, Giuseppe Di Pellegrino und Neil Roberts, »Vicarious Responses to Pain in Anterior Cingulate Cortex: Is Empathy a Multisensory Issue?«, *Cognitive, Affective, & Behavioral Neuroscience* 4, Nr. 2 (2004): 270–8.

36 Mary J. Howes, Jack E. Hokanson und David A. Loewenstein, »Induction of Depressive Affect after Prolonged Exposure to a Mildly Depressed Individual«, *Journal of Personality and Social Psychology* 49, Nr. 4 (1985): 1110–3.

37 Robert J. Littman und Maxwell L. Littman, »Galen and the Antonine Plague«, *American Journal of Philology* 94, Nr. 3 (1973): 243–55.

38 Cassius Dio, »Book of Roman History«, in *Loeb Classical Library* 9, Übers. Earnest Cary und Herbert Baldwin Faoster (Cambridge, MA: Harvard University Press, 1925), 100–101. Verschiedene dt. Ausgaben, z. B.: *Römische Geschichte* (Düsseldorf: Patmos/Artemis & Winkler, 2007), hier übers. v. A. W.

39 Marcus Aurelius, »Marcus Aurelius«, in *Loeb Classical Library* 58, Hrsg. und Übers. C. R. Haines (Cambridge, MA: Harvard University Press, 1916), 234–35.

40 Courtney Waite Miller und Michael E. Roloff, »When Hurt Continues: Taking Conflict Personally Leads to Rumination, Residual Hurt and Negative Motivations toward Someone Who Hurt Us«, *Comunication Quarterly* 62, Nr. 2 (2014): 193–213.

41 Denise C. Marigold, Justin V. Cavallo, John G. Holmes und Joanne V. Wood, »You Can't Always Give What You Want: The Challenge of Providing Social Support to Low Self-Esteem Individuals«, *Journal of Personality and Social Psychology* 107, Nr. 1 (2014): 56–80.

42 Hao Shen, Aparna Labroo und Robert S. Wyer Jr., »So Difficult to Smile: Why Unhappy People Avoid Enjoyable Activities«, *Journal of Personality and Social Psychology* 119, Nr. 1 (2020): 23.

43 Robert M. Pirsig, *Zen and the Art of Motorcycle Maintenance: An Inquiry into Values* (New York: Random House, 1999). Dt.: *Zen und die Kunst, ein Motorrad zu warten* (Frankfurt a. M.: Fischer Taschenbuch, 1978).

44 Pavica Sheldon und Mary Grace Antony, »Forgive and Forget: A Typology of Transgressions and Forgiveness Strategies in Married and Dating Relationships«, *Western Journal of Communication* 83, Nr. 2 (2019): 232–51.

45 Vincent R. Waldron und Douglas L. Kelley, »Forgiving Communication as a Response to Relational Transgressions«, *Journal of Social and Personal Relationships* 22, Nr. 6 (2005): 723–42.

46 Sheldon und Antony, »Forgive and Forget«.

47 Buddhaghosa Himi, *Visuddhimagga: The Path of Purification*, Übers. Bhikkhu Ñāṇamoli (Sri Lanka: Buddhist Publication Society, 2010), 297. Dt: *Der Weg zur Reinheit/Visuddhi-Magga: Die größte und älteste systematische Darstellung des Buddhismus*, Übers. Mahathera Nyanatiloka (hier übersetzt von A. W.).

48 Everett L. Worthington Jr., Charlotte Van Oyen Witvliet, Pietro Pietrini und Andrea J. Miller, »Forgiveness, Health, and Well-being: A Review of Evidence for Emotional versus Decisional Forgiveness, Dispositional Forgivingness, and Reduced Unforgiveness«, *Journal of Behavioral Medicine* 30, Nr. 4 (2007): 291–302.

49 Brad Blanton, *Radical Honesty* (New York: Random House, 1996). Dt.: *Radikal ehrlich: Verwandle dein Leben – Sag die Wahrheit*, Übers. Nicco Krezdorn und Lisa Stemmler (Hannover: inspiriert Verlag, 2015).

50 Edel Ennis, Aldert Vrij und Claire Chance, »Individual Differences and Lying in Everyday Life«, *Journal of Social and Personal Relationships* 25, Nr. 1 (2008): 105–18.

51 Leon F. Seltzer, »The Narcissist's Dilemma: They Can Dish It Out, but…«, *Psychology Today*, 12. Oktober 2011.

Sechs: Freundschaft, die tatsächlich wahr ist

In diesem Kapitel werden Ideen und Passagen aus den folgenden Essays adaptiert und übernommen:

Arthur C. Brooks, »Sedentary Pandemic Life Is Bad for Our Happiness«, How to Build a Life, *The Atlantic*, 19. November 2020; Arthur C. Brooks, »The Type of Love That Makes People Happiest«, How to Build a Life, *The Atlantic*, 11. Februar 2021; Arthur C. Brooks, »The Hidden Toll of Remote Work«, How to Build a Life, *The Atlantic*, 1. April 2021; Arthur C. Brooks, »The Best Friends Can Do Nothing for You«, How to Build a Life, *The Atlantic*, 8. April 2021; Arthur C. Brooks, »What Introverts and Extroverts Can Learn from Each Other«, How to Build a Life, *The Atlantic*, 20. Mai 2021; Arthur C. Brooks, »Which Pet Will Make You Happiest?«, How to Build a Life, *The Atlantic*, 5. August 2021; Arthur C. Brooks, »Stop Waiting for Your Soul Mate«, How to Build a Life, *The Atlantic*, 9. September 2021; Arthur C. Brooks, »Don't Surround Yourself with Admirers«, How to Build a Life, *The Atlantic*, 30. Juni 2022; Arthur C. Brooks, »Technology Can Make Your Relationships Shallower«, How to Build a Life, *The Atlantic*, 29. September 2022; Arthur C. Brooks, »Marriage Is a Team Sport«, How to Build a Life, *The Atlantic*, 10. November 2022; Arthur C. Brooks, »How We Learned to Be Lonely«, How to Build a Life, *The Atlantic*, 5. Januar 2023; Arthur Brooks, »Love in the Time of Corona«, *The Art of Happiness with Arthur Brooks*, Audio-Podcast, 39:24, 13. April 2020.

1 Edgar Allan Poe, *The Complete Poetical Works of Edgar Allan Poe Including Essays on Poetry*, Hrsg. John Henry Ingram (New York: A. L. Burt), online veröffentlicht durch Projekt Gutenberg. Dt. Fassung entnommen aus: *Die Deutsche Gedichtebibliothek* https://gedichte.xbib.de/Poe_gedicht_Alleine.htm; Übers. Walter A. Aue; abgerufen am 03.08.2023.

2 Ludwig, »Death of Edgar A Poe«, *Richmond Enquirer*, 16. Oktober 1849.

3 Edgar Allan Poe und Eugene Lemoine Didier, *Life and Poems* (New York: W. J. Widdleton, 1879), 101.

4 Melıkşah Demır, Ayça Özen, Aysun Doğan, Nicholas A. Bilyk und Fanita A. Tyrell, »I Matter to My Friend, Therefore I Am Happy: Friendship, Mattering, and Happiness«, *Journal of Happiness Studies* 12, Nr. 6 (2011): 983–1005.

5 Melıkşah Demır und Lesley A. Weitekamp, »I Am So Happy 'Cause Today I Found My Friend: Friendship and Personality as Predictors of Happiness«, *Journal of Happiness Studies* 8, Nr. 2 (2007): 181–211.

6 Daniel A. Cox, »The State of American Friendship: Change, Challenges, and Loss«, Survey Center on American Life, 8. Juni 2021.

7 Cox, »State of American Friendship«.

8 John Whitesides, »From Disputes to a Breakup: Wounds Still Raw after U.S. Election«, Reuters, 7. Februar 2017.

9 KFF, »As the COVID-19 Pandemic Enters the Third Year Most Adults Say They Have Not Fully Returned to Pre-Pandemic ›Normal‹«, Pressemitteilung, 6. April 2022.

10 Maddie Sharpe und Alison Spencer, »Many Americans Say They Have Shifted Their Priorities around Health and Social Activities during COVID-19«, Pew Research Center, 18. August 2022.

11 Sarah Davis, »59% of U.S. Adults Find It Harder to Form Relationships since COVID-19, Survey Reveals—Here's How That Can Harm Your Health«, *Forbes*, 12. Juli 2022.

12 Lewis R. Goldberg, »The Development of Markers for the Big-Five Factor Structure«, *Psychological Assessment* 4, Nr. 1 (1992): 26–42.

13 C. G. Jung, *Psychologische Typen* (Zürich: Rascher & Cie., 1921).

14 Hans Jürgen Eysenck, »Intelligence Assessment: A Theoretical and Experimental Approach«, in *The Measurement of Intelligence* (Heidelberg, London und New York: Springer Dordrecht, 1973), 194–211.

15 Rachel L. C. Mitchell und Veena Kumari, »Hans Eysenck's Interface between the Brain and Personality: Modern Evidence on the Cognitive Neuroscience of Personality«, *Personality and Individual Differences* 103 (2016): 74–81.

16 Mats B. Küssner, »Eysenck's Theory of Personality and the Role of Background Music in Cognitive Task Performance: A Mini-Review of Conflicting Findings and a New Perspective«, *Frontiers in Psychology* 8 (2017): 1991.

17 Peter Hills und Michael Argyle, »Happiness, Introversion–Extraversion and Happy Introverts«, *Personality and Individual Differences* 30, Nr. 4 (2001): 595–608.

18 Ralph R. Greenson, »On Enthusiasm«, *Journal of the American Psychoanalytic Association* 10, Nr. 1 (1962): 3–21.

19 Barry M. Staw, »The Escalation of Commitment to a Course of Action«, *Academy of Management Review* 6, Nr. 4 (1981): 577–87.

20 Daniel C. Feiler and Adam M. Kleinbaum, »Popularity, Similarity, and the Network Extraversion Bias«, *Psychological Science* 26, Nr. 5 (2015): 593–603.

21 Yehudi A. Cohen, »Patterns of Friendship«, in *Social Structure and Personality: A Casebook* (New York: Holt, Rinehart and Winston, 1961), 351–86.

22 OnePoll, »Evite: Difficulty Making Friends«, 72Point, Mai 2019.

23 Yixin Chen und Thomas Hugh Feeley, »Social Support, Social Strain, Loneliness, and Well-being among Older Adults: An Analysis of the Health and Retirement Study«, *Journal of Social and Personal Relationships* 31, Nr. 2 (2014): 141–61.

24 Laura L. Carstensen, Derek M. Isaacowitz und Susan T. Charles, »Taking Time Seriously: A Theory of Socioemotional Selectivity«, *American Psychologist* 54, Nr. 3 (1999): 165–81.

25 Aristotle, *Nicomachean Ethics* VIII (London: Kegan Paul, Trench, Trübner, and Company, 1893), 1, 3. Verschiedene dt. Ausgaben, z. B.: *Nikomachische Ethik*, Übers. und Hrsg. Ursula Wolf (Hamburg: Rowohlt, 2013), hier übers. v. A. W.

26 Michael E. Porter und Nitin Nohria, »How CEOs Manage Time«, *Harvard Business Review*, Juli–August 2018.

27 Derek Thompson, »Workism Is Making Americans Miserable«, *The Atlantic*, 24. Februar 2019.

28 Galater 4:9; Yair Kramer, »Transformational Moments in Group Psychotherapy« (PhD-Diss., Rutgers University Graduate School of Applied and Professional Psychology, 2012).

29 »Magandiya Sutta: To Magandiya«, Übers. Thanissaro Bhikkhu, Access to Insight, 30. November 2013.

30 Thích Nhất Hạnh, *Being Peace* (Berkeley, CA: Parallax Press, 2020), 91, hier übers. v. A. W.

31 Neal Krause, Kenneth I. Pargament, Peter C. Hill und Gail Ironson, »Humility, Stressful Life Events, and Psychological Well-being: Findings from the Landmark Spirituality and Health Survey«, *Journal of Positive Psychology* 11, Nr. 5 (2016): 499–510.

32 Philip Schaff und Henry Wace, Hrsg., *Nicene and Post-Nicene Fathers: Basil: Letters and Select Works*, Band 8 (Peabody, MA: Hendrickson, 1995), 446.

33 Adam K. Fetterman und Kai Sassenberg, »The Reputational Consequences of Failed Replications and Wrongness Admission among Scientists«, *PLoS One* 10, Nr. 12 (2015): e0143723.

34 »Doris Kearns Goodwin on Lincoln and His ›Team of Rivals‹«, Interview mit Dave Davies, *Fresh Air*, NPR, 8. November 2005.

35 Brian J. Fogg, *Tiny Habits: The Small Changes That Change Everything* (Boston: Houghton Mifflin Harcourt, 2020).

36 Paul Samuelson und William Nordhaus, *Economics*, 19. Aufl. (New York: McGraw Hill, 2010), 1. Dt.: *Volkswirtschaftslehre: Das internationale Standardwerk der Makro- und Mikroökonomie*, Übers. Regina Berger und Brigitte Hilgner (München: FinanzBuch Verlag, 2016).

37 Zhiling Zou, Hongwen Song, Yuting Zhang und Xiaochu Zhang, »Romantic Love vs. Drug Addiction May Inspire a New Treatment for Addiction«, *Frontiers in Psychology* 7 (2016): 1436.

38 Helen E. Fisher, Arthur Aron und Lucy L. Brown, »Romantic Love: A Mammalian Brain System for Mate Choice«, *Philosophical Transactions of the Royal Society B: Biological Sciences* 361, Nr. 1476 (2006): 2173–86.

39 Antina de Boer, Erin M. van Buel und G. J. Ter Horst, »Love Is More Than Just a Kiss: A Neurobiological Perspective on Love and Affection«, *Neuroscience* 201 (2012): 114–24.

40 Katherine Wu, »Love, Actually: The Science behind Lust, Attraction, and Companionship«, *Science in the News* (Blog), Harvard University: The Graduate School of Arts and Sciences, 14. February 2017.

41 »Harvard Study of Adult Development«, Massachusetts General Hospital und Harvard Medical School, www.adultdevelopmentstudy.org.

42 Roberts J. Waldinger und Marc S. Schulz, »What's Love Got to Do with It? Social Functioning, Perceived Health, and Daily Happiness in Married Octogenarians«, *Psychology and Aging* 25, Nr. 2 (2010): 422–31.

43 Jungsik Kim und Elaine Hatfield, »Love Types and Subjective Wellbeing: A Cross-Cultural Study«, *Social Behavior and Personality: An International Journal* 32, Nr. 2 (2004): 173–82.

44 Kevin A. Johnson, »Unrealistic Portrayals of Sex, Love, and Romance in Popular Wedding Films«, in *Critical Thinking about Sex, Love, and Romance*

in the Mass Media, Hrsg. Mary-Lou Galician und Debra L. Merskin (Oxford, UK: Routledge, 2007), 306.

45 Litsa Renée Tanner, Shelley A. Haddock, Toni Schindler Zimmerman und Lori K. Lund, »Images of Couples and Families in Disney Feature-Length Animated Films«, *American Journal of Family Therapy* 31, Nr. 5 (2003): 355–73.

46 Chris Segrin und Robin L. Nabi, »Does Television Viewing Cultivate Unrealistic Expectations about Marriage?«, *Journal of Communication* 52, Nr. 2 (2002): 247–63.

47 Karolien Driesmans, Laura Vandenbosch und Steven Eggermont, »True Love Lasts Forever: The Influence of a Popular Teenage Movie on Belgian Girls' Romantic Beliefs«, *Journal of Children and Media* 10, Nr. 3 (2016): 304–20.

48 Florian Zsok, Matthias Haucke, Cornelia Y. De Wit und Dick PH Barelds, »What Kind of Love Is Love at First Sight? An Empirical Investigation«, *Personal Relationships* 24, Nr. 4 (2017): 869–85.

49 Bjarne M. Holmes, »In Search of My ›One and Only‹: Romance-Oriented Media and Beliefs in Romantic Relationship Destiny«, *Electronic Journal of Communication* 17, Nr. 3 (2007): 1–23.

50 Benjamin H. Seider, Gilad Hirschberger, Kristin L. Nelson und Robert W. Levenson, »We Can Work It Out: Age Differences in Relational Pronouns, Physiology, and Behavior in Marital Conflict«, *Psychology and Aging* 24, Nr. 3 (2009): 604–13.

51 Joe J. Gladstone, Emily N. Garbinsky und Cassie Mogilner, »Pooling Finances and Relationship Satisfaction«, *Journal of Personality and Social Psychology* 123, Nr. 6 (2022): 1293–314; Joe Pinsker, »Should Couples Merge Their Finances?«, *The Atlantic*, 20. April 2022.

52 Emily N. Garbinsky und Joe J. Gladstone, »The Consumption Consequences of Couples Pooling Finances«, *Journal of Consumer Psychology* 29, Nr. 3 (2019): 353–69.

53 Laura K. Guerrero, »Conflict Style Associations with Cooperativeness, Directness, and Relational Satisfaction: A Case for a Six-Style Typology«, *Negotiation and Conflict Management Research* 13, Nr. 1 (2020): 24–43.

54 Rhaina Cohen, »The Secret to a Fight-Free Relationship«, *The Atlantic*, 13. September 2021.

55 David G. Blanchflower und Andrew J. Oswald, »Money, Sex and Happiness: An Empirical Study«, *Scandinavian Journal of Economics* 106, Nr. 3 (2004): 393–415.

56 Kira S. Birditt und Toni C. Antonucci, »Relationship Quality Profiles and Well-being among Married Adults«, *Journal of Family Psychology* 21, Nr. 4 (2007): 595–604.

57 World Bank, »Internet Users for the United States (ITNETUSERP2USA)«, Federal Reserve Bank of St. Louis.

58 Robert Kraut, Michael Patterson, Vicki Lundmark, Sara Kiesler, Tridas Mukophadhyay und William Scherlis, »Internet Paradox: A Social Technology That Reduces Social Involvement and Psychological Well-being?«, *American Psychologist* 53, Nr. 9 (1998): 1017–31.

59 Minh Hao Nguyen, Minh Hao, Jonathan Gruber, Will Marler, Amanda Hunsaker, Jaelle Fuchs und Eszter Hargittai, »Staying Connected While Physically Apart: Digital Communication When Face-to-Face Interactions Are Limited«, *New Media & Society* 24, Nr. 9 (2022): 2046–67.

60 Martha Newson, Yi Zhao, Marwa El Zein, Justin Sulik, Guillaume Dezecache, Ophelia Deroy und Bahar Tunçgenç, »Digital Contact Does Not Promote Wellbeing, but Face-to-Face Contact Does: A Cross-National Survey during the COVID-19 Pandemic«, *New Media & Society* (2021).

61 Michael Kardas, Amit Kumar und Nicholas Epley, »Overly Shallow? Miscalibrated Expectations Create a Barrier to Deeper Conversation«, *Journal of Personality and Social Psychology* 122, Nr. 3 (2022): 367–98.

62 Sarah M. Coyne, Laura M. Padilla-Walker und Hailey G. Holmgren, »A Six-Year Longitudinal Study of Texting Trajectories during Adolescence«, *Child Development* 89, Nr. 1 (2018): 58–65.

63 Katherine Schaeffer, »Most U.S. Teens Who Use Cellphones Do It to Pass Time, Connect with Others, Learn New Things«, Pew Research Center, 23. August 2019; Bethany L. Blair, Anne C. Fletcher und Erin R. Gaskin, »Cell Phone Decision Making: Adolescents' Perceptions of How and Why They Make the Choice to Text or Call«, *Youth & Society* 47, Nr. 3 (2015): 395–411.

64 César G. Escobar-Viera, César G., Ariel Shensa, Nicholas D. Bowman, Jaime E. Sidani, Jennifer Knight, A. Everette James und Brian A. Primack, »Passive and Active Social Media Use and Depressive Symptoms among United States Adults«, *Cyberpsychology, Behavior, and Social Networking* 21, Nr. 7 (2018): 437–43; Soyeon Kim, Lindsay Favotto, Jillian Halladay, Li Wang,

Michael H. Boyle und Katholiki Georgiades, »Differential Associations between Passive and Active Forms of Screen Time and Adolescent Mood and Anxiety Disorders«, *Social Psychiatry and Psychiatric Epidemiology* 55, Nr. 11 (2020): 1469–78.

65 David Nield, »Try Grayscale Mode to Curb Your Phone Addiction«, *Wired*, 1. Dezember 2019.

66 Monique M. H. Pollmann, Tyler J. Norman und Erin E. Crockett, »A Daily-Diary Study on the Effects of Face-to-Face Communication, Texting, and Their Interplay on Understanding and Relationship Satisfaction«, *Computers in Human Behavior Reports* 3 (2021): 100088.

Sieben: Arbeit als sichtbar gemachte Liebe

In diesem Kapitel werden Ideen und Passagen aus den folgenden Essays adaptiert und übernommen:

Arthur C. Brooks, »Your Professional Decline Is Coming (Much) Sooner Than You Think«, *The Atlantic*, Juli 2019; Arthur C. Brooks, »4 Rules for Identifying Your Life's Work«, How to Build a Life, *The Atlantic*, 21. Mai 2020; Arthur C. Brooks, »Stop Keeping Score«, How to Build a Life, *The Atlantic*, 21. Januar 2021; Arthur C. Brooks, »Go Ahead and Fail«, How to Build a Life, *The Atlantic*, 25. Februar 2021; Arthur C. Brooks, »Here's 10,000 Hours. Don't Spend It All in One Place«, How to Build a Life, *The Atlantic*, 18. März 2021; Arthur C. Brooks, »Are You Dreaming Too Big?«, How to Build a Life, *The Atlantic*, 25. März 2021; Arthur C. Brooks, »The Hidden Toll of Remote Work«, How to Build a Life, *The Atlantic*, 1. April 2021; Arthur C. Brooks, »The Best Friends Can Do Nothing for You«, How to Build a Life, *The Atlantic*, 8. April 2021; Arthur C. Brooks, »The Link between Self-Reliance and Well-Being«, How to Build a Life, *The Atlantic*, 8. Juli 2021; Arthur C. Brooks, »Plan Ahead. Don't Post«, How to Build a Life, *The Atlantic*, 24. Juni 2021; Arthur C. Brooks, »The Secret to Happiness at Work«, How to Build a Life, *The Atlantic*, 2. September 2021; Arthur C. Brooks, »A Profession Is Not a Personality«, How to Build a Life, *The Atlantic*, 30. September 2021; Arthur C. Brooks, »The Hidden Link between Workaholism and Mental Health«, How to Build a Life, *The Atlantic*, 2. Februar 2023; Rebecca Rashid und

Arthur C. Brooks, »When Virtues Become Vices«, Interview mit Anna Lembke, *How to Build a Happy Life*, Audio-Podcast, 32:50, 9. Oktober 2022; Rebecca Rashid und Arthur C. Brooks, »How to Spend Time on What You Value«, Interview mit Ashley Whillans, *How to Build a Happy Life*, Audio-Podcast, 34:24, 23. Oktober 2022.

1 Timothy A. Judge und Shinichiro Watanabe, »Another Look at the Job Satisfaction–Life Satisfaction Relationship«, *Journal of Applied Psychology* 78, Nr. 6 (1993): 939–48; Robert W. Rice, Janet P. Near und Raymond G. Hunt, »The Job-Satisfaction/Life-Satisfaction Relationship: A Review of Empirical Research«, *Basic and Applied Social Psychology* 1, Nr. 1 (1980): 37–64; Jeffrey S. Rain, Irving M. Lane und Dirk D. Steiner, »A Current Look at the Job Satisfaction/Life Satisfaction Relationship: Review and Future Considerations«, *Human Relations* 44, Nr. 3 (1991): 287–307.

2 Kahlil Gibran, »On Work«, in *The Prophet* (New York: Alfred A. Knopf, 1923). Verschiedene dt. Ausgaben, z. B.: *Der Prophet*, Übers. Giovanni und Ditte Bandini (München: dtv, 2002), hier übers. v. A. W.

3 CareerBliss Team, »The CareerBliss Happiest 2021«, CareerBliss, 6. Januar 2021.

4 Kimberly Black, »Job Satisfaction Survey: What Workers Want in 2022«, *Virtual Vocations* (Blog), 21. Februar 2022.

5 Michael Davern, Rene Bautista, Jeremy Freese, Stephen L. Morgan und Tom W. Smith, General Social Surveys, 1972–2021 Cross-section, NORC, University of Chicago, 2018, gssdataexplorer.norc.org.

6 David G. Blanchflower, David N. F. Bell, Alberto Montagnoli und Mirko Moro, »The Happiness Trade-off between Unemployment and Inflation«, *Journal of Money, Credit and Banking* 46, Nr. S2 (2014): 117–41.

7 Mark R. Lepper, David Greene und Richard E. Nisbett, »Undermining Children's Intrinsic Interest with Extrinsic Reward: A Test of the ›Overjustification‹ Hypothesis«, *Journal of Personality and Social Psychology* 28, Nr. 1 (1973): 129–37.

8 Edward L. Deci, Richard Koestner, and Richard M. Ryan, »A Metaanalytic Review of Experiments Examining the Effects of Extrinsic Rewards on Intrinsic Motivation«, *Psychological Bulletin* 125, Nr. 6 (1999): 627–68.

9 Jeannette L. Nolen, »Learned Helplessness«, *Britannica*, zuletzt überarbeitet am 11. Februar 2023.

10 Melissa Madeson, »Seligman's PERMA+ Model Explained: A Theory of Wellbeing«, PositivePsychology.com, 24. Februar 2017; Esther T. Canrinus, Michelle Helms-Lorenz, Douwe Beijaard, Jaap Buitink und Adriaan Hofman, »Self-Efficacy, Job Satisfaction, Motivation and Commitment: Exploring the Relationships between Indicators of Teachers' Professional Identity«, *European Journal of Psychology of Education* 27, Nr. 1 (2012): 115–32.

11 Arthur C. Brooks, *Gross National Happiness: Why Happiness Matters for America—and How We Can Get More of It* (New York: Basic Books, 2008).

12 Philip Muller, »Por Qué Me Gusta Ser Camarero Habiendo Estudiado Filosofía«, *El Comidista*, 22. Oktober 2018. Der Autor absolvierte sein Aufbaustudium unter anderem bei Arthur.

13 Ting Ren, »Value Congruence as a Source of Intrinsic Motivation«, *Kyklos* 63, Nr. 1 (2010): 94–109.

14 Ali Ravari, Shahrzad Bazargan-Hejazi, Abbas Ebadi, Tayebeh Mirzaei und Khodayar Oshvandi, »Work Values and Job Satisfaction: A Qualitative Study of Iranian Nurses«, *Nursing Ethics* 20, Nr. 4 (2013): 448–58.

15 Mary Ann von Glinow, Michael J. Driver, Kenneth Brousseau und J. Bruce Prince, »The Design of a Career Oriented Human Resource System«, *Academy of Management Review* 8, Nr. 1 (1983): 23–32.

16 »The Books of Sir Winston Churchill«, International Churchill Society, 17. Oktober 2008.

17 Charles McMoran Wilson, 1st Baron Moran, *Winston Churchill: The Struggle for Survival, 1940–1965* (London: Sphere Books, 1968), 167.

18 Anthony Storr, *Churchill's Black Dog, Kafka's Mice, and Other Phenomena of the Human Mind* (London: Fontana, 1990).

19 Sarah Turner, Natalie Mota, James Bolton und Jitender Sareen, »Self-Medication with Alcohol or Drugs for Mood and Anxiety Disorders: A Narrative Review of the Epidemiological Literature«, *Depression and Anxiety* 35, Nr. 9 (2018): 851–60.

20 Rosa M. Crum, Lareina La Flair, Carla L. Storr, Kerry M. Green, Elizabeth A. Stuart, Anika A. H. Alvanzo, Samuel Lazareck, James M. Bolton, Jennifer Robinson, Jitender Sareen und Ramin Mojtabai, »Reports of Drinking to Self-Medicate Anxiety Symptoms: Longitudinal Assessment for Subgroups of Individuals with Alcohol Dependence«, *Depression and Anxiety* 30, Nr. 2 (2013): 174–83.

21 Malissa A. Clark, Jesse S. Michel, Ludmila Zhdanova, Shuang Y. Pui und Boris B. Baltes, »All Work and No Play? A Meta-analytic Examination of the Correlates and Outcomes of Workaholism«, *Journal of Management* 42, Nr. 7 (2016): 1836–73; Satoshi Akutsu, Fumiaki Katsumura und Shohei Yamamoto, »The Antecedents and Consequences of Workaholism: Findings from the Modern Japanese Labor Market«, *Frontiers in Psychology* 13 (2022).

22 Lauren Spark, »Helping a Workaholic in Therapy: 18 Symptoms & Interventions«, PositivePsychology.com, 1. Juli 2021.

23 Cecilie Schou Andreassen, Mark D. Griffiths, Rajita Sinha, Jørn Hetland und Ståle Pallesen, »The Relationships between Workaholism and Symptoms of Psychiatric Disorders: A Large-Scale Cross-sectional Study«, *PLoS One* 11, Nr. 5 (2016): e0152978.

24 Longqi Yang, David Holtz, Sonia Jaffe, Siddharth Suri, Shilpi Sinha, Jeffrey Weston und Connor Joyce, »The Effects of Remote Work on Collaboration among Information Workers«, *Nature Human Behaviour* 6, Nr. 1 (2022): 43–54.

25 National Center for Health Statistics, »Anxiety and Depression: Household Pulse Survey«, Centers for Disease Control and Prevention, www.cdc.gov/nchs/covid19/pulse/mental-health.htm.

26 Rashid und Brooks, »When Virtues Become Vices«. Dt.: Anna Lembke: *Die Dopamin-Nation: Balance finden im Zeitalter des Vergnügens* (Kandern: Unimedica, 2022), hier übers. v. A. W.

27 Clark et al., »All Work and No Play?«.

28 Rashid and Brooks, »How to Spend Time«.

29 Andreassen et al., »Relationships between Workaholism«.

30 Carly Schwickert, »The Effects of Objectifying Statements on Women's Self Esteem, Mood, and Body Image« (Bachelor-Arbeit, Carroll College, 2015).

31 Evangelia (Lina) Papadaki, »Feminist Perspectives on Objectification«, Stanford Encyclopedia of Philosophy, 16. Dezember 2019.

32 Lola Crone, Lionel Brunel und Laurent Auzoult, »Validation of a Perception of Objectification in the Workplace Short Scale (POWS)«, *Frontiers in Psychology* 12 (2021): 651071.

33 Dmitry Tumin, Siqi Han und Zhenchao Qian, »Estimates and Meanings of Marital Separation«, *Journal of Marriage and Family* 77, Nr. 1 (2015): 312–22.

[34] Margaret Diddams, Lisa Klein Surdyk und Denise Daniels, »Rediscovering Models of Sabbath Keeping: Implications for Psychological Well-being«, *Journal of Psychology and Theology* 32, Nr. 1 (2004): 3–11.

[35] Lauren Grunebaum, »Dreaming of Being Special«, *Psychology Today*, 16. Mai 2011.

[36] Arthur C. Brooks, »›Success Addicts‹ Choose Being Special over Being Happy«, How to Build a Life, *The Atlantic*, 30. Juli 2020.

[37] Josemaría Escrivá, *In Love with the Church* (Strongsville, OH: Scepter, 2017), 78. Zitiert nach: Escriva: *Gespräche* (114).

Acht: »Amazing Grace« – Ihr transzendentaler Weg

In diesem Kapitel werden Ideen und Passagen aus den folgenden Essays adaptiert und übernommen:

Arthur C. Brooks, »How to Navigate a Midlife Change of Faith«, How to Build a Life, *The Atlantic*, 13. August 2020; Arthur C. Brooks, »The Subtle Mindset Shift That Could Radically Change the Way You See the World«, How to Build a Life, *The Atlantic*, 4. Februar 2021; Arthur C. Brooks, »The Meaning of Life Is Surprisingly Simple«, How to Build a Life, *The Atlantic*, 21. Oktober 2021; Arthur C. Brooks, »Don't Objectify Yourself«, How to Build a Life, *The Atlantic*, 22. September 2022; Arthur C. Brooks, »Mindfulness Hurts. That's Why It Works«, How to Build a Life, *The Atlantic*, 19. Mai 2022; Arthur C. Brooks, »To Get Out of Your Head, Get Out of Your House«, How to Build a Life, *The Atlantic*, 11. August 2022; Arthur C. Brooks, »How to Make Life More Transcendent«, How to Build a Life, *The Atlantic*, 27. Oktober 2022; Arthur C. Brooks, »How Thich Nhat Hanh Taught the West about Mindfulness«, *Washington Post*, 22. Januar 2022; Rebecca Rashid und Arthur C. Brooks, »How to Be Self-Aware«, Interview mit Dan Harris, *How to Build a Happy Life*, Audio-Podcast, 36:22, 5. Oktober 2021; Rebecca Rashid und Arthur C. Brooks, Interview mit Ellen Langer, »How to Know That You Know Nothing«, *How to Build a Happy Life*, Audio-Podcast, 37:45, 26. Oktober 2021.

1 Cary O'Dell, »Amazing Grace‹—Judy Collins (1970)«, Library of Congress, www.loc.gov/static/programs/national-recording-preserva tion-board/documents/AmazingGrace.pdf.

2 Steve Turner, *Amazing Grace: The Story of America's Most Beloved Song* (New York: HarperCollins, 2009); »The Creation of ›Amazing Grace‹«, Library of Congress, www.loc.gov/item/ihas.200149085.

3 Lisa Miller, Iris M. Balodis, Clayton H. McClintock, Jiansong Xu, Cheryl M. Lacadie, Rajita Sinha und Marc N. Potenza, »Neural Correlates of Personalized Spiritual Experiences«, *Cerebral Cortex* 29, Nr. 6 (2019): 2331–8.

4 Michael A. Ferguson, Frederic L. W. V. J. Schaper, Alexander Cohen, Shan Siddiqi, Sarah M. Merrill, Jared A. Nielsen, Jordan Grafman, Cosimo Urgesi, Franco Fabbro und Michael D. Fox, »A Neural Circuit for Spirituality and Religiosity Derived from Patients with Brain Lesions«, *Biological Psychiatry* 91, Nr. 4 (2022): 380–8.

5 Mario Beauregard und Vincent Paquette, »EEG Activity in Carmelite Nuns during a Mystical Experience«, *Neuroscience Letters* 444, Nr. 1 (2008): 1–4.

6 Masaki Nishida, Nobuhide Hirai, Fumikazu Miwakeichi, Taketoshi Maehara, Kensuke Kawai, Hiroyuki Shimizu und Sunao Uchida, »Theta Oscillation in the Human Anterior Cingulate Cortex during All-Night Sleep: An Electrocorticographic Study«, *Neuroscience Research* 50, Nr. 3 (2004): 331–41.

7 Andrew A. Abeyta und Clay Routledge, »The Need for Meaning and Religiosity: An Individual Differences Approach to Assessing Existential Needs and the Relation with Religious Commitment, Beliefs, and Experiences«, *Personality and Individual Differences* 123 (2018): 6–13.

8 Lisa Miller, Priya Wickramaratne, Marc J. Gameroff, Mia Sage, Craig E. Tenke und Myrna M. Weissman, »Religiosity and Major Depression in Adults at High Risk: A Ten-Year Prospective Study«, *American Journal of Psychiatry* 169, Nr. 1 (2012): 89–94; Michael Inzlicht und Alexa M. Tullett, »Reflecting on God: Religious Primes Can Reduce Neurophysiological Response to Errors«, *Psychological Science* 21, Nr. 8 (2010): 1184–90.

9 Tracy A. Balboni, Tyler J. VanderWeele, Stephanie D. Doan-Soares, Katelyn N. G. Long, Betty R. Ferrell, George Fitchett und Harold G. Koenig, »Spirituality in Serious Illness and Health«, *JAMA* 328, Nr. 2 (2022): 184–97.

10 Jesse Graham und Jonathan Haidt, »Beyond Beliefs: Religions Bind Individuals into Moral Communities«, *Personality and Social Psychology Review* 14, Nr. 1 (2010): 140–50.

11 Monica L. Gallegos und Chris Segrin, »Exploring the Mediating Role of Loneliness in the Relationship between Spirituality and Health: Implications for the Latino Health Paradox«, *Psychology of Religion and Spirituality* 11, Nr. 3 (2019): 308–18.

12 Thích Nhất Hạnh, *The Miracle of Mindfulness: An Introduction to the Practice of Meditation* (Boston: Beacon Press, 1996), 6. Dt.: *Das Wunder der Achtsamkeit* (Bielefeld: Theseus Verlag, 2022), hier übers. v. A. W.

13 Kendra Cherry, »Benefits of Mindfulness«, VeryWell Mind, 2. September 2022.

14 Michael D. Mrazek, Michael S. Franklin, Dawa Tarchin Phillips, Benjamin Baird und Jonathan W. Schooler, »Mindfulness Training Improves Working Memory Capacity and GRE Performance While Reducing Mind Wandering«, *Psychological Science* 24, Nr. 5 (2013): 776–81.

15 Martin E. P. Seligman, Peter Railton, Roy F. Baumeister und Chandra Sripada, *Homo Prospectus* (Oxford, UK: Oxford University Press, 2016).

16 Jonathan Smallwood, Annamay Fitzgerald, Lynden K. Miles und Louise H. Phillips, »Shifting Moods, Wandering Minds: Negative Moods Lead the Mind to Wander«, *Emotion* 9, Nr. 2 (2009): 271–6.

17 Kyle Cease, *I Hope I Screw This Up: How Falling in Love with Your Fears Can Change the World* (New York: Simon & Schuster, 2017); Tiago Figueiredo, Gabriel Lima, Pilar Erthal, Rafael Martins, Priscila Corção, Marcelo Leonel, Vanessa Ayrão, Dídia Fortes und Paulo Mattos, »Mind-Wandering, Depression, Anxiety and ADHD: Disentangling the Relationship«, *Psychiatry Research* 285 (2020): 112798; Miguel Ibaceta und Hector P. Madrid, »Personality and Mind-Wandering Self-Perception: The Role of Meta-Awareness«, *Frontiers in Psychology* 12 (2021): 581129; Shane W. Bench und Heather C. Lench, »On the Function of Boredom«, *Behavioral Sciences* 3, Nr. 3 (2013): 459–72.

18 Neda Sedighimornani, »Is Shame Managed through Mind-Wandering?«, *Europe's Journal of Psychology* 15, Nr. 4 (2019): 717–32.

19 Smallwood et al., »Shifting Moods«.

20 Heidi A. Wayment, Ann F. Collier, Melissa Birkett, Tinna Traustadóttir und Robert E. Till, »Brief Quiet Ego Contemplation Reduces Oxidative Stress and Mind-Wandering«, *Frontiers in Psychology* 6 (2015): 1481.

21 Hạnh, *Miracle of Mindfulness*; Anonymer russischer Bauer aus dem 19. Jhd., *The Way of a Pilgrim and The Pilgrim Continues on His Way: Collector's Edition* (Magdalene Press, 2019).

22 Lauren A. Leotti, Sheena S. Iyengar und Kevin N. Ochsner, »Born to Choose: The Origins and Value of the Need for Control«, *Trends in Cognitive Sciences* 14, Nr. 10 (2010): 457–63; Amitai Shenhav, David G. Rand und Joshua D. Greene, »Divine Intuition: Cognitive Style Influences Belief in God«, *Journal of Experimental Psychology: General* 141, Nr. 3 (2012): 423–8.

23 Mary Kekatos, »The Rise of the ›Indoor Generation‹: A Quarter of Americans Spend Almost All Day Inside, New Figures Reveal«, *DailyMail.com*, 15. Mai 2018.

24 Outdoor Foundation, *2019 Outdoor Participation Report*, Outdoor Industry Association, 2020.

25 »Global Survey Finds We're Lacking Fresh Air and Natural Light, as We Spend Less Time in Nature«, Velux Media Centre, 21. Mai 2019.

26 Wendell Cox Consultancy, »US Urban and Rural Population: 1800–2000«, Demographia.

27 Howard Frumkin, Gregory N. Bratman, Sara Jo Breslow, Bobby Cochran, Peter H. Kahn Jr., Joshua J. Lawler und Phillip S. Levin, »Nature Contact and Human Health: A Research Agenda«, *Environmental Health Perspectives* 125, Nr. 7 (2017): 075001; Nielsen, *The Nielsen Total Audience Report: Q1 2016* (New York: Nielsen Company, 2016).

28 Gregory N. Bratman, Gretchen C. Daily, Benjamin J. Levy und James J. Gross, »The Benefits of Nature Experience: Improved Affect and Cognition«, *Landscape and Urban Planning* 138 (2015): 41–50.

29 F. Stephan Mayer, Cynthia McPherson Frantz, Emma Bruehlman-Senecal und Kyffin Dolliver, »Why Is Nature Beneficial? The Role of Connectedness to Nature«, *Environment and Behavior* 41, Nr. 5 (2009): 607–43.

30 Henry David Thoreau, »Walking«, *The Atlantic*, Juni 1862. Dt.: *Vom Wandern*, übers. und mit einem Nachwort von Heiner Feldhoff (Zürich: Kampa Pocket, 2022).

31 Adam Alter, »How Nature Resets Our Minds and Bodies«, *The Atlantic*, 29. März 2013.

32 Kenneth P. Wright Jr., Andrew W. McHill, Brian R. Birks, Brandon R. Griffin, Thomas Rusterholz und Evan D. Chinoy, »Entrainment of the Human Circadian Clock to the Natural Light-Dark Cycle«, *Current Biology* 23, Nr. 16 (2013): 1554–8.

33 Wendy Menigoz, Tracy T. Latz, Robin A. Ely, Cimone Kamei, Gregory Melvin und Drew Sinatra, »Integrative and Lifestyle Medicine Strategies Should

Include Earthing (Grounding): Review of Research Evidence and Clinical Observations«, *Explore* 16, Nr. 3 (2020): 152–160.

34 Dies basiert auf einem Gespräch mit Arthur.

35 C. S. Lewis, *Mere Christianity* (London: Geoffrey Bles, 1952). Dt.: *Pardon, ich bin Christ*, Übers. Christian Rendel (Gießen: Brunnen Verlag, 2014).

Schluss: Werden Sie jetzt zum Lehrer

In diesem Kapitel werden Ideen und Passagen aus dem folgenden Essay adaptiert und übernommen:

Arthur C. Brooks, »The Kind of Smarts You Don't Find in Young People«, How to Build a Life, *The Atlantic*, 3. März 2022.

1 Safiye Temel Aslan, »Is Learning by Teaching Effective in Gaining 21st Century Skills? The Views of Pre-Service Science Teachers«, *Educational Sciences: Theory & Practice* 15, Nr. 6 (2015).

2 John A. Bargh and Yaacov Schul, »On the Cognitive Benefits of Teaching«, *Journal of Educational Psychology* 72, Nr. 5 (1980): 593–604.

3 Richard E. Brown, »Hebb and Cattell: The Genesis of the Theory of Fluid and Crystallized Intelligence«, *Frontiers in Human Neuroscience* 10 (2016): 606; Alan S. Kaufman, Cheryl K. Johnson und Xin Liu, »A CHC Theory-Based Analysis of Age Differences on Cognitive Abilities and Academic Skills at Ages 22 to 90 Years«, *Journal of Psychoeducational Assessment* 26, Nr. 4 (2008): 350–81; Arthur C. Brooks, *From Strength to Strength: Finding Success, Happiness, and Deep Purpose in the Second Half of Life* (New York: Portfolio, 2022). Dt.: *Der beste Rat für ein gutes Leben*, Übers. Max Limper (München: FinanzBuch Verlag, 2022).

4 Martin Luther King Jr., »Loving Your Enemies« (Predigt, Dexter Avenue Baptist Church, Montgomery, AL, 17. November 1957).

Über die Autoren

ARTHUR C. BROOKS ist Professor an der Harvard Kennedy School und Professor für Managementpraxis an der Harvard Business School, wo er Kurse über Glück abhält. Er ist der Verfasser der beliebten Kolumne »How to Build a Life« bei *The Atlantic*, ein gefeierter öffentlicher Redner und Autor von Bestsellern, darunter *From Strength to Strength (Der beste Rat für ein gutes Leben)* und *Love Your Enemies*.

OPRAH WINFREY hat als globale Medienführerin und Kommunikationspionierin unvergleichliche Verbindungen zu Menschen auf der ganzen Welt aufgebaut. Mit der Oprah Winfrey Show hat sie fünfundzwanzig Jahre lang Millionen von Zuschauern unterhalten, aufgeklärt und ermutigt. Ihre Leistungen als Philanthropin und ihr Engagement für Bücher, Lesen und Bildung haben sie zu einer der am meisten respektierten und bewunderten Persönlichkeiten der heutigen Zeit gemacht.

Über die Autoren

Der beste Rat für ein gutes Leben

Arthur C. Brooks

Auf dem Höhepunkt seiner Karriere, im Alter von 50 Jahren, begibt sich Arthur Brooks, gefeierter Bestsellerautor, renommierter Harvard-Professor und erfolgreicher Glückskolumnist auf eine siebenjährige Reise. Er hat scheinbar alles erreicht, was sich ein Mensch nur wünschen kann, doch auch für ihn bricht die zweite Hälfte des Lebens an. Alles Mühen und Streben führt auf einmal nicht mehr zu mehr Erfolg, sondern zu der immer stärkeren Gewissheit, all das nicht ewig durchhalten zu können, auch wenn er es noch so sehr versucht. Doch Brooks findet einen Weg. Er schafft es nicht nur, aus dem Hamsterrad des Erfolgs auszusteigen, sondern findet vielmehr eine neue Art von Erfolg und noch mehr: eine tiefere Form von Glück. Im Lauf seiner Reise sogar einen wahren Sinn im Leben – und das zum ersten Mal. Dieses Buch ist die Essenz daraus – ein praktischer Fahrplan für den Rest des Lebens. Das Verfahren beschreibt Brooks Schritt für Schritt und bietet endlich echte Antworten auf die zeitlosen Fragen des Lebens.

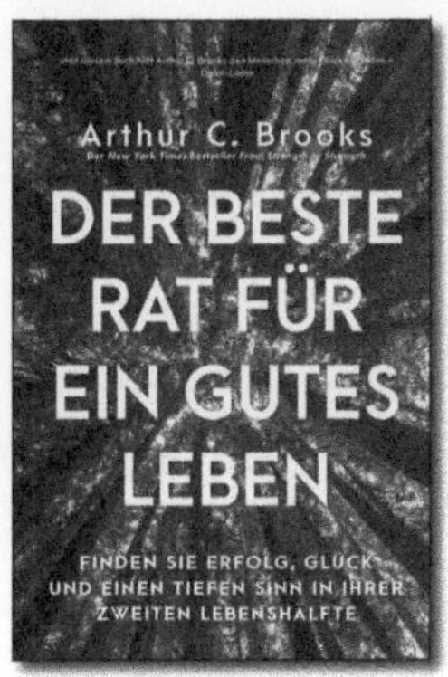